『安邦武将』系列

YIDAI BINGSHENG
SUNWU

一代兵圣孙武

姜正成／编著

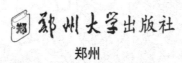郑州大学出版社

郑州

图书在版编目（CIP）数据

一代兵圣——孙武 / 姜正成编著 . —郑州：郑州
大学出版社，2018.1
（安邦武将）
ISBN 978-7-5645-4248-1

Ⅰ . ①一… Ⅱ . ①姜… Ⅲ . ①孙武 – 传记 Ⅳ . ① K825.2

中国版本图书馆 CIP 数据核字（2017）第 078753 号

郑州大学出版社出版发行
郑州市大学路 40 号　　　　　　　邮政编码：450052
出版人：张功员　　　　　　　　　发行部电话：0371-66658405
全国新华书店经销
虎彩印艺股份有限公司印制
开本：710 mm×1 000 mm　1/16
印张：15.75
字数：211 千字
版次：2018 年 1 月第 1 版　　　　印次：2018 年 1 月第 1 次印刷

书号：ISBN 978-7-5645-4248-1　定价：43.80 元
本书如有印装质量问题，请向本社调换

前 言

一片风起云涌的土地上，血雨腥风，你争我夺，尔虞我诈。正是在这样的乱世，在这块平凡的土地上，孕育出了一个智慧之星，给时代增光添彩。他就是兵圣孙武。

孙武，字长卿，春秋时期齐国乐安（今山东惠民，一说博兴，一说广饶）人，著名军事家。他曾率领吴国军队大破楚国军队，占领了楚的国都郢城，几近灭亡楚国。其巨作《孙子兵法》十三篇，为后世兵法家所推崇，被誉为"兵学圣典"，置于《武经七书》之首，被译为英文、法文、德文、日文，成为国际间最著名的兵学典范之书。孙武被后人尊称为孙子、孙武子、兵圣、百世兵家之师、东方兵学的鼻祖。他曾以《兵法》十三篇见吴王阖闾，受任为将；领兵打仗，战无不胜，与伍子胥率吴军破楚，五战五捷，率兵三万打败六十万楚国大军，攻入楚国郢都，北威齐晋，南服越人，显名诸侯。

虽历千年至今天，孙武的名字仍在中国历史的星空中光彩夺目。然而，令人不解的是，有关这位伟大的历史名人的后半生事迹却没有任何记录。从史料中，人们很难得知他的生平细节，甚至在《史记·孙子吴起列传》中，也没有说到他的生卒年月，对他一生的事迹的记述更是简略。

一代兵圣孙武为后世奉献了具有历史意义的兵经《孙子兵法》。这部书现在早已被广泛地流传到了世界各个国家，被翻译成多种语言，供人们学习借鉴。之后，人们又根据具体的现实条件对其加以改进，运用到各个领域，为人们服务。

当两千五百多年后，世人再次拂去历史的尘埃，来认识这位中国古代最伟大的军事思想家时，我们也只能依据有限的"史""传"资料，描绘出这位"兵圣"的几许轮廓。一个能够写出这么一部罕世巨著的人究竟有什么样的故事，有什么样的思想？一个有什么样经历的人才能写出这么一部蕴含着众多道理的巨著呢？好奇心和勇于探索的精神驱使着我们去了解，去寻找。

第一章 传说中的孙武

在中华民族五千年漫长的文明史中,有一位伟大的智者,他傲然屹立于腥风血雨的春秋时代,在血与火、智与力的搏击中,他不但率师指挥了"春秋第一战",而且还以神奇的笔端写作了中国历史上最有影响、流传最广的兵学著作。他就是被后世誉为"兵圣"的孙武。

兵圣孙武 ·· 003

传奇家世 ·· 004

挚友子胥 ·· 007

生死之谜 ·· 014

兵圣遗踪 ·· 018

军事巨著 ·· 023

世界遗产 ·· 027

第二章 将门虎子

孙武长于地大物饶、尚武重谋的军事强国,更为幸运的是,他出生在一个声名显赫、家学深厚、将星辈出的军事世家。受家庭的影响,孙武从小就喜爱兵法,渴望探求克敌制胜之道,以备将来登台拜将、沙场点兵,在战争的舞台上干出一番惊天动地的事业来。

春秋局势 ·· 033

乱世出生 ·· 037

巧解遗嘱 ·· 041

勤奋好学 ·· 047

第三章 少年立志

自古英雄出少年。孙武的童年虽然和同龄人大同小异，但一件小小的事情，一次不经意的意外，就可以感觉到孙武的聪慧和才能。少年的孙武，在希冀与探求、困惑与躁动中，打造着自己五彩缤纷的人生之梦。

景公赐姓 …………………………………… 057

乔迁新居 …………………………………… 060

军事演习 …………………………………… 064

结识穰苴 …………………………………… 069

积蓄力量 …………………………………… 076

第四章 潜心著作

历史是现实的老师，为了弥补自己缺乏实际指挥作战经验的不足，孙武在向祖父、父亲及其叔父田穰苴学习之后，又开始向历史学习。他反复研究历史上发生的战役战例，实地考察古战场，终于写出一部鸿篇巨制的著作。

自创篇法 …………………………………… 083

考察战地 …………………………………… 090

钻研名著 …………………………………… 104

初步编订 …………………………………… 107

著作兵法 …………………………………… 112

第五章 军事生涯

功名的渴求对于有了宏伟志向的孙武来说是迷茫的，可是他本身是执著的，为了自己的梦想，为了自己的人生价值，他苦苦地寻找着自己心中的梦。田穰苴的猝死，极大地震动了孙武，他的人生发生了一次根本性的转折，就在这一年，他逃出了齐国，去了吴国，开始了自己新的人生轨迹。

避乱奔吴 ………………………………………… 123

结识子胥 ………………………………………… 127

踏入仕途 ………………………………………… 131

怒斩两姬 ………………………………………… 136

登坛拜将 ………………………………………… 139

惩治腐败 ………………………………………… 143

富国强兵 ………………………………………… 147

吴楚恩怨 ………………………………………… 151

疲楚误楚 ………………………………………… 154

巧除腹患 ………………………………………… 158

讨伐越国 ………………………………………… 169

第六章 进攻楚国

各国争霸的局面越来越严重，潜在的危机隐藏在表面的和平下，为了实现自己的大志，孙武通过多次战争巧妙布阵，轻松应战，一环接着一环的计谋，一层又一层的筹划，战场厮杀，刀刃无痕。

结交盟友 ………………………………………… 177

拉开战幕 ………………………………………… 181

生死决斗 ………………………………………… 188

破楚入郢 ………………………………………………… 200

安全撤军 ………………………………………………… 211

第七章 隐居山林

时势造英雄，战争育将才。一场又一场的战争，一次又一次智慧的较量，扑朔迷离的战争背后，究竟谁才是最终的胜利者？暂时的胜利就如同一面"魔镜"，显示出人的本性，贪婪、妒忌、仇恨、利欲。没有正义之心的胜利，只会犹如昙花一现，留下美丽的瞬间，给后人留下深深的思考。

阖闾之死 ………………………………………………… 219

吴越争锋 ………………………………………………… 223

黄池会盟 ………………………………………………… 227

隐退江湖 ………………………………………………… 230

勾践灭吴 ………………………………………………… 238

第一章

传说中的孙武

在中华民族五千年漫长的文明史中，有一位伟大的智者，他傲然屹立于腥风血雨的春秋时代，在血与火、智与力的搏击中，他不但率师指挥了『春秋第一战』，而且还以神奇的笔端写作了中国历史上最有影响、流传最广的兵学著作。他就是被后世誉为『兵圣』的孙武。

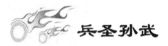
兵圣孙武

孙武，字长卿，春秋时期齐国乐安人（今山东广饶人），具体的生卒年月已不可考。他是孙书的嫡孙，孙书伐莒有功，被齐景公封食乐安后，孙武一直在乐安生活，并著《孙子兵法》十三篇，共五千余言。

孙武采取从现象到本质的分析方法，得出"知己知彼，百战不殆""攻其不备，出其不意""以逸待劳，以饱待饥"等著名论断，成为两千多年来的军事指导思想，具有兵学圣典和世界古代第一兵书之称。后来的很多将领用兵都受到了该书的影响，《孙子兵法》是我国兵书宝库中的一颗明珠，是前人为我们留下的极为宝贵的遗产。

孙武被后人尊称为孙子、孙武子、兵圣、百世兵家之师、东方兵学的鼻祖。孙武所著的《孙子兵法》被誉为"兵学圣典"，置于《武经七书》之首。

《孙子兵法》问世以后，一直受到中外军事学界的高度重视。《孙子兵法》在唐代时就传入了日本，被誉为东方兵家鼻祖。当时不同的版本就有一百六十余种，它还被译为英文、法文、德文、日文，成为国际间著名的兵学典范之书。

它揭示了战争的普遍规律，因此，第二次世界大战以来，国内外许多军政要员都把《孙子兵法》视为克敌制胜的法宝。

但孙武生活的齐国，内部矛盾重重，危机四伏，四大家族相互之间争权夺利的斗争愈演愈烈。孙武对这种内部斗争极其反感，不愿纠缠其中，萌发了远奔他乡、另谋出路去施展自己才能的念头。

当时南方的吴国联合多国诸侯伐楚，国势强盛，很有新兴气象。孙武认定吴国是他理想的施展才能和实现抱负的地方。

公元前512年，孙武毅然决然地投奔了吴国，从清代在济南东之济水旁出土的孙武私印证实，孙武是从乐安故城乘船，顺济水由济南东面的章丘市转而奔吴的，他当时年龄在四十岁左右。到了吴国，在伍子胥的推荐下，他向吴王阖闾进献了兵法，被吴王任命为客卿将军。

孙武领兵打仗，战无不胜，攻无不克，与伍子胥率吴军破楚，五战五捷，他曾率兵六万打败楚国二十万大军，攻入楚国郢都，北威齐晋，南服越人，显名诸侯。

孙武除了为吴国攻城陷地，扶持吴王成为春秋霸主之外，最大的成就和贡献就是《孙子兵法》了。这是我国最早的兵法，全书共十三篇。

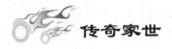 传奇家世

孙武祖上有确切的世系记载应该从舜的后代、妫满的父亲虞阏父开始。周武王伐纣时，虞阏父执掌周的陶器制作，管理从事制陶的百工，周武王为奖励他的业绩，就把长女大姬嫁给阏父之子满，并把他分封到现在的河南一带，建陈国（包括今河南东部和安徽一部分，建

都宛丘，今河南淮阳）（《左传·襄公二十五年》），周王并对满赐妫姓，满称为胡公，为陈国的第一代君主，陈即孙武祖居之地。

从胡公满开始，经十代十二位国君的世袭传授，到桓公时，陈国发生了内乱。公元前706年，陈桓公的异母弟弟佗杀兄自立，史称陈厉公。陈厉公娶蔡国宗室女为妻，生公子陈完，即后来出奔齐国的孙武的七世祖。

作为陈厉公的嫡长子、又是未来国君的公子完为何要弃国奔齐呢？这就涉及中国古代历史上一个经久不衰的主题——王室斗争，而且这种斗争从来都是以鲜血和死亡为代价来换取暂时的权力平衡。陈国在陈厉公弑兄后，残酷的王室斗争便开始了。桓公之子公子林为报父仇和夺回王位，以其人之道还治其人之身，将陈厉公诱至蔡国谋杀，立其兄长为国君，史称陈利公。陈利公即位仅五个多月就病死，公子林便自立为君，即陈庄公，陈庄公无后，死后由其弟陈宣公继位，立其嫡长子御寇为太子。这样，公子完便被彻底地排除在君位的继承人之外，成为一位普通的贵族公子。

但斗争并未到此结束。陈宣公立嫡长子御寇为太子后，他的宠姬又生一子，取名款，陈宣公爱屋及乌，欲废御寇，改立太子。郁郁不得志的太子同继位无望的公子完因有同样的遭遇而交往甚密、情同手足。公元前672年，陈宣公以图谋造反的罪名杀死嫡长子御寇，公子完怕祸患株连自身，便匆忙逃亡齐国。这位孙武的七世祖，由于他的离陈奔齐，给孙武日后的发展带来了重要影响。

当时的齐国，正值称霸诸侯的齐桓公当政。齐桓公得知公子完才气过人，甚为器重，多次提及要授予公子完上卿的职位，但公子完顾及自己作为一个羁縻之臣，寄人篱下，如若骤然被授予高位，难免遭人妒忌和排挤，因此婉言谢绝卿职，最后只接受了"工正"这个较低级别的官职，负责管理官府里的手工业生产，并改陈氏为田氏（陈与田音同义通），娶齐国贵族懿仲之女为妻，开始了田氏家族在齐国的政治发迹史。

一百多年后，经过几代人的努力，田氏家族日益兴旺，地位也日益显赫。到田完四世孙田无宇时，已为"上大夫"（《左传·昭公二年》）。此人就是孙武的曾祖父。

齐景公时（前547—前490年在位），田无宇之子、孙武祖父田书颇有军事才能。公元前523年秋，齐景公命齐圉贵族高发率军讨伐不听从齐国指挥的邻国莒国。莒国国小兵弱，很快战败，都城被占，莒国国君只得逃到莒国的另一个小城纪鄣苟延残喘。然而齐景公不愿善罢甘休，又派能征善战的田书为将，率军攻打纪鄣城。田书兵临城下，但并不急于进攻，而是详细了解敌情，察看地形，他发现此地不可强攻，只宜智取。于是利用夜色，出敌不意，缘绳登城，但登上六十人后，绳索绷断，田书随机应变，命城上城下的官兵一起鼓劲呐喊，虚张声势，莒国国君不明真假，以为城门已破，便如丧家之犬望风而逃，齐军大获全胜。

齐景公对田书在攻莒之战中的表现十分满意，为了表彰他的战绩，就把乐安（约在今山东惠民一带）封赏给他，并赐姓"孙"，因此，田书又称孙书。从此，孙氏在齐国就与陈氏分开，另立一宗。孙武的家族在一百多年中数度更改姓氏，先由陈而田，又由田而孙。

孙武的父亲田凭，字起宗。关于田凭，古文献资料中没有有关他生平事迹的详细记载，仅仅知道他官居卿大夫，但凭借田氏家族巨大的政治势力和其父的声望，我们可以想象，田凭无疑也曾置身于齐国高层政治的权力中心，有着相当的影响力。

 **挚友子胥**

纵观孙武一生，伍子胥对其的影响可算是最大的。正是在伍子胥的冒死举荐下，孙武才踏上了吴国的政治舞台。从二人隐居相识到携手破楚入郢，达到人生巅峰，在这段孙武人生中最为光彩夺目的时光里，伍子胥的身影无处不在。但与孙武的神秘不同，历代史籍中，有关伍子胥的记载却甚为详细，在民间，也流传着很多有关他的传说。虽然二人有着共同的经历，但是，命运之神却给二人安排了两种截然不同的人生归宿，至今仍令后人唏嘘不已。

关于伍子胥离楚避难，《史记》中有这样的记载：伍子胥父伍奢为楚国大夫，楚平王在位时为太傅，辅太子建。楚平王听信费无极谗言，纳子妻无祥公主为后。不久，费无极又不断在楚平王面前说太子建的坏话："太子因为秦女的原因，不会没有怨恨情绪，希望大王自己稍微防备着点。自从太子驻守城父以后，统率着军队，对外和诸侯交往，将要进入都城作乱了。"楚平王就把他的太傅伍奢召回来审问。伍奢知道费无极在楚平王面前说了太子的坏话，因此说："大王怎么能仅仅凭搬弄是非的小人之臣的坏话就疏远骨肉至亲呢？"费无极说："大王现在不制止，他们的阴谋就要得逞，大王将要被逮捕了！"楚平王震怒，把伍奢囚禁起来，同时命令城父司马奋扬去杀太子建。但还没走到，奋扬派人提前告诉太子："太子赶快离开，要不然，将被杀死。"于是太子建逃往宋国。

这个时候，费无极又对楚平王说："伍奢有两个儿子，都很贤能，不杀掉他们，他们将成为楚国的祸害。可以用他们父亲做人质，把他们召来，不然这将成为楚国的后患。"楚平王就派使臣对伍奢说："把你两个儿子叫来，就能活命，不叫来，就处死。"伍奢说："伍尚为人宽厚仁慈，叫他，一定能来；伍子胥为人桀骜不驯，忍辱负重，能成就大事，他知道来了一块被擒，势必不来。"楚平王不听，派人召伍奢的两个儿子，说："来，我使你父亲活命；不来，现在就杀死伍奢。"伍尚打算前往，伍子胥说："楚王召我们兄弟，并不打算让父亲活命，担心我们逃跑，产生后患，所以，用父亲做人质欺骗我们。我们一到，就要和父亲一起处死。对父亲的死有什么好处呢？我们不如逃到别的国家去，借助他国的力量洗雪父亲的耻辱。一起去死，没有意义呀。"伍尚说："我知道去了最后也不能保全父亲的性命。可是只恨父亲召我们是为了求生，要不去，以后又不能洗雪耻辱，终会被天下人耻笑。你可以逃走，你能报杀父之仇，我将要舍身去死。"

伍尚被逮捕后，使臣又要逮捕伍子胥，伍子胥拉满了弓，箭对准使者，使者不敢上前，伍子胥趁机逃跑了。他听说太子建在宋国，就前去追随他。伍奢听说伍子胥逃跑了，说："楚国君臣将要苦于战火了。"伍尚来到楚都后，楚平王就把伍尚和伍奢一块杀害了。

伍子胥到宋国与太子建会合，恰逢宋国内乱，于是两人逃奔到了郑国，接着又去了晋国，晋国却要太子建去郑国做内应，帮助灭郑。事情败露，太子建被杀。于是伍子胥逃奔到了吴国。

在伍子胥九死一生的逃难过程中，产生了两个流传千古的民间传说。

相传伍子胥因宋国有乱投奔吴国时，路过陈国，东行数日，便到昭关(今安徽含山北)。此时楚平王早就下令悬赏捉拿伍子胥，叫人画了伍子胥的像，挂在楚国各地的城门口，嘱咐各地官吏盘查。昭关在两山对峙之间，前面便是大江，形势险要，并有重兵把守，过关可谓难于上青天。伍子胥一连几夜愁得睡不着觉，连头发也愁白了。幸亏遇到扁鹊弟子东皋公，东皋公同情伍子胥，把他接到自己家里。东皋公有个朋友，模样有点像伍子胥。东皋公让他冒充伍子胥过关。守关的逮住了这个假伍子胥，而那个真伍子胥因为头发全白，面貌变了，守关的认不出来，便蒙混出了关。

另一个民间传说发生在富春江畔。一日，伍子胥来到富春江边，见江中有渔船，船上有一渔翁，伍子胥便招呼他过来，让他将自己摆渡过去，渔翁边歌边渡，到了对岸，见伍子胥面有饥色，便让他藏在芦苇丛中，回家为其取食。酒足饭饱后，伍子胥将自己所佩的白金剑送给渔翁以作报答，老翁拒不接受，问其尊姓大名，也不回答。伍子胥万分感慨，只好辞行，未出几步，忽听江中有声，回头一看，小船已翻，渔翁投江自尽。如今，在七里泷岸边有一石碑，上刻"子胥渡"三个醒目的大字。后人还把他当时住过的村称为胥村，把大畈溪称为胥溪，汇入富春江处称为胥口。此外，这一带还有胥源、胥岭、胥岭洞等与伍子胥有关的遗迹。

伍子胥在桐庐境内的一座山上，得知自己已到吴国，脱离险境时，不禁拔剑高歌："剑光灿灿兮生清风，仰天长歌兮震长空，员兮员兮脱樊笼！"边歌边舞，歌声响彻云霄。后人把这座山称为歌舞岭。

在历经艰辛到达吴国后，伍子胥依靠在市中吹箫卖艺以解决温饱。有一天，伍子胥被善于相面的人发现，带到了吴王僚跟前。吴王僚见他身材伟岸，眉间英气逼人，和他连说了三天的话，发现其没有一句重复的，不由得喜欢起来。于是伍子胥讲述了自己的深仇大恨，吴王僚便决定兴兵为他报仇。公子光知道了，担心伍子胥阻碍他夺权，就进谗道："伍子胥要你伐楚，是为了报私仇，对吴国无益，不要用他。"伍子胥隐隐感觉到了公子光有异志，就请辞于吴王僚，投靠到了公子光帐下，从此如鱼得水。

此后，伍子胥假装种田隐居，暗中为公子光物色猛士刺杀吴王僚。他发现了专诸。他遇到专诸的时候，专诸正要和人打架，双目圆睁，发眦如冲，有万夫不当之勇，可是他老婆一叫他，他就马上变得和颜悦色。伍子胥便问他这是为什么，专诸说："既然要屈就在一人之下，那么就必须凌然于万人之上。"伍子胥于是暗地里结交他，并把他推荐给公子光。

公子光把自己要刺杀吴王僚的原委向专诸和盘托出。专诸感于知遇，愿为其卖命，他说道："要杀一个人，必须要投其所好。吴王僚喜欢什么呢？""喜欢吃鱼。"于是专诸去太湖专心学了三个月的烹鱼之术，终于有成。于是他便等待时机，随时为公子光效力了。

吴王僚十二年冬，楚平王死，伍子胥叹道："仇人虽然死了，楚国还在，一定要消灭楚国才能泄恨。"第二年春，吴军趁楚国新丧伐楚，派公子掩余和烛庸围楚，却被楚军断了后路，不得回国。公子光看到了机会，伍子胥也进谏认为时机来了，专诸附议。公子光于是请吴王僚过府尝鱼，吴王僚实在挡不住诱惑，带足了侍卫，穿着厚甲前往公子光府第。公子光在室中埋伏甲士，宴会到一半，他借口脚疼离席。这时专诸赤着身子，捧着鱼滕行到吴王僚面前，掰开鱼就抽出里面的鱼肠剑向吴王僚刺去，锋利的鱼肠剑就这样杀死了嗜鱼如命的吴王僚，侍卫瞬时把专诸剁为肉泥。

吴王阖闾不愿意错过每一个有才能的人。首先，他任命子胥为"行人"，并且同子胥一起参谋国政，伍子胥想到自己一个丧家负仇之人只身来到吴国，竟然受到如此礼遇，垂泪顿首，愿为阖闾肝脑涂地。阖闾问策道："我们吴国地处偏僻，在这个东南之隅，变通不便，天气阴湿，又常常受到江海的侵害，该怎么办呢？"伍子胥说："治理国家首先要安君理民。要想治理臣民，成就霸王之业，就必须先设立城郭，做好防御工作，充实粮仓和武器库。"

阖闾听完这番话，就说修筑城郭是否可以以天数来威制邻国呢。答案是可以的。史载伍子胥相土尝水，象天法地，选定了城址，并着手筑造了阖闾大城，就是今天的苏州城，并成为中国历史上唯一一座两千五百多年来城址几乎没有变动的城池。当时的阖闾大城，周长四十七里，这即使放到明清也是一座大城，何况于春秋之时呢？这样的气派，加上象天八风的八个陆门，法地八聪的八个水门，真正为这个发展中的国家竖立起了标志。

从城门的命名上就可以看出阖闾的雄心。西墙的北门叫阊门，是取阖闾天地之气的意思，同时又叫破楚门，因为楚国在吴国的西北。越国在东南，按照八卦方位，吴在辰位，属龙，于是西南门取名为蟠门；而越在巳位，属蛇，因而东南门名为蛇门，想要借此来压制越国。北面的门分别叫作平门和齐门，自然是要平鲁威齐了。

伍子胥的命运，在他同夫差出现意见分歧后，悄悄地发生了改变。

在吴、越议和五年后，吴王夫差听说齐景公死了，大臣们争权夺利，新立的国君软弱，就出动军队向北攻打齐国。伍子胥规劝说："勾践一餐没有两味荤菜，哀悼死去的、慰问有病的，将来必定有所作为。这个人不死，一定是吴国的祸患。现在吴国有越国在身边，就像得了心腹疾病。大王不先铲除越国却一心致力攻打齐国，不是很荒谬的吗？"吴王夫差不听伍子胥的规劝，攻打齐国，在艾陵大败齐国军队，慑服了邹国和鲁国的国君而回国，从此，他就越来越少地听从伍子胥的计谋了。

此后四年，吴王夫差将要北上攻打齐国，越王勾践采用子贡的计谋，就带领着他的人马帮助吴国作战，把贵重的宝物敬献给太宰伯嚭。太宰伯嚭多次接受越国的贿赂，就越发喜欢并信任越国，不断在吴王夫差面前替越国说好话。吴王夫差总是相信和采纳太宰嚭的计谋。伍子胥规劝吴王夫差说："越国，是心腹大患，现在相信那虚饰浮夸狡诈欺骗之词，攻克齐国，好比占领了一块石田，丝毫没有用处。况且《盘庚之诰》上说：'有破坏礼法，不恭王命的就要彻底灭绝他们，使他们不能够传宗接代，不要让他们在这个城邑里把百姓影响坏了。'这就是商朝兴盛的原因。希望大王放弃齐国，先攻打越国；如不这样，今后悔恨也来不及了。"在暂时的胜利面前，夫差不禁炫耀起来："我先王的功德明达于天，当年为了帮你报仇，西破强楚，就算你有点功

传说中的孙武

劳。那么今天你已经老眼昏花，为什么不肯安分一点，却妖言惑众，老是说吴国将亡，扰乱我的霸业，甚至以卜筮来动摇我的军心。好在上天垂恩，齐师降服，寡人不敢自居其功，全仰仗先王和神灵的护佑。只是不知道你出了什么力呢？"

伍子胥听后大怒："想当年先王之时，对臣子以礼相待，对谋臣的建议必定虚心采纳，所以能够破疑决计，不陷入大的灾难之中。如今大王离弃我，养着外患而一点儿都不感到忧虑，这哪里是什么霸王之业，只是独夫之谋啊。所谓天所未弃，不过是先给我们一点甜头，后面却有着空前的灾难在等待我们。大王如果现在能够醒悟，那么吴国可以世世相传，否则吴国的气数就快到了。我伍员之所以不在家安享晚年，就是不忍心见到大王您亡国啊。"

吴王夫差大宴群臣，听着一片歌功颂德之声，不禁飘飘然起来。伍子胥却仿佛从这一片升平中听出了越国的喊杀和吴国百姓的哀泣，跪地垂涕道："上天啊上天，为何让我们到了这个境地？忠信之臣都不开口了，谄谀小人却营营君侧。政道败坏了，阿谀奉承之言却层出不穷。那些邪说妄辞都被当作真理。吴国快要灭亡了阿，宗庙将被夷为平地，社稷要无人祭祀，城郭会变成废墟，宫殿也会长满荆棘，你们一个个怎么都看不到啊？"

沉浸在胜利中的吴王夫差听到这样的话如何能不恼羞成怒："你在干什么，诅咒我们吗？我一直因为你是先王的功臣，不忍心加罚于你，你却得寸进尺。你回去自己看怎么办吧，我不想再听到你的话了。"伍子胥说："我不忠不信，不配做先王的臣子了。我不该爱惜自己的性命，只是忧心吴国的破亡而已。从前商纣杀比干，今天大王要杀我，先想想桀纣的下场吧。"

吴王夫差越想越气愤，于是让人赐给伍子胥属镂之剑。伍子胥接下剑，赤脚披衣跑到庭院中仰天大呼："当年我帮助你成为太子，你登位后要分一半国家给我，我没有接受。如今你却要杀我。好吧，杀了我，把我的眼睛挖出来挂在东门（后来的胥门）之上，我要看着越国的军队是如何杀进来的。"夫差听了大怒:"你这个不忠不信之人,我要你出使齐国,你却把儿子托付给敌国,早就有了叛吴之心了。"

伍子胥终于平静了下来:"好吧,我死了,后世一定会尊我为忠臣的。我要去和龙逢、比干做朋友了。"

伍子胥临终时嘱咐他的儿子:"抉吾目悬于东门,以观越兵来伐吴。以鱼皮裹吾尸投于江,吾当朝暮来潮,以观吴之败。"九年后,果然如子胥所说,越国灭了吴国。

传说伍子胥死后,尸体被抛入江中,而伍子胥屈死之怨未消,一当怒发,便驱水为涛。钱塘江涌潮由此而生,涌潮时,人们还能见到子胥白马素车奔驰于潮头之中。

为纪念伍子胥,后人立伍公祠(又有伍公庙、伍员庙、胥山庙之称),伍子胥被奉为"潮神",从此香火不断。宋王安石题有《胥山庙碑铭》:"吴亡有千余年,事之兴坏废革者不可胜数。"

对于伍子胥的一生,司马迁为后人留下了这样的评论:怨毒对于人类来说实在是太厉害了!国君尚且不能和臣子结下怨毒,何况地位相同的人呢!假使伍子胥追随他的父亲伍奢一起死去,和蝼蚁又有什么区别。放弃小义,洗雪重大的耻辱,让名声流传后世。可悲啊!当伍子胥在江边困窘危急的时候,在路上沿途乞讨的时候,他的心志难道曾经有片刻忘掉郢都的仇恨吗?所以,克制忍耐,成就功名,不是刚正有气性的男子,谁能达到这种地步!

生死之谜

　　春秋一代，由于政治斗争和兼并战争都异常激烈，所以不仅国与国之间存在着以大欺小、以强凌弱、明争暗斗的纷争混战，即使在一个诸侯国内部，以国君为首的公族和卿大夫们之间的内斗，也都存在尔虞我诈、相互倾轧的险恶局面，这从孙氏家族的一百多年中两次大的迁移即可窥豹一斑。处在政治斗争旋涡中心的人，周围往往随处可见刀光剑影，时时须防明枪暗箭，人与人之间充满了虚伪诡诈。为了远离是非，求得人生的安宁和内心的平衡，便产生了一大批像老庄那样的隐士和贤人。他们不愿以丧失良知和扭曲人格为代价，去换取功名利禄，也无心冒着杀身丧命的风险去反抗现实，或者认为这种反抗无济于事，所以干脆采取消极退避的方法，远离政治，不求功名，隐居山林，过着一种消闲自在的生活；或者只将自己的救世理论或学问传授给门人弟子，安度一生，以尽天年。在中国古代，人们往往将这一类人看作识时务的伟大智者，受到人们的普遍敬仰和称颂，如同孙武同一时代的老子和范蠡。

　　春秋战国时代，由于特殊的历史原因，"隐居"成为一种相当盛行的社会风尚。从当时的历史文化环境中，我们有理由认为孙武晚年也极有可能加入"隐士"的行列。他不愿为贪恋富贵而使自己处在风暴的中心，在破楚入郢之后，他进一步看清了吴国政治今后的走向，坚定了自己的归隐决心。

　　孙武一生，著《孙子兵法》十三篇，协助吴王阖闾破楚入郢，名震天下。虽历千年而至今天，他的名字犹在中国历史的星空中光彩夺目。然而，令人不解的是，有关这位伟大的历史名人的后半生事迹，也就是有关他破楚入郢后的下落却没有任何典籍记录。至于孙武为什么而终，终于什么时候、什么地方，葬在何处，也都成为历史的不解之谜。为此，人们很早以来就对孙武的后半生事迹和最终结局，有过多种猜测和探索。

　　可能的事实是，孙武早已离开吴宫，隐居起来。但由于孙武在吴国为将期间对吴国的军队训练、将领培养及军事指导方面发挥的巨大作用，使吴国在短时期内拥有了一支战争力强的军队，成为一个军事强国，以至于接连战胜强敌，直至成为霸主，所以司马迁才会说吴国"北威齐晋"中仍有孙武的巨大贡献。

山东滨州孙子兵法城

　　司马迁在《史记》中写下了孙武吴宫练兵的传奇故事后，只简略地交代了孙武拜将之后，辅助吴王阖闾"西破强楚，入郢，北威齐晋，显名诸侯"的事迹。有关"西破强楚"的过程及孙武在其中所起的作用，史书记载都相当清楚，但有关吴国"北威齐晋"中孙武的所作所为，各种史籍却没有明确记载。由于司马迁认为"北威齐晋"也包含了孙武的巨大功劳，所以有人据此认为，孙武在破楚入郢之后仍在吴国为将，并继续着他的戎马生涯。如果事实确是如此，从公元前512年孙武晋见吴王阖闾算起，到公元前484年吴齐艾陵之战为止，孙武在吴国为将就有三十年之久。但这种说法缺乏史料依据，我们只能认为这只是有关孙武后半生活动的一种猜测。因为孙武如果一直在吴国担任重要职务长达三十年之久，那么他在吴国的政治地位应不在其友伍子胥之下，但为什么有关伍子胥的事迹活动在各种史书中都有那么详尽细致的描写，而没有孙武一言一行的记载？

除此之外，还有一些隐士，他们本来并不看重功名，如有的为救国救民，有的为实现自我人生价值，所以常常按照"良禽择木而栖，贤臣择主而仕"的原则，求仕于那些能够赏识他们才华的君主，一展个人抱负。一旦实现了自己的目标，他们便功成身退，绝不贪恋于红尘利禄。这类人一则由于本质上不争名夺利，再则睿智过人，对于世事洞若观火，因此即使在"伴君如伴虎"的专制时代，也能够做到"全身而退"。

冯梦龙在《东周列国志》中便描绘了孙武归隐时的感人情节：吴王阖闾在破楚入郢之后，对大臣们论功行赏，认为孙武的贡献最大，应为首功。孙武本人却不愿居官，请求辞官归隐。吴王阖闾自然不舍这位武略超群、安邦定国之才的离去，一心想让其友伍子胥游说孙武继续辅佐自己完成霸业。孙武决心早定，不可更改，反而劝说伍子胥："您知道天道的规律吗？暑天过去了，必然是严冬的降临；春天消逝了，必然是秋天的到来。吴王阖闾自恃暂时的强大，四面诸侯不敢侵犯吴国，已经产生了骄傲自满的情绪，这将会是吴国的不祥之兆。我们这些曾为他立过功的人，如果不趁这个时候退出，保全自己的性命，将来定会遇到想象不到的灭顶之灾啊！我今天对您讲这些的目的，不仅是为了想保全自己，还想保全老朋友您啊！"伍子胥不以为然，拒绝了孙武的劝告。孙武便飘然离去，并将吴王所赠的财物，沿途散给了那些贫苦的百姓，后来人们就再也不知道孙武的下落了。

这虽然只是小说中的一段描写，但联系当时的历史背景，透过孙武在《孙子兵法》十三篇中所表现出来的高尚情操和智慧，不难看出孙武对于正义和和平的向往。孙武在《孙子兵法》十三篇中说："进不求名，退不避罪。"当为他的人生信条。面对吴国君主的骄横与残暴，他毅然走上归隐之途合乎情理。因此，后世有人评说："孙子十三篇兴吴，吴几霸矣。功成身隐，盖不欲为胥江之怒涛耳。"

　　孙武归隐不久，伍子胥就被吴王夫差所杀。从伍子胥的悲惨结局来看，孙武的归隐，是非常明智的选择。

　　孙武归隐之地，大约在今天的江浙一带。三国时的孙坚、孙权父子是吴郡富春人，而《三国志》中明确记载他们是孙武的后裔。这样看来，孙武归隐以后，一直生活在南方，他的后半生是在田园式的隐居生活中度过的。他的子孙后代也一直在这个地方繁衍生息。

　　孙武墓冢究竟在什么地方？始记载者为东汉《越绝书记吴地传》："巫门外大冢，吴王客齐孙武冢也，去县十里。善为兵法。"详记载者为孙武后人清代孙星衍《（毗陵）孙氏谱记》："吴东门外有孙武冢，见《越绝书》。《郡国志》：在吴县下。《皇览》注：县东门外孙武冢。唐陆广微《吴地记》：巫门西北二里，有吴偏将军孙武坟。吴俗传其地名名昌。巫门误作平门，永昌在子城西北六里五十步，非仅二里，与《吴地记》后集不符，盖熊之忽也。星衍云：孙子墓在苏州府东门外十里，历代地志记载其明。"

　　可见，孙武辞官后并未离开吴国，而是隐居吴国继续研究兵法，直至终年。一说孙武受伍子胥牵连，被夫差"诛戮"；另一说孙武归隐深山，悉心牧羊，以羊群为兵，演练兵法。这些说法，或无详载，或属小说家言，暂且存疑，以备后考。

　　清人孙星衍考证，在今江苏省苏州市平门外雍仓有一古墓，当地人称"孙墩"，即孙武墓。现代又有学者通过考证，确证苏州吴县陆墓镇虎啸村孙墩浜南之大冢为孙武墓。

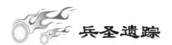

兵圣遗踪

孙武以飘然高隐的方式走完人生最后的历程，他留给后人的除了堪称谋略经典的《孙子兵法》外，还有无数关于孙武的传奇话题和谜团。后世在热衷考证研究之余，也通过现代人的方式对兵圣表达敬意和缅怀之情。

孙武生于齐国，战于吴国，终老吴国。当今的齐鲁大地和苏州水乡，孙武的历史遗迹正在逐渐升温，成为人们追忆这位伟大军事思想家的胜地。

苏州孙武公园

据考证，春秋末期吴国军事思想家孙武曾在苏州新区留下足迹，苏州新区为此修建了孙武公园，纪念被誉为"兵家之祖"的孙武。

1999 年 8 月，苏州新区在位于金山港的原孙武宅、孙武桥遗址处修建了孙武公园，公园内矗立着孙武的花岗石雕像，以及用金文书写的《孙子兵法》全文碑、《孙子兵法》今译全文碑，两块石碑总面积达一百四十四点四六平方米，以手工雕刻文字计一万九千五百六十五字，石碑材质为珍珠黑花岗石。

孙武演阵斩姬遗址

《吴越春秋》《吴县志》详细记载了位于苏州胥口的蒋墩山，"乃是孙武率军练兵马处"，相传"演阵斩姬"和吴王设坛拜孙武为将都发生在这里。从苏州古城出发，向西南行二十余公里，经横塘，过木渎，便到了胥口镇的蒋墩村。山以村名，海拔仅三十余米的蒋墩山就坐落在村子前。

司马迁在《史记·孙子吴起列传》中对"演阵斩姬"做了绘声绘色的描述和记载。清代诗人徐芝峰作诗云："兜牟脂粉笑逡巡，却叹将军戏作真。一剑骈诛君侧宠，诏吴偏有浣纱人。"

蒋墩山，又名将登山、教场山，依傍太湖，风景幽丽。登上不高的山顶，迎风而立，环顾四周，远畴平野，尽收眼底。不远处，平展着两块开阔地，均足有百余米见方，可容兵数千，这就是相传的孙武操练士兵的大、小教场。人们站在这里，不免生发思古之情，眼前浮现出吴王设坛拜将、孙武操练士兵跑马射箭、斩杀二妃的情景，那铁甲兵勇的呐喊声和剑戟相交发出的青铜之声，穿越了漫长的时空，仍回响在人们的耳边。

在蒋墩山南麓一处隆起的地方就是"二妃墓"的遗址，所葬的就是当年演阵中被斩的两位美姬。据村里上了年纪的老人讲述，在蒋墩山之东曾有"二妃庙"，塑有二妃塑像，珠冠霞帔，丰采秀丽。还有孙武坐像，全副戎装，神态威武。可惜的是，在 20 世纪 50 年代初，"二妃庙"被改成了一所村民小学，"二妃庙"从人们的视线中消失了，只留下了一个遗址在那里。如今，当地政府和苏州市孙武子研究会组织文物考古专家、学者在实地进行考证后，对蒋墩山的孙武演兵场遗址、二妃墓遗址进行了修缮立碑，以供人寻踪怀古。

孙武子亭

关于孙武练兵场的另一说法是位于苏州城北虎丘千人石东。相传孙武在此操练吴国宫女，"三令五申"的成语就出于此处。在其旁筑有"孙武子亭"，由张爱萍题匾，并题"孙子兵法，克敌制胜，娇娘习武，佳话流传"刻于碑上。

孙武苑

据苏州市孙武研究会考证，苏州西部穹窿山茅蓬隐兵坞就是当年孙武的隐居地，即《孙子兵法》诞生处。

孙武苑的竹楼门上有张爱萍题写的"孙武苑"三个大字。走进门楼，跃入眼帘的是用黑色大理石雕刻、毛泽东题写的"知己知彼，百战百胜"的碑文。在仿春秋风格的孙武故居茅屋内，悬挂弓箭、剑戟、军事作战图，摆放着矮案、床、古凳、蓑衣、锄头等物。

从茅屋右侧拾级而上，有"孙子兵法碑刻廊"。碑廊占地一千三百多平方米，呈"回"字形。正面廊墙上，在长一百九十三米、高四点八的黑色大理石上，镌刻《孙子兵法》十三篇全文，一帧孙武线刻画像。两侧分别刻有日、英文的孙子兵法碑。中文碑对面刻有我国当代将军和著名书法家的题词和墨宝。

在碑刻廊的不远处，有一座依山而筑的建筑，它就是兵圣堂。这座仿春秋风格的礼制建筑的形体，是根据殷墟小屯妇好墓和战国时河南辉县三座享堂的残存样图设计的。堂中还置有由七十二块红木镶拼的大型屏风，上刻有由中国孙子兵法研究会副会长杨丙安先生用金文书写的《孙子兵法》全文。底座部分刻有"水陆攻战图"，共刻有五百多位人物，反映了古时水陆交战时击鼓、划船、格斗、射箭、云梯攻城等激烈场面。内墙两侧粉墙上，嵌有记载孙武一生辉煌业绩的十四通线刻石碑。堂内还陈列一批有关孙子的珍贵历史资料。

兵圣堂前有一尊孙武铜像，先生面前几案上铺着竹简，长髯飘拂，手扬一管毛笔，目光仰视睿智而深邃，似有百万雄兵藏于胸中。

山东惠民孙子故园

孙子故园坐落于山东省惠民县城文化区内，它是在原孙氏宗祠旧址上扩建而成的一处园林式仿古建筑群。故园总占地四点三万平方米。

孙子故园拟建孙子书院（已建成）、孙子博物馆、孙子阁、孙子纪念堂、乐安湖、湖心亭、假山和其他服务设施。孙子故园建成后，突出体现了有山有水和楼、台、殿、阁、亭榭的园林风格，将成为国内外专家学者研究孙子兵法的中心。

孙子故园第一期工程于1992年4月竣工并对外开放，主要建筑有孙子书院、孙子塑像、文化广场、乐安湖等。孙子塑像坐落在乐安湖北岸孙子文化广场中心，塑像高八米，重三余吨，底座正面为著名《孙子兵法》研究专家郭化若题写的"兵圣孙武"四个大字，背面有县人民政府撰写的关于孙武生平的四言铭文。塑像背后是一面汉代书简形影石壁，刻有《孙子兵法》十三篇内容。塑像西侧是故园主体建筑之一"孙子书院"，占地两千八百四十三平方米，整体建筑风格为仿明清木框台梁结构轴线对称组群式，建筑群以正殿为轴心，东西配殿、侧殿、左右南殿共

惠民孙子故园

为两翼，计七座三十五间。各建筑之间有回廊相通，雕梁画栋、古朴典雅，中院中央莲花图案围绕的汉白玉基座竖立有铜质院标，为整个书院的总标识。院标设计仿照春秋时代青铜器制作特点，以礼兵器为首，盾为体，春秋时期长兵器戈、戟、矛、镀、弓为两翼，组合成一个左右交叉的整体，形似展翅欲飞的吉祥鸟，象征战争与和平、对立与统一的辩证思想及攻守、进退的战争谋略，具体准确地体现了《孙子兵法》的主题思想。

书院正殿为兵圣殿，殿内居中有铜质孙武坐像；正面及两侧墙壁陈列有可称中国一绝的大型木质浮雕"孙子圣绩图"。《圣绩图》由赐姓封采、敬献兵书、吴宫教战、经国治军、破楚入郢、飘然高隐六部分组成，形象生动地绘述了孙武家世及其非凡的一生。

东配殿为篆书《孙子兵法》石刻拓片展室，展有《孙子兵法》十三篇雕刻拓片。西配殿为孙子形象系列国画展室。中院西侧殿为礼品室，东侧殿为旅游纪念品展室。书院回廊陈列有十五位党政军高级领导人的墨迹碑雕。二期工程拟建孙子博物馆、孙子学术研究会堂、孙

子书画院、湖心亭、曲桥、碑林、碑亭以及旅游服务和管理配套设施。

广饶孙武祠

山东省东营市广饶县有一南宋大殿，建于南宋建炎二年（1128年)，原为"关帝庙"。关帝庙原有春秋阁、三义堂、戏楼及东西厢房等建筑，现仅存大殿一座，系关帝庙主体部分。这座大殿保持了宋代建筑特有的风格，系研究我国中古时期木构建筑的珍贵资料。现以南宋大殿为中心，建成了一座古典式纪念园——孙武祠。南宋大殿成为柯堂正殿，孙武祠系典型的古典式北方院落，城府套作，森严整饬。前院山门洞内有一壁刻，是我国著名历史地理学家周维衍撰写的《孙武故里考简记》。中庭石阶之下矗立着孙武高大的石像，孙武目视远方，胸有成竹，一派战略家的深沉风度。步入后院，拾级而上，就到了孙武祠正殿。殿内正中是一座孙武伏案疾书的铜像，四周墙壁上布有《孙子斩二妃》《晋见吴王》等壁画精品，活灵活现，跃然壁上。西厢殿第六展室，《孙子兵法》十三篇巨幅刻瓷长卷环绕四壁，气势磅礴，韵味无穷。

近年来，除了全国各地的游客前来游览，美国、日本、加拿大、马来西亚、新加坡等国家与地区的不少专家学者和旅游者也专程到穹窿山来观瞻和朝拜一代兵圣。

 军事巨著

《孙子兵法》版本源流

《孙子兵法》早在战国时期就广为流传。当时由于战争频繁发生，"境内皆言兵，藏孙、吴之书者家有之"（《韩非子·五蠹》）。到了汉代，由于距离战乱纷起的春秋战国时期不远，故"世俗所称师旅，皆道孙子十三篇"（史记·孙子吴起列传》）。可见，汉代之前，《孙子兵法》已成为"家喻户晓"的一部军事著作。北宋中叶，当时的皇帝"钦定"以《孙子兵法》为首选的七部兵书，统称为《武经七书》，确立了《孙子兵法》在中国军事思想史上的地位。

从战国以来，对《孙子兵法》的学习、研究和运用，逐渐成为参与军事研究和战争活动的人们的一种时尚。三国时的著名政治家、思想家、军事家曹操就心悦诚服地说："吾观兵书战策多矣，孙子所著深矣。"他以丰富的实战经验和广博的军事知识，第一次从训诂、文字、传释等角度对这部兵书做了注释。曹操以后，历代共有二百多家对《孙子兵法》做了注释。这些注释对于后人理解《孙子兵法》，推动《孙子兵法》的研究都起到了积极的作用。

《孙子兵法》作为现存第一部比较完整和系统的兵书典籍，无愧为中国古代兵学沿革发展历程中的第一块里程碑。《孙子兵法》既对前人战争经验进行了概括和总结，又对后世兵学起到了不可估量的理论

奠基作用。我国古代比较著名的兵书，如《吴子兵法》《孙膑兵法》《尉缭子》《李卫公问对》《武经总要》《虎钤经》《百战奇略》《陈纪》《投笔肤谈》《纪效新书》等，都在不同程度上得益于《孙子兵法》，并在此基础上推陈出新、有所发展。据统计，宋代兵书《百战奇略》"描述的一百条军事原则，其中五十六条是对孙武提出的概念的解释；三十四条包含孙武提出的概念的成分，用其他材料中的思想加以发展和补充；只有十条所包含的思想是《孙子兵法》中找不到的"（K.高利考斯基《孙武的思想和中国的军事传统》）。明代军事著作家茅元仪在《武备志·兵诀评》中说："前孙子者，孙子不能遗；后孙子者，不能遗孙子。"此虽为颂扬之辞，却非虚言妄论。

提到军事家、名将，从战国的孙膑、赵奢起，到秦末汉初的张良、韩信、陈馀、英布，西汉的卫青、霍去病，东汉的邓禹、冯异，三国时的曹操、诸葛亮、孙权、吕蒙，晋时的杜预，隋唐时的韩擒虎、李世民、李靖，宋时的宗泽、岳飞，元明时的朱元璋、刘基、戚继光，清时的曾国藩、胡林翼等，历代名将都将《孙子兵法》的军事原理运用于实践战争中，甚或有所发展和创造。曾辅佐刘邦打败项羽的汉初三杰之一的韩信，曾经三次面临渡河作战的情况，他根据三次作战的不同情况，把孙子"战胜不复"的思想加以灵活运用，在井陉背水列阵，大破赵军，斩杀陈馀，活捉赵王歇。当他的部将向他讨教取胜秘诀时，他脱口而出："《孙子兵法》不是说过陷之死地而后生，置之亡地而后存吗？"众将闻说皆自叹弗如。《孙子兵法》孕育了众多将帅，他们的成就也得益于《孙子兵法》。

后世为将者把《孙子兵法》作为指导战争的指南，借以总结成败得失的经验教训，确也是不容置疑的事实。因而，在我们今天学习研究孙武和《孙子兵法》的时候，眼光不应该仅限于春秋末年出现的那部《孙子兵法》，而应看到孙武之后两千五百多年来无数战争经验积累的、历代杰出军事家所加以发展的、经过战争实践检验证明为正确的"后孙子者"——《孙子兵法》的继承和发展。

《孙子兵法》现存国内版本

西汉中期以前《孙子兵法》十三篇已广为流传。到了汉成帝时，经过刘向、任宏校订，此书分为三卷，并定名吴孙子这个校本，有可能是将十三篇在校勘后分为三卷，并不牵涉孙子其他遗文。

《孙子兵法》约在两千五百年前著成，在漫长的岁月里，这部兵书是怎样流传至今的呢？

东汉班固在《汉书·艺文志·兵权谋家》中，则录《吴孙子》共九卷八十二篇。考其缘由，《汉书·艺文志》源于刘向之子刘歆《七略》，而《七略》虽出自刘向校书后所作《叙录》《别录》，但它在总括群书时，是采取"以人类书"方法著录的。就是说，《孙子兵法》原书为十三篇，后来由于"以人类书"，增录了如孙武与吴王问答以及八阵图等篇章。这些篇章在当时存世，其中不免有续《孙子兵法》的成分，但也可能有十三篇以外的孙武遗文。需要指出的是，其间的沿革并没有影响《孙子兵法》本文的保存，相反是经过西汉校书，十三篇流传的条件更为有利。

而"吴孙子"之称，其意当在有别于"齐孙子"。据史记载："孙武既死，后百余岁，有孙膑。膑生阿、鄄之间，膑亦孙武之后世子孙也"。孙武的后代孙膑，也是一位军事学家，主要活动在战国中期田齐威王之时，他所作兵法称《齐孙子》，同样为《汉书·艺文志》所著录。这部《孙膑兵法》自东汉末年失传，以致其书的存在成为一桩历史悬案，而与孙武之书发生了纠葛。直至1972年，银雀山汉墓竹简的《孙子兵法》和《孙膑兵法》同时出土，证实历史上孙武、孙膑各有其人，各有兵书传世，才基本了结此案。

银雀山汉墓竹简本《孙子兵法》，是今天所能见到的该书最早的版本。此简本先于刘向《叙录》百余年，先于班固《汉志》二百余年。它的发掘出土，对考察古本与今本的源流沿革相当重要。

在距著录《吴孙子》的《汉志》成书后六十余年，东汉末曹操恢复了十三篇原型。曹操的《孙子略解》，一般称《曹注孙子》，是孙武之书的最早注释本。其自序称："吾观兵书战策多矣，孙武所著深臭。"曹操当有条件获得《孙子兵法》佳本，他所注的十三篇底本为兰卷本，很可能即是刘向、任宏的校订本。原书经曹操再校，始有注解。此外，曹操另编有《孙子兵法续卷》，以显示与十三篇的区别，用他自己的话来说，即十三篇与那些"文烦富""失旨要"的部分相区别。自曹操注释《孙子兵法》后，传世诸本相沿为十三篇，而不在此列的其他篇卷，大多于唐代以后散逸。这些散逸书目，可见于《隋书·经籍志》和《唐书·艺文志》中著录。现今考古发现的银雀山汉简本《孙子兵法》，由整理者分设了下编，而收有这类逸文五篇。

唐宋时期，原曹注单行本渐不传，然而由于注家蜂起，出现了各家单注本，更出现了多种集注本及合刻本，曹注则见于集注、合刻本内。其中，有流传至今的三种宋代本子，最值得重视。

宋刊本《十一家注孙子》由宋吉天保辑，吉氏生卒里籍不详。此本可能初刻于南宋高宗绍兴年间、再刻于孝宗乾道年间，为十家注传本系统的母本。今存有其刻本三部，即上海图书馆藏本一部，北京图书馆藏足本一部和残本一部。

宋刊本《武经七书·孙子》原为清代陆氏皕宋楼藏书，现藏日本岩崎氏静嘉堂文库。《武经七书》系北宋神宗元丰年间颁定合刊的七部武学经典，其收录的《孙子兵法》，仅采用曹操注，今存见宋本为一种白文本，刻于南宋孝宗、光宗年间。影宋本《魏武帝注孙子》，此本当来源于北宋元丰年间所颁《武经七书》中带有曹注的《孙子兵法》。原本为南宋孝宗时所刻，现已下落不明。影摹本收在清人孙星衍《平津馆丛书》之《孙吴司马法》内。

以上所说的只是宋本。宋代以后，《孙子兵法》版本众多，大体上都属于《武经七书》和《十一家注》这两大传本系统，也有从经过合刊的曹注辑本演化而来的。

由于历代在传写、刊刻此书的过程中，文字上难免有程度不等的失误处，所以我们今天所见到的传本《孙子兵法》，已经不能尽合其原貌了。因此，这部五千余字的十三篇兵法，到目前仍存在校勘问题。

在中国，《孙子兵法》又有满文、西夏文等多种少数民族文字本。这类本子中，以西夏文本存世最早，现藏俄罗斯，我国台湾地区《书目季刊》第十五卷第二期载有此本影印件。另外，《孙子兵法》还有它的艺术版本，出现了象牙微雕、麻织壁挂等版本形式，说明人们对此书的热爱，也反映这部著作流传的普及情况。

 世界遗产

自古以来孙武的军事才能和被称为奇迹之作的《孙子兵法》一直被人们重视着，学习着。无论是在古代治国打仗，还是在国外的战争中，《孙子兵法》都被人们视为制胜秘籍。

《孙子兵法》一共有十三篇，共五千余字。但这短短的几千字里却包含着一个博大精深的理论体系和十分丰富的思想内容，对中国军事学术的发展产生了巨大而深远的影响。历代政治家、军事家无不从中汲取养料，用于指导战争实践和发展军事理论。

在国外，它的价值也受到广泛的重视。最初是在唐朝，《孙子兵法》开始被世界关注。此后它流传到各个国家。

唐朝时，《孙子兵法》最先传到了日本。唐朝的"贞观之治""开元之治"，引起了世界各国留学生的好奇和钦佩，他们不远万里，跋山涉水，来华求学。公元七八世纪，《孙子兵法》乘槎浮海，东渡

日本，受到日本皇室家族的重视，被指定为日本皇太子的教科书，也被尊为"东方兵学的鼻祖"。《孙子兵法》对日本兵学文化的发展产生了长达一千多年的影响。在历次侵略战争中，日本人充分运用了从《孙子兵法》中学到的用兵韬略，不过受侵害的却是诞生《孙子兵法》的中国，这实在令人扼腕叹息。时至今日，《孙子兵法》仍受到当代军人的重视。

《孙子兵法》西传欧洲始于清代。在长达两个多世纪的流传中，首先进入的是法国。大约在清乾隆三十七年（1772年），法国一位旅居北京的天主教耶稣会神父约瑟夫·阿米欧，受法国路易十五的国务大臣贝尔坦的委托，广泛搜集中国的古代兵书，首译了《孙子兵法》，并在巴黎公开出版发行，开创了以西方文字传播《孙子兵法》的先河。这部被首译成西方文字的《孙子兵法》，扉页上这样写道："凡欲成为军官者，都必须接受以本书为主要内容的考试。"之后，这部书陆续被翻译成多种文字，在多个国家出版。

早在1860年就有俄译本以《军事思想的反思》为名的《孙子兵法》问世。第一次世界大战以后，出现了像图哈切夫斯基、哈特和富勒这样一些出色的军事人才，他们试图摆脱第一次世界大战期间出现的那种火力决定一切的战场模式，从历史的教训中谋求实现国家安全目标的军事思想。

1910年，英国著名的汉学家、不列颠博物馆东方书籍与手稿部主任助理贾尔斯，在伦敦出版了他的新英译本《孙子兵法》。后来，由布鲁诺·纳瓦拉翻译的德文版《孙子兵法》在柏林正式出版，书名为《中国古典兵家论战争的书》。遗憾的是，现在德国已经找不到这个版本的书了，唯有瑞士联邦军事图书馆藏有一本。之后，又陆续有了好几种翻译，直到1963年，伦敦牛津大学出版的译本，被列入联合国教科文组织的中国代表作译丛，英国著名军事理论家利德尔·哈特为之作序。近年来，《孙子兵法》的作用渐渐被人们熟知，所以又陆续有新的德译本在德国问世流传。

第二次世界大战以后，尤其是朝鲜战争和越南战争之后，是孙武军事思想同西方军事思想融合的黄金时期。许多国家领导人也曾多次引用孙武的思想，比如，尼克松在《真正的战争》一书中指出："正如两千五百年前中国战略学家孙子所说'夫兵久而国利者，未之有也。故兵贵胜，不贵久'。美国在越南战争中的失败正应了孙子的话。"柯林斯在《大战略》一书中也指出："孙子说：'上兵伐谋。'在越南战争的情况下，'谋'即指革命战略。"

20 世纪 70 年代以后，西方军事思想家首先提出了"孙子的核战略"这一概念。在美苏争霸的激烈斗争中，他们运用《孙子兵法》"上兵伐谋"，以谋略取天下的积极进取思想，不断校正自己对核战争的某些传统观念，并且在实践中深切地感受到孙子的"军事观点非常深奥，触及了核战争的本质，具有现实意义"。

在近现代的战争中，使用了许多新式武器，虽然现实条件发生了很大的变化，但是《孙子兵法》所论述的战争的基本原理和原则都没有因战争条件的改变而改变，仍然受到军事家们的普遍推崇。美国将军斯瓦茨科夫使用《孙子兵法》中"重将治兵"的原则及各种谋略思想来驱动装备着最现代化的战争武器，取得了战争的胜利，斯瓦茨科夫也由此被誉为"将星奇才"。英国著名战略家利德尔·哈特在《孙子兵法》英译本序言中说："两千五百多年前中国这位古代兵法家的思想，对于研究核时代的战争是很有帮助的。"

第二次世界大战后，《孙子兵法》不仅仅用于军事战争中，而且越来越广泛地被应用到其他方面，尤其在企业经营管理中得到了广泛的运用。孙武的军事理论与企业管理研究的领域虽然不同，但它们确实有许多相通之处。日本企业家大桥武夫所著《兵法经营全书》指出："采用中国的兵法思想指导企业经营管理，比美国的企业管理方式更合理、更有效。"美国著名经济学家霍吉兹在《企业管理》一书中指出，《孙子兵法》一书中"揭示的许多原理原则，迄今犹属颠扑不破，仍有其运用价值"。

传说中的孙武

时至今日，《孙子兵法》的应用范围更广泛了。人们结合具体的条件，借用《孙子兵法》的思想，融入现代的因素，让其更好地为实现自己的目标服务。无论是在销售行业，还是在商务谈判中，或者是在国与国的交往中，《孙子兵法》的一些基本观点和主张，已经不知不觉被运用其中。

可以说，《孙子兵法》是全人类的宝贵文化遗产。

第二章

将门虎子

孙武长于地大物饶、尚武重谋的军事强国，更为幸运的是，他出生在一个声名显赫、家学深厚、将星辈出的军事世家。受家庭的影响，孙武从小就喜爱兵法，渴望探求克敌制胜之道，以备将来登台拜将、沙场点兵，在战争的舞台上干出一番惊天动地的事业来。

春秋局势

孙武的远祖是有着帝室血统的虞舜后代虞阏父，当时他是周朝的陶正之官，负责整个朝廷的陶器制作。由于虞阏父制造技术精湛，德高望重，备受人们的爱戴，也得到了周武王的赏识。于是，周武王把自己的长女许给阏父的儿子满为妻，而且把刘蒿一带（今河南淮阳）的土地封给他，赐以妫姓，建立陈国。

这个时候，政治、经济的空前发展，打破了原有的国土区划，土地制度模式、奴隶制的政治体系也逐步瓦解。当时最为强大的周朝统一了王权，这时政治稳定，经济发展，出现了历史上一个和平时期。

在春秋这个风云谲变、动荡不安的时代，诸侯对天子朝觐、贡赋的减少，周王室财政拮据、统治力衰退。在经济上，对于诸侯过于依赖；在政治上，受诸侯的摆布；各诸侯国的经济发展存在很大的差距，出现了"大鱼吃小鱼，小鱼吃虾米"的局面。各诸侯国竞相兼并弱国，大国积极图谋霸主地位立，"礼、乐、征、伐自天子出"被"礼、乐、征、伐自诸侯出"的局面代替。

公元前734年，郑庄公首先打败了企图造反的弟弟共叔段，以求加强自己的权力，巩固自己的政权。之后，郑庄公又联合了齐、鲁等小国兼并了许国。郑国的势力一时空前强大，成为众诸侯国亲近的对象，先后就有鲁、宋、齐等国来献媚，更加助长郑国独霸王室的野心。

公元前 707 年，强大的郑国与本来占有主要地位的周王朝的矛盾激化，双方兵刃相见，战火熊熊，一场大战即将爆发。这时，陈国不得不听从周王的调遣，也联合了周边的蔡、卫等国的军队一起，在周王的领导下讨伐郑国。周郑在缙葛（今河南长葛）展开了激烈的战争，但由于周郑双方力量悬殊，以周的惨败而告终。这一战，不仅标志着周王权的彻底沦落，也为春秋时期诸侯的激烈争霸拉开了序幕。不久之后，先后崛起了齐、秦、晋、楚等较强的诸侯国，他们励精图治，积极从事霸业。

公元前 705 年的一天，秋高气爽，晴空万里，晴好的天气并没有让陈国的第十二代君王陈厉公心情舒畅。想想陈国在缙葛的惨败，想想目前中原迅速崛起的齐、秦、晋、楚都虎视眈眈地盯着对方，随时准备吞掉对方的土地，如此险恶的形势，怎能不叫人忧心忡忡？就在这时，他的儿子诞生了。在这个动荡不安、战争频繁的时代，不知这个儿子的诞生是喜还是忧？

陈厉公虽然不知道这个儿子将来的命运如何，可依然对他爱如至宝，在庆祝他的生日时，不像以往为王子庆生日那样有喜庆的音乐、美丽的烟花，而是摆香设坛，祭祀祖先，群臣朝贺，祭祀了几天几夜。一天，周朝的太史（掌管王室文件起草、诸侯大夫策命、史书整理编纂的世袭官职）途经陈国，看到陈国如此隆重祭祀，就进去表示祝贺。由于太史兼管国家典籍、天文历法、祭祀占卜等项工作，陈厉公想借此询问一下儿子的将来。周太史起卦占卜，结果令所有的人大喜。他非常高兴地告诉陈厉公说："贵公子是富贵命，可用之才，且将来他的子孙还有做国君的可能。"

陈厉公大喜，他将儿子取名为完，字敬仲。

陈完长大后，才华横溢，风度翩翩，做事有礼有节，谦虚谨慎。当初，陈厉公是趁其异母弟弟陈桓公病危，杀弟夺位而当上国君的，几年后，陈桓公的小儿子陈林替父报仇，杀害了陈厉公一家。在这一场灾变中，陈完侥幸逃过一劫。

不久之后，陈林即位，也就是陈宣公。陈宣公的儿子野心勃勃，预谋造反，以夺皇位。不料造反失败，被父亲杀死，而陈完一直与太子关系密切，唯恐受其牵连，引来杀身之祸。他认为，自己如果继续留在陈国，即使幸免逃过这一劫，以后也只会受欺受辱，与其这样，不如逃往他国。于是，在一个风雨交加的夜晚，陈完悄悄地逃离了陈国，来到了齐国。

此时，齐国的国王齐桓公是一位有胆有识、赏罚分明、重能用贤的人，他亲身经历了各国争霸的残酷战争，也明白军事人才的重要性，所以这段时间，他一直注重革新，励精图治，搜集人才，稳固自己的霸业。陈完也是看到这些，才选择齐国作为自己最佳的避难之地。

陈完到齐国之后，兢兢业业，勤劳朴实，从不招惹是非。他的这些良好品行得到了齐桓公器重。齐桓公欲封他为客卿（在本国做官的外国人）。陈完知道自己不适合做高官，于是，就委婉地推辞说："感谢国君的知遇之恩，但我才识浅薄，恐怕担当不起如此重任。只求准我在这块土地上安居乐业，我就心满意足了。"

齐桓公见陈完推辞恳切，真诚表达，就任命他为"工正"（负责掌管"百工之事"的官员）。

陈完此后就开始了安居乐业的生活，他勤于职守，凭着才识、胆略和踏实的工作，在管理方面取得了明显的成绩，也得到了齐国上下的赞赏。齐国的官员对于陈完的为人非常清楚，欣赏他的才华，也同情他的遭遇，其中，有一位叫懿仲的贵族更是赏识他。最后，懿仲还把自己的女儿嫁给陈完为妻。

有了家室的陈完，每当他想起自己国家的战乱不休、父子夺权、尔虞我诈、勾心斗角、民不聊生，心中总是隐隐作痛。为了彻底忘掉过去的痛苦，让自己开始新的生活，陈完把自己的姓名改为田完。因为在当时"陈""田"同音同义。田完为了报答齐国的知遇之恩，更加安心地工作，踏实做人，而且与王室保持着密切的关系。

从此，他们一家就在齐国繁衍生息。

时光如梭，岁月如轮，田家在齐国的发展越来越昌盛，逐渐成为齐国的名门望族，显宦盈门。田完的第四世孙田桓子，字无宇，也就是孙武的曾祖父，他继承了田氏家族尚武遗风，能文能武、德才兼备、有勇有谋，但他没有像祖辈一样成为文官，而是做了一名英勇无畏的名将。

公元前549年，晋国势力强大，为了巩固自己的政权，在平阳发动战争，攻打齐国。就在齐国面临危急的时刻，作为主要将领的田无宇冒着生命危险求助于楚国，终于说服楚国出兵。之后，齐国联合楚国，跟晋国在棘泽展开了激烈的战争。田无宇亲自指挥，发挥自己的高超的军事才能，使晋军惨败。

公元前532年，田无宇又率军讨伐栾氏、高氏。当时齐国有田、鲍、栾、高四大族姓，但栾氏、高氏贪得无厌，吃喝玩乐，欺负百姓，霸占民地，不得人心，百姓对他们恨之入骨。田无宇把他们驱逐出齐国之后，百姓安居乐业，也巩固了自己的势力。他这么做不仅是为百姓除害，扩大自己的势力，也可以收揽民心。同时，田无宇充分发挥自己的政治领导才能，注意联合一切可以联合的力量，顺应百姓的意愿，有效地分化孤立一些旧的势力。

田无宇取得了全面的胜利，不仅巩固了齐国的政权，也提高了自己的声誉，得到了君王的赞赏。田无宇有两个儿子，田书和田乞，其中田乞为齐景公时的大夫，后为宰相。而田书却继承了父亲统兵御众、战胜攻取的才能。田无宇视两个儿子为掌上明珠，一人从文，一人善武，各展千秋，成为齐国政坛上最为活跃的力量。

田氏兄弟尽全部的能力辅佐齐景公。齐景公虽然其貌不扬，但善于搜集人才，非常重视有能力的人才。他们得到了齐景公的大力赞赏，也都委以重任。他们继承了父亲的聪明才智，学会在政治上获取民心，为民办事；在经济上善于发挥人民的特长，发展特色产业；在生活上改善了许多古代的陈风旧习，减少了许多不合理的礼仪、习俗。

 乱世出生

　　大约是齐景公十二年（公元前 536 年）的春天，春光明媚，杨柳依依，鸟语花香，临淄（齐国都城）深处的一座装饰豪华的贵族大院内，人影慌慌、神色匆匆，充满了紧张的气息，好像有什么重大的事情要发生似的。

　　主人田凭满脸焦急，徘徊在一间屋子的门外，时不时地向房里张望。几个随从跟在他的身后，看着田凭焦急的神态，不知该怎么劝说主人。那边一个深红的门帘遮住了屋里的一切，时不时有几个丫鬟焦急地进进出出，有的拿着热毛巾，有的端着热水，神色紧张，来去匆忙……

　　田凭把所有的注意力都集中在那间人影晃动的屋子里，伸着耳朵极力辨别来自那间神秘屋子里的声音，白净的脸上有一丝忧愁，偶尔洋溢出一点点激动或者欣喜……

　　原来是这里的女主人正在生产。在古代，十月怀胎，一朝分娩，是让人又愁又喜的时刻，如果孩子顺利生产，母子平安，那么就是一桩喜事；反之，则会是另外一种情形。

　　这时，只听到一声清脆的婴儿的啼哭声，接着屋子里声音杂乱起来，有笑声，也有祝贺声。田凭急忙向屋子里冲去，却被一个贴身丫

鬟拦在了门外。丫鬟客气地说："恭喜老爷，是位公子。但现在您还不能进去，等会奴婢会叫您进去的。"

田凭被丫鬟拦在了门外，脸上现出欣喜的笑容，刚才的焦急荡然无存。他立即吩咐随从赶紧给夫人准备好补汤，随时准备送进去，然后他就耐心地等待着。

过了一会儿，夫人身旁的贴身丫鬟满脸笑容地出来，说："老爷，您可以进去看少爷了……"

还没有等丫鬟把话说完，田凭已经迫不及待地进了房间。丫鬟抱着刚刚出生的婴儿，走到田凭的面前，说："老爷，您看，小少爷多么可爱，看他紧握双拳，大哭不止，将来肯定是栋梁之才。"

田凭抱着这个男婴，又激动又高兴。这个男婴就是日后成就奇伟事业的兵家之圣——孙武。

孩子的出生给田府增添了许多喜气，田府上下都沉浸在欢乐之中。婴儿满月的喜宴上，祖父田书喜不自禁，连声赞叹，看着睁着一双黑溜溜的大眼睛、英俊可爱的男婴，对儿子田凭说："这孩子将来肯定是一个从文之人，看来我们田家后继有人了。"说完就爽朗地笑了起来。

然后，他给孙子取了一个文绉绉的名字：长卿。

在长卿一岁的时候，习武的一生似乎就注定了。田家对于孩子的第一个生日庆典非常重视，几乎所有的亲朋好友都来表示祝贺。丫鬟们拿来了早已准备好的一切东西。按照传统习俗，在生日当天，要用一些具有代表性的物体来预测婴儿将来的前途，这是一种近乎游戏式的人生预测。

长辈们把一些具有象征意义的物品，整齐地摆放在一张偌大的桌子上，既有主农的末耜，也有主商的钱币、主政的印玺，还有主军的兵书、兵器，以及舞文弄墨的笔、书等。当贴身丫鬟把刚满周岁的长卿放到桌子中央时，众亲朋好友都把目光集中在了这个还不明白世事的孩子身上。

长卿睁着一双圆溜溜的大眼睛，对桌上所有的东西都充满了好奇，但又不知所措。于是，看看周围的人，瞅瞅桌上的东西，趴在原地一动不动，似乎在琢磨什么事情，又似乎对什么东西都不敢兴趣。看着孩子这样，田凭有一些着急，急忙指着桌上的东西，示意小长卿上去拿。不明事理的长卿似乎明白了父亲的意思，露出了一丝顽皮的笑容，慢慢地爬过去。首先吸引他的是钱币，众人都笑着点头，说这孩子将来肯定是个商人。然后他又慢慢地爬向了印玺，拿起那个沉甸甸的东西，好奇地看着，而后将其塞进了嘴里，企图吃掉它。大家笑起来，都说这孩子将来肯定是一个有名的厨师。这时，他丢掉了印玺，拿起旁边一本厚厚的兵书，按着那卷已翻阅得光亮的竹简《军政》，塞进嘴里贪婪地吮吸起来，这副滑稽可爱的样子，把大家逗得哈哈大笑，都说他将来肯定是个贪吃的人。那么，长卿到底对什么感兴趣呢，大家还是不得而知。

时光如水，幼小的长卿渐渐长大，也懂事起来。在他那略带幼嫩的脸上，一双水汪汪地大眼睛嵌在浓黑大剑眉之下，俊朗中略显强悍，恬静中略显睿智，幼稚中略显成熟，是一个名副其实的人见人爱的英俊少年。

长卿出生在贵族世家，为他以后的成才提供了不可忽略的前提条件。他的父亲和祖父都有丰富的战争经历，也有许多打仗谋略方面的经验，经常可以绘声绘色地给他描绘一些战争的场面，无意中也会给他讲一些用兵智略，这些都为他步入军事理论、开始喜欢军事谋略奠定坚实的基础。

小时候，长卿经常缠着祖父或父亲讲述战争中的故事。从虞舜征伐苗黎部族的战争，到虞阕夫随周武王灭商的牧野之战；从齐桓公称霸到晋、楚争战；从诸侯会盟到向戌弭兵，他都百听不厌。这些激烈残酷的战争，这些尔虞我诈的计谋，国家之间"大鱼吃小鱼"的残酷，将士之间的斗智斗勇，士兵身上那种勇武的英雄气概，在长卿的脑海中形成了一幕幕波澜壮阔的战争画卷，这些使他痴迷，使他激动不已。

那么，长卿最后为何更名为田武呢？这里有一段奇特的故事。那是大约公元前526年，长卿的母亲病逝，田凭为长卿续娶继母。就是在这次特殊的婚礼上，田书将孙子长卿的名字改为田武。

田凭迎娶虞人之女李沛雁，婚礼上没有钟鼓乐之，也没有琴瑟友之，而是所有的人都穿着戎装，如一次军事演习，也如将赴战场，雄赳赳气昂昂。这次婚礼的主持不是别人，就是齐景公。主婚人也是一身戎装，神态激昂。为什么要主办这个戎装婚礼呢？因为新郎和新娘都习武功，为齐国的巩固和繁荣立下了汗马功劳。在婚礼上，齐景公除了主持、道贺、赞赏之外，还有一个小小的心愿，那就是见见人们都说的那个神童——田长卿。

原来，在父亲和祖父的教导下，长卿从小读书习字。他尤其喜欢读兵书，到十几岁，家里的兵书他都读得滚瓜烂熟。平时跟小朋友做游戏时，他总是出任"将军"，排兵布阵，居然有模有样。因此，时人无不惊叹地称他为"神童"。

当所有的仪式都完成以后，齐景公突然提议说："听说田家有一个特别聪明的孩子，不知是不是真的?"

话音刚落，只看见从人群中钻出一个十来岁的小男孩，跪在地上，清脆地喊道："臣长卿见过大王。"

齐景公被这清脆的声音吸引，仔细地端详着眼前的小男孩，只见他相貌清秀、眉宇轩昂，眼睛里透露出一股灵气。齐景公不由自主地走过去，扶起这个小男孩问："你就是那个兵法奇才?"

田书害怕孙子年幼无知，抢先回答道："禀告君王，孩子年幼无知，只是读过一些兵书而已，根本不懂什么兵法。"

长卿却急忙补充道："臣虽然没有专门学过兵法，不过看过许多关于兵法、武艺的书籍，对于这些都略懂一点。"

齐景公见眼前这孩子聪明伶俐，语言犀利，眼眸中透露出聪慧之气，而且胆识过人，于是就出了一些关于兵法、武艺的问题来考问他。没想到，长卿对答如流，而且对很多兵法问题，都有自己的一些见解。

齐景公对长卿的回答非常满意，频频点头，对众人说："这孩子具有过人的军事才能，将来是国家不可多得的将才。"

田书一听此言，不禁叹了口气，对孙子说："为你取名为长卿，是为了让你从文，报效国家，结果你还是跟我和你父亲一样，喜欢习武。既然这样，只好顺从天意，就给你改名为武吧！"

长卿很喜欢"田武"这个名字，连忙跪下磕头，谢谢祖父赐名。

从此，田武的人生轨迹正式向习武的方向发展。他这个武字虽然简单，却也有独特的含义。武的字形由"止""戈"两字组成，能止戈才是武。古兵书上说："武有七德。"（所谓"七德"，即武力用来禁止强暴，消灭战争，保持强大，巩固功业，安定百姓，协和大众和丰富财物。）老子则说："善为士者不武；善战者不怒；善胜敌者不与。是谓不争之德，是谓配天，古之极。"真正的武人，绝不是一介莽夫，而是有勇有谋，能谦能让，冷静沉着，不动如山。这正是其心目中的武人标准。

巧解遗嘱

田凭是儿子长卿的第一位启蒙老师，把他带进了一个兵法战争的世界，而长卿的另一位启蒙老师的作用也不可忽视。是她发现了与众不同的长卿，也是她给了长卿另外一个学习的机会，她就是长卿的母亲——范玉兰。

范玉兰出身名门，受过良好的教育，知书达理，精通琴棋书画，知识丰富，见多识广。从长卿刚刚会走路时，她就开始给其讲古代神话，讲英雄故事，讲人间传奇，一个个娓娓动听的故事，让长卿着迷。还有那些陶冶情操、提高想象力和创造力的智力问题，也深深地吸引着长卿，激发着他勤于思考、认真学习的欲望。他的好奇心很强，经常提一些让人意想不到的问题。虽然范玉兰知识丰富，可要解答长卿那些突发的奇想，给他一个合理的解释仍然非常困难。每当长卿睁着好奇的眼睛，问母亲："盘古开天地的那把大斧是谁制造的？女娲既然是人类的创造者，可为什么今天女人的地位低下？愚公为什么不搬家而是选择移山的愚蠢做法呢？"对这样的问题，玉兰不知该如何回答才好。

有一次，玉兰给儿子讲嫦娥那超尘脱俗的美貌，与后羿之间的爱情，吃仙丹奔月宫，撇下丈夫过孤独冷清的生活，以及天帝将她贬成一只癞蛤蟆的故事。讲完了，范玉兰评论说："美貌如花的仙子一下子被贬为一只癞蛤蟆，命运对她太不公平，天帝太狠心……"

长卿却不同意母亲的观点，反驳说："后羿射日，拯救人类，背叛天庭，是英雄壮举。嫦娥只顾自己成仙，背叛了他，活该变成癞蛤蟆。"

玉兰叹了一口气，觉得儿子的想法有点偏激。不过，儿子能够独立思考问题，却又让她欣喜。

还有一次，范玉兰给儿子讲尧的功德，她说尧是个至仁至圣的谦谦君子、天衣无缝的完人……

长卿马上打断了母亲的话："孩儿不这么认为，'金无足赤，人无完人'，这不是娘对儿子亲口说的吗？母亲怎么说尧是个天衣无缝的完人呢？"

范玉兰瞠目结舌，一时无语以对。小小年纪，竟敢亵渎先贤圣哲，这孩子未免太大胆了，但她又不能不为此而高兴，只是敷衍着尽力反驳儿子的观点："'金无足赤，人无完人'，是对于一般常人来说的，对于圣人，则另当别论。"

长卿仍然据理力争，非常自信地说："尧的臣子相柳、孔壬和三苗，都是些祸国殃民的大坏蛋，尧一再宽恕他们的滔天罪行。这不是对少数人仁义却害了多数人吗？我看就是假仁假义。而鲧奉命治水九年，抛妻别子，吃尽了千辛万苦。虽说他有刚愎自用的缺点，但他毕竟一心为公，为拯救灾难深重的百姓，赴汤蹈火，在所不辞。最后由于天灾，导致了治水失败，尧却将鲧处死了。这种做法就不是一种仁义之举，是失去理智的做法。孩儿认为，'人无完人'这句话，对任何人都有效，包括圣人在内。"

年轻的母亲不知用什么语言反驳儿子的观点了。这时，她为自己没有足够的知识来教导儿子而羞愧，也为有这么个聪明的儿子而高兴。于是，她萌发了为儿子请一个家庭教师的想法。

范玉兰把自己的想法告诉了丈夫。丈夫也同意妻子的想法。但在当时，要找到一个好老师并不是那么容易的。三年之内，长卿的老师已经换了四个。最后找到了一位名叫张风岐的老师，倒真是一位明师。他饱读诗书，出口成章，温文尔雅，每当外出，触景生情，总会与长卿吟诗作对。仲春的一天，杨柳依依，柳絮如雪花般在空中漫舞，师生二人乘船沿河水北上，河流弯弯，流水汩汩，清澈见底，鸟儿在岸上的柳树梢上歌唱着，小船在河中央蜿蜒缓行，前面不远处有一座石桥。小船顺着河水的流向缓缓地前行，河岸边柳树的枝叶不断地摇摆，似乎在不断地冲着他们打招呼，阳光温暖地照在师生二人身上，一阵阵欢快的笑声从小船上传来……

又是一个月圆之日，中秋佳节的气氛笼罩了整个田府。范玉兰准备了一份厚礼，让儿子长卿给师傅送过去。一年来，长卿与张风岐相处融洽，如鱼得水。所以，将礼物送到老师家里后，他在那里跟老师聊天，非常畅快。眼看圆月东升，老师想让长卿在自己家中过夜。长卿觉得未经过母亲的同意，不能擅自做主，执意告辞。张风岐恋恋不舍地相送。不料，当天晚上，张风岐急火攻心，疽发于背而死。长卿听到噩耗，伤心至极，大病一场。

还有一位老师，也给长卿留下了非常深的印象。他姓方，名博古，是一位老学究，脸终日拉得老长，不说不笑。他坚守周礼，盛赞仁义，反对暴力与战争，要求自己的学生一定要服从自己，不得出言反驳。这样古板的人与思想活跃的长卿必然产生了矛盾，两人相处期间，矛盾重重，师生关系紧张。

一次，博古老师大谈仁义道德。长卿不同意他的看法，于是就极力反驳，说："仁义只是人类的一种理想境界，周公是一个不现实的梦想家，只有欲望和希望才是人的本能。"

博古听了长卿的论述，怒火烧身，勃然大怒。他想：诋毁周礼，亵渎周公，顶撞尊长，是可忍，孰不可忍！博古也顾不得自己的老师尊严，也不顾学生的年幼，竟然与孙武吵起来，而且还动手打了长卿，并且骂道："孺子不可教也！"

事情虽然过去了，但并没有结束。三天后，清明佳节雨纷纷，田府上下都放假了，回家祭祖。当温和的太阳刚刚露头，长卿便一手牵着自己最喜欢的猎狗，一手拿着木棍，直奔老师家的羊圈。在离羊圈还有十几米的时候，猎狗闻到了羊腥味，伸舌竖耳，垂涎三尺。长卿放开了猎狗，猎狗就如发狂的疯牛一般穷凶极恶地冲着羊圈跑去，顿时，羊圈中一阵骚乱，羊叫声不断。正在羊圈中挤羊奶的老师见状，勃然大怒。

当长卿气喘吁吁地赶到羊圈时，已经有几只可怜的小羊羔惨死，鲜血淋淋，长卿见状，急忙赔礼道："真对不起，老师，这畜生挣脱了锁链，跑到这里来闯祸了。"

接下来，长卿开始用仁义道德来教训那只猎狗。可那只猎狗不听教训，仍然追逐小羊羔。教训完了，长卿又向老师哀求道："弟子用这些仁义道德来教训它，可这畜生全然不听，想必是弟子教学有限。求恩师可怜这些羊羔，向猎狗晓以仁义，劝其改恶从善，切莫再施行暴力！"

博古老师气得浑身哆嗦，怒目圆睁，语无伦次地指着长卿说：

"你，你……"

长卿一笑，又用木棍教训起猎狗来。棍棒之下，猎狗乖巧之极，就像一只小羔羊一样温顺地卧在主人脚旁。长卿继续说："不是所有的人都可以用说教的方法来教育的，贪欲本是万物的本性，必要的时候，武器是非常有用的。"

说完，长卿不理会老师的愤怒，悠然自得地带着猎狗回家了。

博古老师受了孙武的戏弄后，一怒之下辞职不干了。不久之后，家里又给长卿换了一位新老师。这位老师名叫赵佑福，他高大，英俊，白皙的皮肤，举止文雅，说话和气，办事稳妥，深得孙府上下的敬重，也得到了长卿的尊重。

长卿与赵老师相处融洽，情投意合，师生二人有许多共同的话题，每天都会有欢快的笑声从房间里传出来。可是，最近几日，长卿明显地发现老师心事重重，整日愁眉苦脸，沉默寡言，也很少与长卿探讨一些平时两个人关心的话题，总是一个人坐在角落里沉默。长卿虽然年纪尚小，可他依然能感觉到老师遇到了困难，不忍心看到老师整日愁眉不展，于是就再三询问，赵老师才说出了自己的困难。

事情是这样的：赵佑福有一个姐夫，是乐安城东的富户张某。张某膝下一儿一女，其女嫁给东村果常山为妻。张某的儿子福顺，刚满五岁。最近，张某的妻子忽然患有急症，撒手而去，留下体弱的丈夫。张某由于丧妻，心火上攻，病倒在床，奄奄一息，眼看就要一命归西。五岁的儿子福顺只想贪玩，根本没有料理家务的能力，更何况还要照顾一个垂死老人？于是，张某只好请回女儿女婿，让其帮忙照顾、打理家务。谁知女儿女婿只是贪念父亲的钱财，根本没有孝心。眼看着父亲的病越来越重，不是想着怎么为老人治病，解除痛苦，而是费尽心思，盘计怎样才能把这份家产弄到自己的手里，据为己有。

女儿女婿合谋着，突然就生出一条计策。第二天早上，女婿果常山以请安为名，拿着早已准备好的"遗嘱"，来到生命垂危的岳父床前，逼着他在"遗嘱"上盖手印。张某用颤抖的双手接过"遗嘱"，睁

将门虎子

开昏花的老眼，仔细辨认帛上的字体，只见上面写着：城东张某仅生一子所有家产全部留给女婿，外人不得夺取。

张某一下子明白了女婿的目的：趁他年老体弱，预谋夺其全都家产。他气得浑身哆嗦，语无伦次，费尽全身力气，指着果常山骂道："你……你……畜生！我……"话还没有说完，张某就吐出一口血，血染在了手上，滴在被子上，然后就离开了人世。岳父的去世并没有给女儿女婿带来痛苦，果常山趁机拉着张某的手，分别在两张"遗嘱"上盖了手印。

有了"遗嘱"在手，果常山夫妻有恃无恐，根本没有把弱小的福顺放在眼里，而是千方百计地刁难他，打骂他，甚至于他稍微不对，便要赶其出门。没过多久，刚懂事的福顺便被果常山夫妻赶出了家门，无依无靠的福顺只能靠乞讨维持生计。乡邻们虽都愤愤不平，但果氏夫妻手中有张某的"遗嘱"，文字为证，无可奈何。

赵老师非常同情福顺的遭遇，又同情自己的姐夫，但面对果常山夫妻的横行，也是有苦难言。

长卿知道后，气愤地说："老师为何不去告果常山夫妻？"

赵老师面露难色，痛苦地说："告？如何个告法？他们手中有'遗嘱'为证怎么告？"

长卿一时也为难了，思索片刻后，询问道："福顺手中不是也有一份'遗嘱'吗？"

赵佑福垂头丧气地说："两份'遗嘱'，一字不差，俱都明写着'家产全部留给女婿外人不得夺取'……"说着，将"遗嘱"递给了孙武。

长卿接过遗嘱，认真地看了一遍，笑道："老师不必担忧，我自有办法。"

赵佑福看到长卿这么容易就想出了解决的办法，觉得难以置信，充满疑惑地看着孙武。

长卿继续说："恩师，您看，这'遗嘱'分明写着'将全部家产留给独生子福顺'。"

赵佑福听了，更加迷茫，没有说什么，示意长卿继续说下去。

"城东张某，仅生一子，所有财产，全部留给，女婿外人，不得夺取。"长卿大声地将"遗嘱"朗读了一遍。

赵老师顿时茅塞顿开，大喜道："原来读法不同，断句不同，同一份'遗嘱'可以有两种截然不同的结论。"

一件让老师犯难的事情，在长卿的眼里便可以轻松解决，这不仅可以表现其聪明过人，也表现了他处事的态度和做人的原则。

这时的齐国内忧外患，朝政混乱，栾、高、鲍等族互相倾轧，纠集势力，长卿的父亲田凭害怕卷入是非的旋涡，便以养病为名，回家暂避。这样他就有时间亲自教儿子读书了。于是，田凭放弃再给长卿请家庭教师的念头，而是由自己亲任老师。他决心把毕生所学都传授给这位聪明过人的儿子。

勤奋好学

田武祖辈都是精通军事的贵族，家中长辈都希望他赶快长大，将来继承和光大将门武业，报效国家。

田武渐渐地长大懂事，得天独厚的条件，使其自幼得到了良好的教育和熏陶。田武并没有辜负家人对他的期望，他具有非常好的军事天赋，聪明过人，勤奋学习，善于思想，富有独特见解。家中的兵书，如《黄帝兵书》《太公兵书》《风后渥奇经》《易经》《军志》《军政》《军礼》《令典》《周书》《老子兵录》《尚书兵纪》《管子兵法》……几乎全部通读，有不懂的地方，他总是虚心地向长辈或者老师请教，尊长答不上来的，他总是会追根究底，不得到答案是不会罢休的。

有一次，当田武读到"国之大事，在祀与戎"（《左传·成公十三年》）时，他就问老师："祀是什么？戎是什么？"

老师不知道田武为什么突然问这么简单的问题，就随口答道："祀是祭祀，戎是兵戎。"

田武听了，又问："祭祀是一种精神的寄托，怎么能与兵戎相提并论而成为国家大事呢？"

老师对田武的问题非常奇怪，但又不知如何回答，一时语塞。

田武接着说："只有兵，才是国家大事，君臣不可不察的大事。"

田武这种想法，当然是小孩子的偏见。当时，祭祀是一种"礼"，也可以说是一种制度。在古人眼里，祭祀是一件非常神圣的事，它对凝聚人心、稳定社会是很有好处的，所以才说它是国家大事。但是，孙武能够就自己的理解，提出与众不同的观点，这种求索精神还是难能可贵的。

田武从小喜欢听祖父为他讲解那些战争故事，喜欢战场上的英勇无畏，喜欢那些玄妙绝奇的兵法，喜欢参观齐鲁边境的长城。商汤伐桀、武王伐纣，是由于避实击虚，积小胜而成大胜；一帝二王的成功，都是得天道、地利、人情的结果。这些故事是他日后形成自己的军事思想的素材。

春秋时代只有王室的子弟才能入学，就是所谓的学在官府。到春秋末年，周王朝的势力没落，各路诸侯纷纷立国。于是，各个诸侯国家的一般贵族和平民为了培养自己的子弟，便兴起聚徒讲学之风，后来便发展成庠序。庠序向所有贵族和一般平民的子弟敞开了受教育的大门。

田武八岁这年春天，他头上束着两个总角，让祖父领着，走进了庠序的大门，开始接受系统的基础知识教育。

当时庠序的主要课程是五教和六艺。所谓五教，指五种伦理道德教育，即父要义、母要慈、兄要友、弟要恭、子要孝；六艺即"礼、乐、射、御、书、数"等六门基础课的知识和技艺。

"书"是识字课。一入学，教书先生就发给每个学生几根竹简和一把刻刀，田武对这些学习用具并不生疏，因为在家里，爷爷和父亲早已教过他如何使用，有的字也早已认识，但他对教书先生讲的汉字六书非常感兴趣。

有一天，教书先生走到田武的书桌前，弯下腰来对他说："你知道你姓的'田'字怎么写吗？是长方形里面有一横一竖，这个字很有意思，表示一块大田分成四块小田，纵横直线表示田埂或田间小路。"

这是田武从未听说过的，他感到非常新鲜，两只乌黑明亮的眼睛便一眨一眨地看着先生。

教书先生见田武对这些东西非常感兴趣，又耐心地给他讲解起田武的武字，教书先生说："你的名字武是止与戈两个字组成的。戈是兵器，止是脚趾，合起来是勇士持兵器，大步前进格斗的意思，表示征战、讨伐。"

田武有些不明白，忽闪了几下黑眼睛说："我祖父说武是停止战争，是和平的意思。您怎么说成是征战、讨伐呢？"

教书先生摸了摸田武的头说："乖孩子，武字本来是征战的意思，不过若以正义的战争讨伐邪恶、制止动乱，这不就实现了和平吗？由此看来，武字又有和平和制止战争的意思。你的名字取得很有意义。"

田武仰着脸，看着先生自豪地问："您知道我的名字是谁取的吗？"

先生说："不知道。"

田武说："是我祖父取的。"

先生又拍了拍田武的后脑勺说："好好学习，长大后像你祖父那

将门虎子

样勇猛，统兵打仗，保卫齐国人民的幸福生活。"

田武笑了笑，又低头念起竹简上的字。

"数"是数学课。教书先生最初给学生讲授计算的一般知识和规则，往后就讲齐国的"九九之术"和《算经》。

田武自幼聪慧过人，又勤奋好学，再加上对奥妙的数学王国兴趣浓烈，他十二岁时，数学的运算能力就赶上成人，成为他父亲管理家庭的得力助手。

少年田武天资聪明，对那些艰涩繁杂的五教以及规定的文化基础课，看三两遍就能熟记于心。往往其他同学还在埋头苦读，他早已记熟，跑到外面玩去了。

有一次，老师以为他贪玩，把他叫回去准备责罚一顿。责罚是要有理由的，老师就用刚刚学过的一段课文向他提问，谁知道田武竟然对答如流。

老师找不出责罚的理由，只好作罢。久而久之，老师感觉这孩子有不同常人的天赋，将来必成大器，于是教育田武也就更加用心了。

在所有的课程中，田武最感兴趣的是六学中的射和御。在射、御的第一节课上，老师先给学生讲解了射、御的基本内容及学习射、御的意义。射和御既是战场拼杀的基本技能，也是齐国社会竞技活动的主要项目。

在齐国，每年的九月，都要举办一次全民射、御比赛，这是国家选将取才的重要形式，也是有志之士展现自我、步入仕途的绝佳良机。

接下来，老师还重点讲解了齐国自古就有的尚武之风。大约在夏商时期，或更早一些，齐地的夷人就以善射而闻名天下。夷人的夷字就是一个人的形象，这个人与身上挎着的弓，就组成了夷这个象形字。

神话传说中，东夷最早的英雄叫羿，他曾经用弓箭驯服了九个太阳，同时射瞎了黄河大神河伯的眼睛。

后来，羿还射死封豕长蛇，并在青丘地区，把猛禽大风给射死了，为民除了一大害。因为羿的巨大贡献，人们尊称他为后羿。

殷商时期，齐地有一个著名的英雄蜚廉，他是秦国的先祖，《史记·秦本纪》中记载他依靠自己的才力，侍奉殷纣王，一生中为了商朝的强盛可以说是出生入死，在战场上拼杀，最后战死在海边上，蜚廉家就在今广饶县城的东边。

后来，著名的军事家姜子牙辅佐周文王灭商，被封到了齐地，建立齐国，尚武风俗得以承袭，并发扬光大。

当时齐国尚武得到继承发扬主要有两个原因：一是太公受封的时候，曾得到周王室赋予的征伐特权，可以代表周王室征讨其他国家，齐国推崇尚武习俗便成为必然。根据历史记载，齐国曾经多次对莱、杞、奄、阳、谭等小国用兵。二是齐地有发展畜牧业尤其是养马的优越环境，养马业在诸侯国中捷足先登，这就为军事装备的发展提供了可能。

从齐桓公时代开始，齐国就是各诸侯国中马匹最多的国家。齐桓公统治时期，他曾经一次赠予卫国良马三百匹。田武他们家所处的青丘地区，就是当时齐国的养马基地。

由于受尚武思想的影响，齐国从国君到士兵，都是以勇武为荣。射和御，是齐人首练的武技，主要用于长距离的攻击，是军事活动的重要手段。齐人向来以射术和御术的高低为荣辱，这已成为一种社会风尚。要想出仕入相，为国家重用，首先必须练好这两门科目。

在接下来的学习和训练中，田武对射和御投入了比其他学生多数倍的努力。

田武刻苦练习，甚至到了废寝忘食的地步。很快，田武就成了掌握这两项技能的同辈贵族少年中的佼佼者。

田武并没有对此满足而止步，依旧是冬练三九，夏练三伏。此时，他心中有一个理想，那就是长大后要像他的祖父田书、同族叔父田穰苴一样，成为一名驰骋疆场的大将军。

田武和小伙伴们，只要不去"庠序"读书，就在空场上分成两拨儿，玩布阵攻战的游戏，互相攻打、冲杀。

田武带领的一方总是胜利者，久而久之，他就成了小伙伴们的军事领袖。

有一年端午节，田书从朋友家做客回来，乘坐的马车经过城中广场，无意中看见两拨儿孩子在冲锋厮杀。

只见田武指挥着十几个孩子，把另一拨儿孩子追杀得溃不成军，落荒而逃。

田书见此情景，心中既高兴又担心，高兴的是田武将来会成为优秀的统兵打仗的人才，担心的是孩子玩野了会荒废学业。

第二天，田书便到"庠序"里去拜见教书先生，了解田武的学习情况。

先生说："田武非常聪明，在学习上能举一反三，因此进步非常快，成绩突出，一般孩子都比不上他。"

田书说："我常看见田武把家里珍藏的《军政》《军志》等兵书拿到'庠序'来读。昨天我又看见他和小伙伴们玩布阵攻战的游戏，冲冲杀杀的。我担心他常读这些东西，又经常玩打仗的游戏，耽误了其他学业。"

先生忙说："不会，不会。《军政》《军志》这些书虽然讲的是布阵用兵，但里面包含着许多深刻的哲理，这对田武学习其他功课很有帮助。"

同时，先生还举了个例子，他说："有一天，我想考查一下田武，看他是否读懂了这些书上的道理，没想到他讲得头头是道，举了许多战例连我都不知道。至于玩游戏，我认为男孩子不玩游戏就呆傻了，只要不出格儿就没事。"

田书听了先生的话，捋着胡须不停地点头，乐呵呵地说："哦！这我就放心了。"

田武没有辜负祖父对他的期望，田家的事业将后继有人了，因此田书非常高兴，心里感到从未有过的宽慰。

从此，祖父或父亲经常带着田武出席一些亲朋好友的宴会，或者参加名门望族的一般社交活动。

　　田武虽然还是一个孩童，但他不凡的谈吐和敏捷的思维却引起一些齐国社会名流的注意。

将门虎子

第三章

少年立志

自古英雄出少年。孙武的童年虽然和同龄人大同小异，但一件小小的事情，一次不经意的意外，就可以感觉到孙武的聪慧和才能。少年的孙武，在希冀与探求、困惑与躁动中，打造着自己五彩缤纷的人生之梦。

景公赐姓

公元前 523 年，孙武十三岁，这是孙武人生中的一个重要年份，因为就在这一年，因齐景公赐姓孙氏，而由田武改姓名为孙武。

这事要从齐景公伐莒说起。

莒国是春秋时期位于齐国南部的一个小国，疆域包括今山东诸城、沂水、莒县、日照等地区，都城在莒，即今山东莒县。因为莒国太小，所以很早就向齐国臣服，是齐国的一个附庸国。齐襄公的时候，齐国发生了内乱。齐襄公的弟弟公子小白和公子纠等，害怕遭到连累，相继离开齐国。公子小白在鲍叔牙的护卫下投奔到了莒国。

公元前 686 年，齐襄公被宗室公孙无知杀死，在莒国待了多年的公子小白立即赶回齐国袭位，当上了国君，他就是齐桓公。自齐桓公执政以后，齐莒两国关系一直都非常友好。

公元前 523 年，齐景公准备巡视南部边疆地区，然后到泰山祭天。早在这一年的年初，齐国就通知了莒国国君，要求莒国提前修好境内的道路，迎候齐景公过境。

但是，此时的莒国看到齐国近年来宫廷内乱不断，士大夫把持朝政，相互倾轧，已经没有了当年的霸主景象，所以暗中与楚国来往，渐渐亲近楚国而疏远了齐国。

莒国国君莒共公对齐景公的旨意阳奉阴违，不愿执行，并且在此之前莒国已经连续三年没有向齐国进贡了。这次莒共公竟然公开违背齐景公的旨意，这是齐国绝对不允许的。

公元前 523 年的秋天，齐景公派将军高发率领十万甲兵征讨莒国。

面对齐国强大的攻势，莒共公吓得放弃了都城，逃到纪鄣（今苏赣榆东北地区）去了。纪鄣城地势险要，雄踞在高山峻岭之中的一个高阜上面，四周都是天然的深沟险壑，易守难攻。莒共公固守纪鄣，高发率兵围攻了一个多月，没有任何效果。齐景公对此十分生气，就罢免了高发的统帅职位。

但是，改派谁去呢？齐景公思来想去，最终想到了田书。

齐景公知道，田书是田无宇的儿子。此时的田无宇因为年事已高，已经被齐景公封到高唐养老去了。

田书继承田氏家族的尚武遗风，非常善于谋略，在当时的情况下，改派田书接替高发继续攻打莒国，显然是最合适的人选。

经过反复考虑后，齐景公召见了田书，命他率军征讨莒国。这一消息传到家里，田家既为这莫大的荣耀而高兴，同时又为田书远征莒国而担心。田武天天打听前线的消息，盼望祖父早日凯旋。

田书来到纪鄣城后，首先察看了地形，见纪鄣城地势险要，易守难攻，心想，攻纪鄣只能智取，不能强攻，自己决不能成为第二个高发。

几天后，田书派出的密探打听到一个消息：城内有一部分妇人，她们的丈夫早年被莒共公杀死，成了寡妇。现在年纪大了，又被莒共公逼迫日夜不停地纺织布帛，她们内心对莒共公充满了仇恨。

得到这个消息后，田书立即派出一个兵士，化装后混入纪鄣城，找到这些妇人，说明来意。

这些妇人都十分愿意帮助齐军攻克纪鄣，杀死莒共公，早日脱离苦海，为丈夫报仇。

到了晚上，在齐国兵士的带领下，妇人们偷偷登上城头，把纺织的布帛连接起来，从墙头垂放下来。

田书正派人密切注意城内的动静，见有布帛垂下，知道事情已经成功。于是他让善于攀登的士卒，拽着布帛攀上城墙。

这时，守城的兵士发觉了，不过已经有六十多个齐国士兵登上了纪鄣城城墙。

田书当机立断，命令齐军齐声叫喊："齐军进城了！"已登上城墙的六十余名齐兵，听到后也一齐狂喊："齐军攻进城了！"城上城下喊成一片。

莒共公从梦中惊醒，以为齐军果真已经攻进了纪鄣城，慌忙带领家眷打开西城门逃走了。

守城的莒军见君王都已经逃跑了，还打什么仗啊！就开城投降了，因此纪鄣城很快就被齐军占领了。

第二天早晨，齐军全部进入纪鄣城。在齐都临淄等候消息的田武，听说田书伐莒成功，立即打马回家，把这一消息告诉了祖母、母亲及全家人。

田家人听到这个好消息，全家张灯结彩，敲锣打鼓，鸣放爆竹以示庆贺，当地大小官员也都来贺喜，齐国上下都期待着田书早日班师还朝。

少年立志

乔迁新居

　　田书率军进入纪郚城，严明军纪，对百姓秋毫无犯，全城百姓拍手称颂。田书特别奖励了帮助攻城的织帛老妇人，发给她们丰厚的钱帛，安排她们安度晚年。对有功的将士，田书列好名单，奏明齐景公后一并封赏。田书留下一批人马驻守纪郚，维持治安。待一切安排妥当，田书择日班师回朝。

　　回到朝中，齐景公立即召见了田书，对其功绩大加褒奖。为彰显其战功，齐景公把齐都临淄北境的乐安（今山东广饶境内）作为食采之邑封赐给田书。并且把"赐姓孙氏"作为一种最高的礼遇以彰其功，从此，在田氏家族中，从田武的祖父以后，改姓孙氏。

　　此次齐景公对伐莒将士的隆重欢迎和对祖父的丰厚赏赐，给少年田武留下了终生难忘的记忆。一夜之间，田家不仅有了自己的封地，还有了齐景公赐给的姓氏——孙。祖父的立功获奖，给田武一生留下了永不磨灭的印象。由姓田改为姓孙，虽一字之差，但在众人眼里，这"孙"字却闪耀着功勋荣耀的光辉。自此，田武改叫孙武。这也更加强化了孙武投身戎马、报效国家的志向。

　　孙书全家庆贺三日，然后举家北迁，乔迁到同属今广饶的乐安。孙家迁出后，村中他姓人家都以孙姓自居，全都改姓孙氏。时间久了，人们干脆把村名也改成了孙庄。

乐安城（今广饶城北二十五里的花官乡草桥村，有古城遗址）南距齐都临淄七十里，西南至利县故城（今博兴利城村）二十里，东至齐桓公会盟诸侯的柏寝台八里。古济水流至乐安城西南，与时水、渑水汇合后，又折东而去，汇入大海。乐安城东临钜淀湖，属青丘地面。境内有淄水、阳水、时水、女水、凤水、渑水及济水等河流，土地肥沃，既有"鱼盐之利"，又有"农桑之丰"；交通便利，商旅辐辏，是齐国经济、文化较为发达的地区。这里既是齐侯巡游、打猎的地方，也是齐国称霸诸侯的重要粮食基地和养马基地。齐景公在乐安城西十里，建立"养马城"，专门为军队饲养马匹。景公还在淄水两岸营造桑林，用以养蚕织帛。

孙武到了乐安城，稍作安顿，就跑出来把整个乐安城巡视了一遍。乐安城规模不大，东西长约一里，南北略窄，不足一里，基本呈方形。城墙全部夯土筑成。墙基宽二十米左右，墙顶宽五米左右，可以跑马。乐安城有城门四座，东、西、南、北各一座，南门为主城门。城外挖有壕沟，与济水相连，水深可以行船。四个城门外，均有吊桥与城内相通。

孙武用了大约一炷香的时间，在墙城上走了一圈。南门外是一条南北走向的大道，为土筑车马台道，是国家专用的"官墩"。城北不远设有关卡，驻有重兵把守，是乐安城，也是齐国通往燕国的必经之路。乐安城虽小，其地理位置和防御功能却非常重要。齐景公把乐安这一战略要地封给伐莒胜利、立有战功的孙书，其用意除奖励孙书外，更深一层的用意还是希望孙书能够给他守住齐国的北大门。

乐安城内虽说没有大型宫殿建筑，但也是店铺林立，人来人往，相当繁华。燕国的商贩，多以此为中转站。他们在此囤积海盐、布帛之物，然后再结队贩运到燕国赚取厚利。齐国的商贩也多把货物贩运至此，再转卖给燕商。乐安制定了鼓励工商业发展和吸引外商的优惠政策，促进了工商业的发展，带动了乐安经济的繁荣。

从此，孙武一家在乐安城安顿下来。孙氏一族繁衍发展，后来成为乐安第一望族大户。

在乐安稳定下来以后，亦随着年龄的增长，孙武的婚事开始提上了日程。孙武在家庭的熏陶和师长的教诲中渐渐长大，从童年、少年很快进入青年时期。按照当时的礼制，婚姻大事讲究门当户对，况且孙武家可是当时齐国的贵族家庭，更讲究这个。所谓的"父母之命，媒妁之言"是少不了的，孙武的婚事父母早已为他选好了，妻子是当时齐景公朝中大夫鲍国的曾孙女鲍姜。

在齐国，田氏、鲍氏都是贵族，两家世代友好，彼此亲如手足。早在齐景公三年诛灭专权的庆封时，田家的田无宇就和鲍家站在同一战线上。在准备铲除庆封时，首先由田无宇邀请庆封到莱地打猎，然后有人故意送来密信，说田无宇母亲忽然生病，让田无宇赶快返回。田无宇在回城途中破坏了船和桥梁，以断绝庆封的归路。齐国都城内由庆封的儿子庆舍主持祭祀太公庙，庆封的甲士守卫宫殿。

田、鲍两家人商议后，让两家的奴隶演戏给庆封的士兵看。当庆舍遭到攻击的时候，他的士兵还把马拴得紧紧的，边吃酒边看戏呢！

庆舍被杀死后，庆封刚刚打猎回来，路上遇到了来给自己报信的家人，庆封知道自己现在已经不能控制局势，就逃跑了，后来在楚地被当地人杀死。铲除庆氏后，田、鲍两族的关系更加密切了。

公元前532年，田氏、鲍氏再次联合，打败了腐朽的旧贵族栾施、高强。从此，田、鲍两族更加强大，势力相当。此后，田无宇在请老退居时与鲍国议定，鲍国的曾孙女鲍姜许配给田无宇曾孙子孙武为妻。按照当时的礼制，男女婚姻大事，要遵从六礼文定，即纳采、问名、纳吉、纳徵、请期和亲迎。

孙、鲍两家定亲不久，进行了前四礼，就等着请期和亲迎了。这一年，在双方老人的操持下，行过请期、亲迎两个仪式之后，孙武便正式把鲍姜娶到了家中。

鲍姜从小在名门贵族家庭长大，自幼受到良好的家教，加上她聪明颖异，不仅知书达理，而且琴棋书画、女红针线，无所不能。

成亲后，鲍姜敬重丈夫，对孙武的饮食起居亲自过问，细心照顾。她深明大义，全力支持丈夫的事业和志向，因此夫妇二人互相恩爱，琴瑟和谐，过着幸福美满的生活。

同时，孙武也用了很长一段时间，对祖父这次伐莒之战进行了总结，他认为祖父伐莒之战取得成功，主要归功于两点：第一，决定战争胜负的关键不在军与兵，而在君是否有道。君有道就能和将相百官，乃至天下万民同心同德，彼此同呼吸，共命运。只有这样，官民才能不畏艰难险阻，为君主出生入死。第二，两军交战，重在用间，用间也就是使用间谍，探明对方虚实情况。率领军队进行千里征战，是劳民伤财的大事，如果仅仅为争一朝之胜，如果不肯用间，从而不了解敌情而导致失败，这就是不仁。孙武认为，明君贤将，之所以能够在战场上取得成功，最根本的一点，就在于事先了解敌情。要事先了解敌情，不能向鬼神祈求，不能用类似的事情，进行类比推测，不能用日月星辰运行的度数，去进行推证，因为这些与战争是没有关系的。要想取胜，就必须从那些熟悉敌情的人的口中去获取。

以上两点，构成了以后孙武撰著的《孙子兵法》中《计》和《用间》两篇的核心。

也就是从这时候起，孙武对自己的人生有了一个明确的目标：认真研究兵法谋略，并把它们撰写出来。等到有一天自己也能领兵打仗、驰骋疆场之时，一定要像祖父那样，做一个顶天立地，保国安民的常胜将军。

军事演习

自幼受到军事世家影响、军事思想教育以及尚武精神熏陶的孙武，通过观察演武，领悟到兵法的至关重要。

孙武决心学习前人兵典，研究战争的普遍规律，探求军事原理，总结战事经验，形成自己的兵家思想。柏寝台军事演习对孙武的影响是多方面的，除了宏大的军事场面和祖父指挥若定的神情，还有一个就是田开的琴声。

田开的琴声实在太优美了，以至于在以后的很长一段时间里，伴随着孙武头脑中宏大军事场面的就是这琴声。

这个演奏古琴的田开，其实也是孙武的一位祖父，他是孙书的哥哥，按辈分孙武应该叫他伯祖父。不过这个伯祖父一直在京城伴随君王左右，孙武见他的时候还小，所以孙武对他这个伯祖父基本没什么印象。不过这次军事演习，却给孙武近距离接触田开提供了一个好机会。在军事演习结束后，孙武的祖父和父亲带着孙武一起来拜见田开。

田开看到孙武长得聪明英武，也非常喜欢。一家人团聚，自然都非常高兴。

因为田开很少回家，所以孙武一家人都盛情邀请田开在老家住上一段日子。

田开也确实想在老家待一段时间，就向齐景公告假。齐景公看他们一家人团聚，就给了他一个月的假期。

这一个月的时间，给孙武提供了聆听伯祖父教诲的机会。他对田开渊博的知识和精湛的琴艺十分钦佩，田开也对自己这个孙子格外看重，所以两个人大有相见恨晚的感觉。

在孙武的强烈要求下，田开答应教他弹琴。学琴的地点就在距离乐安城不远的柏寝台，因为这里既宽阔又安静，是一个非常适宜弹琴的地方。

这一天，孙武又一次登上柏寝台，专门向伯祖父田开学习琴艺。田开让仆人取来一架古琴，放在孙武面前。

田开知道孙武受过"庠序"的教育，基本乐理差不多都已经知晓，对古琴以前也有接触，所以田开并不从基础教起，而是直接教孙武学习比较深奥的琴理。田开说："琴乐分两种，一种是武乐，一种是韶乐。武乐是周武王所作，他因为害怕军队和百姓不能长久敬服他，创作了乐歌来警戒大众。"田开的这番理论是孙武以前闻所未闻的，所以立即引起了他的极大兴趣。

田开继续说："武乐一共由六部分组成，第一部分是出兵伐纣，第二部分是灭商，第三部分是开国，第四部分是南国诸侯归附，第五部分是分陕而治，第六部分是歌颂天子，这是武乐的主要部分。"

"下面再给你介绍一下韶乐。"田开喝了一口清茶继续说，"韶乐就是我们齐国现在最流行的乐曲。据传韶乐本来是东夷的音乐，后来舜进行了加工，创造出了箫韶。"箫韶是在石磬、鼓的伴奏下，由化装成鸟兽的人边歌边舞，反映先民狩猎生活的原始乐舞。这个乐舞传至夏代。夏后更名为九韶、九代。周立国后，就用韶乐作为宫廷大乐。"

孙武一边静心细听，一边暗暗佩服田开渊博的知识，同时，也使自己明白了一个道理，那就是艺不压身，人的知识永远不嫌多，拥有渊博的知识是干好每一件事情的基础。

少年立志

"那我们齐国流行的韶乐就是舜创造的韶乐吗？韶乐作为宫廷大乐又怎么会在齐国民间流行的呢？"孙武见田开讲完，乘机插话道。

"这个问题问得好。韶乐是齐国开国君主姜太公引入齐国的，因为受到太公因俗简礼的基本治国方针影响，齐国的宫廷与民间就没有像周王室那样森严的界限。在这样的情况下，韶乐受到齐国俗乐的积极影响，融入了相当程度的地方色彩，从而更加突出了作为乐舞表现力的广阔性以及亲和性的特点，使其在民间得以流行开来。"田开微笑着回答道。

祖孙两人有问有答，无拘无束。

孙武钦佩田开渊博的知识，精湛的琴艺；田开喜欢孙武勤奋好学，善于钻研，思维活跃。一个真心学，一个实心教，孙武的琴艺在田开的精心教导和悉心传授下进步神速。

几天后，田开叫来孙武，让孙武当着他的面弹琴。一曲弹完，田开大为惊奇地说："你刚来的时候，和弦不准，指法也生疏，想不到没几天工夫，你的琴艺进步竟如此神速，看你的指法纯熟，疾徐有致，高低合度，一般琴师，也都赶不上你了。"

听了田开的夸奖，孙武心中当然十分高兴，不过他知道自己的琴艺与伯祖父的还差得远，所以他一面对伯祖父的夸奖表示感谢，一面说自己还有很多的东西需要向伯祖父学习。

田开为孙武有这样的学习态度而高兴。

在以后的练习中，孙武更加刻苦，有时弹琴竟忘记了吃饭，忘记了睡觉，达到了忘我的境界。

一个月内，孙武已经把田开教授的古曲全部学会，剩下的只是多加时日练习的问题了。

时间过得真快，转眼一个月的快乐时光就要过去了，田开不得不重新回到京城。

临分别的时候，田开送给孙武了一架自己最心爱的古琴，作为纪念。孙武千恩万谢，一直把伯祖父送到很远，孙武还要送，田开把他拦住了。

田开说："早晚总是要分别的，你回家吧！没事的时候，就练练我教你的琴，以后还有见面的机会。"祖孙两个人这才洒泪分别。

柏寝台在齐国都城临淄北部三十五公里的地方，西面距乐安城四公里，是公元前676年所建的。齐桓公曾经在这个台上与诸侯会盟，后来也有人称它为桓公台。柏寝台台高数十仞，方圆五六十亩，台上殿阁堂皇，室宇壮观，苍松翠柏，郁郁葱葱。台下辟有一个演武场，为军兵操练所用。

就在孙武迁居乐安的这一年，柏寝台上的宫室重新进行了修葺。完工后，齐景公在当时相国晏婴和一班卿大夫的陪侍下，登上了柏寝台观阅齐国军队演阵。由于柏寝台距离乐安非常近，并且孙武的祖父是朝中有名的武将，所以孙武也有了一次观看军事演习的机会。

军事演习的前一天，孙武就和祖父提前来到了柏寝台。第二天天还没亮，孙武就被祖父叫醒了。两个人梳洗过后，孙书带着自己的孙子来到了柏寝台前，等待着齐景公和其他大臣的到来。大小官员陆续来到柏寝台，最后一个来的是齐景公，全体官员高呼万岁。

齐景公摆手让所有人员起身，官员按次序坐好，没有座位的只好站在台前，孙书提前吩咐人在自己身边给孙武搬了个凳子。

上午九时，军事演习开始。这时只见演武场上，战车井然有序，战马昂首抖鬃，戈矛如林，旌旗猎猎。左、中、右三军阵容整齐，士卒精神抖擞，在孙书的号令下，有条不紊地变换着队形。随着击鼓鸣锋，军士呐喊前进，战马嘶鸣驰骋，气势磅礴，声震寰宇。

孙武定定地站在柏寝台上，全神贯注地望着演武场。宏大雄壮的场面，深深吸引着他。演武阵势最为壮观的是战车，当时齐国号称千乘之国，战车非常充足，充分显示着齐国军事的强盛。每乘战车由四匹膘肥体壮的战马驾挽，十七名甲兵跟随，车上乘坐三名甲士。三名甲士分别叫车左、车右和御者。车左拿弓箭，紧盯前方，车右持长戈，虎视眈眈，御者配短剑，手挽辔缰。其余十七名甲兵各持兵器护卫在

少年立志

战车两侧及后边。只听得金鼓齐鸣，战马奋蹄，战车疾驰，甲士踊跃，势若排山倒海，不可阻挡。

孙武第一次目睹这么盛大的军事场景，演武壮举显示了东方大国的雄风神威，展现了齐军的无比强大，孙武豪情激荡，思潮奔涌。

孙武想到，从远古传说的黄帝战胜炎帝、蚩尤等四帝，一统中原，到后来商汤讨伐夏桀，再到姜太公辅佐周室，率领军队消灭商纣，立下头等功勋而封齐建国，再到齐桓公九合诸侯，一匡天下，称霸中原，使齐国成为泱泱大国，这一切，依靠的不都是军事强大吗？

孙武率兵打仗图

军事是国家的头等大事，关系着国家的生死存亡，人民的幸福安康，作为一个政治领袖，一个将军，一定要懂得这些道理。想到这些，孙武感觉自己豁然顿悟。

这时，一阵高亢的"万岁"声浪直冲云霄，打断了孙武远在天边的沉思。

原来是演武完毕，孙书率三军将士向齐景公行参拜大礼。

看来齐景公对演武挺满意，当即下令犒赏三军，吩咐在柏寝宫设宴，款待孙书及众位卿大夫，同时命人召来齐国著名的乐师田开，弹奏乐曲助兴。

孙武跟随在孙书身边，看着祖父亲切的面容，想到他刚才操练军士时威风凛凛、庄重泰定的神情，为有这样一位久经沙场、叱咤风云的祖父而自豪。

一位统兵的大将，就是掌管老百姓生命的人，就是执掌国家安危的人，这个职位实在太重要了。

孙武立志将来要做个像祖父一样的将帅，指挥千军万马，征战疆场，建功立业。

宏大的演武场面虽然结束了，但是那令人振奋的壮阔情景，还萦绕在孙武的脑际，久久不能离去，他一遍又一遍地回味着演武场中的情景，一遍又一遍地思考着自己祖父在演武场中的一举一动。

 **结识穰苴**

大约到十五岁的时候，孙武结束了在"庠序"的全部课程，以每门功课全优的成绩毕业。

毕业后第二年，孙武参加了严格的"五射"和"五御"技能强化训练。

在"庠序"的课程中，尽管设立了射、御课程，但只是一些基础性的东西，是一些基本功。来到强化训练营后，孙武才真正领悟到了射和御的精髓。

那千变万化的射箭技巧和驾驭技术，一下子激发起孙武极大的热情。尽管训练很苦，但孙武却乐在其中。

经过一年的严格训练，在最后的挑选赛中，孙武过关斩将，以优异的成绩脱颖而出，获得个人比赛第一名，并且获得了一年一度的射、御比赛资格。

每年的九月，齐国都有一场全国性的射、御比赛，比赛地点是当时齐国的都城临淄城，每个城市的前几名可以代表本城参加比赛。

当年，孙武就是以莒邑第一名的身份代表本地参加了当年的全国比赛的。

孙武已经不止一次来过临淄城，但这一次孙武的心情与以前大不相同，既兴奋又有点紧张。

孙武环顾校军场，只见四周布满甲兵，个个手执戈矛，盔明甲亮，英姿威严。

点将台上，齐景公端坐在正中，文武大臣列立两旁。来自全国各地的参赛选手，采用淘汰赛，进行一一角逐。

选手们熟练的技术和精彩的表演，不时赢得齐景公及文武大臣一阵阵热烈的欢呼。

孙武依靠扎实的基本功和娴熟的"射""御"技术，超越了所有的选手，获得了第一名。

孙武在场上的一举一动，引起坐在齐景公旁边的一位将军的极大关注。这个人就是大将军田穰苴。

田穰苴是孙武的同宗叔父，与孙武的父亲孙凭同辈，并同在朝中为官。田穰苴早就听孙凭讲起过这个侄儿，不过自己经常在外，除了在他出生的时候见过一次外，就没有什么机会见面。

今日一见，田穰苴感觉自己的这个侄子果然是将门之后，国家栋梁之材。

望着赛场上往来驰射的孙武，田穰苴预料自己的这个侄子将来必定前途无量。于是，他决定把自己毕生所学传给这个晚辈。

不过，在做出最终决定之前，田穰苴还想再和这个侄子亲自谈一下，看看是不是真如自己心中所期望的那样。

比赛结束后，田穰苴立即派人通知孙武，第二天到自己的府上来一趟，有些话需要面谈。

孙武不止一次从祖父孙书和父亲孙凭那里听到过这个同族叔父的英雄事迹，脑子中早就塞满了有关他的传奇故事，就盼望着有一天能亲自和他谈一谈。

当天晚上，孙武翻来覆去，怎么也睡不着，终于要见到自己心中崇拜的英雄了，他的心情怎么能不激动呢！

孙武脑子中不断想象着祖父和父亲给自己讲过的关于这位叔父的事迹。

田穰苴也是陈完的后代，是陈完后人庶出的平民布衣，不是嫡传，因此地位卑贱。

虽然田穰苴长期在军队从军，而且才能出众，战功卓著，但因出身不是贵族，所以一直没有被提拔重用。

齐景公刚刚继位的时候，齐国的邻邦晋国、燕国先后入侵齐国。晋军侵占了齐国的阿、甄两邑，燕军则一路打过黄河。

面对两个强敌，齐军由于没有强有力的领导，所以大败而归，最后连齐国都城临淄都面临着被攻陷的危险。

当时齐景公整天忧心忡忡，束手无策。

就在这个国家危难的关键时刻，晏婴向齐景公推荐了田穰苴，建议齐景公任用田穰苴为将。

晏婴说："穰苴虽然不是田家正氏所生，属于庶出，但是他确实是个难得的人才，文能服众，武也能威敌，希望大王能够起用这个人试一试。"

齐景公听了晏婴的

田穰苴画像

少年立志

话，就像抓住了一根救命稻草一样，非常高兴，连犹豫一下也没有，就命人到军中召来了田穰苴。

当时齐景公和田穰苴君臣两人就当时的战争问题，进行了一次促膝长谈。

田穰苴的军事思想让齐景公大为惊讶，认为这真是一个不可多得的将帅之才，当即就任命田穰苴为大将军，命他率军抵御晋国和燕国的军队攻击。

田穰苴知道，自己虽出身于田氏望族，但属于庶出之子，毕竟不同于田氏家族中的达官显贵。而且，他从来没有带兵的经历，如今一跃成为三军统帅，肯定难以服众。

作为将帅，如果部下不服，如何指挥作战？

所以，对田穰苴来说，其当务之急不是带兵出征，而是立威以服众心。

田穰苴自然有他的办法。他对齐景公说："臣素卑贱，君擢之间伍之中，加之大夫之上，士卒未附，百姓不信，人微权轻，愿得君之宠臣、国之所尊，以监军，乃可。"

意思是说，他一向出身微贱，蒙齐景公从市井中发现了他并委以重任，位在大夫之上，不仅士卒不会死心塌地地听其指挥，朝中的大臣也不信任他。人微权轻，是无法带兵出征的，因此他希望齐景公派一个宠臣到军中做监军，这样才能压得住阵角。

田穰苴把自己的这个想法对齐景公一说，正中齐景公下怀。因为这样，监军可以作为国君的耳目，随时向他报告军队的情况。同时，监军还可以以朝中权贵的身份，助出身微贱的田穰苴一臂之力。

所以，齐景公不假思索，便爽快答应了田穰苴的请求，并立即命令宠臣庄贾作为监军随军出征。

庄贾是齐景公最宠爱的佞臣，此人天天在齐景公身边，虽然官职不高，但身份特殊，满朝大臣都对他礼让三分，可谓"君之宠臣、国之所尊"。于是，担任监军这个光荣的使命，便落到了庄贾的头上。

田穰苴辞别齐景公时，便与庄贾进行了约定，第二天中午时分在军门会面。可是这个庄贾自恃是个贵族，又得到国君的宠信，所以压根没把田穰苴放在眼里。

何况庄贾几乎没有打过仗，根本没什么纪律观念，所以对这个约定也根本没放在心上，只是漫不经心地答应了。

第二天一大早，田穰苴就来到了军中。他集合军士，专门"立表下漏"计时，准备迎接监军庄贾。

那时没有钟表，计时有两种方法：一是在室外的空地处立下标杆，根据日影来计时；二是用漏壶根据其漏水的量度来计时。

田穰苴两种方法都用，为的就是要看这个庄贾是否准时，其用心不言而喻。

因为他知道，像庄贾这样的花花公子，一向自由散漫惯了，哪里知道军中的法纪？再加上庄贾正受齐景公宠信，又身为监军，必不会将田穰苴的话放在心上，岂会按时到达？

田穰苴早已想好了，如果庄贾能按时赶到军中，不妨就让他代表齐景公，帮助自己威慑军中将士。相反，如果庄贾不能按时赶到，他正好用庄贾的人头来申明军纪。大敌当前不行诛杀，便难以立威。

果然，这个庄贾平时散漫惯了，自以为田穰苴既然已经到了军门，而自己是个监军，早到晚到不要紧。因为庄贾要随军出征，所以亲戚左右来送行的人很多，于是他便留下送行的人饮酒，早将与田穰苴的约定抛到九霄云外了。

中午一过，田穰苴立即下令，将标杆放倒，漏壶撤掉，向士卒们申明纪律，然后收军回营，坐等庄贾前来受死。

庄贾和自己的亲朋好友一直喝到傍晚，才醉醺醺地来到军中。田穰苴问："你为什么迟到？"

庄贾醉眼蒙眬地说："我的亲戚朋友设宴为我送行，所以我就留下喝酒了。"

田穰苴大怒，大声斥责他说："从大将接受任命的那一刻，就应

少年立志

该忘记自己的家；下达过军事命令之后，就要忘记自己的亲人朋友；击鼓进军的时候，就要忘记自己的性命去冲锋陷阵。现在我们的国家正处在危难的时候，他国的军队就在城下，人民的生命时刻遭受着死亡的威胁，军人们正在前线出生入死，就连我们的国君都寝食难安，而你还在谈什么相送，还要喝酒，怎么能做出这样的事情呢！"

说完，田穰苴向负责军法的军正问道："按军法对迟到者该如何处置呢？"

军正回答："当斩！"

田穰苴立即喝令将庄贾推出斩首示众。

庄贾万万想不到田穰苴会来真格的，顿时酒也醒了，冷汗也出来了，吓得体如筛糠。

三军将士见状，都知道了田穰苴将军军纪严明，不禁对他肃然生畏。

田穰苴治军，大体上有两个特点：一是立威，二是施恩。恩威并用，执法严明。一系列的治军措施，不仅激励了将士和增强了士气，连有病的士兵都摩拳擦掌，主动请战。

看到士气已经完全被鼓动了起来，田穰苴开始准备出战。出战的那一天，齐军的士气高涨，以至于晋军看见后，还没有开战就自己退军了。

燕国军队听说齐军气势旺盛，又见晋军都撤退了，亦立即渡过黄河，逃回了自己的国家。

田穰苴率领齐国的军队，奋力追击敌军，夺回了阿、甄两座城池，平定了黄河两岸，然后凯旋。

听说田穰苴率领自己的军队班师还朝，齐景公和朝中的大夫们一直接到了齐国都城的郊外，并慰劳士卒，对田穰苴以礼相待。

进入齐国都城后，齐景公又亲自来到田穰苴的住处看望他，尊称他为"大司马"，还为他建造了"司马府"。此后，大家都尊称田穰苴为司马穰苴。

田穰苴的这些英勇事迹早就在孙武心中扎下了根。在他小小的心灵中，自己的这位叔父简直就是战神，就是自己的目标，他早就盼望着能有见到这位叔父的那一天，现在这个日子终于来了。

第二天一大早，孙武早早地起了床，梳洗以后，就怀着崇敬的心情拜见田穰苴。

田穰苴对自己的这位侄子也是亲切有加。叔侄二人促膝长谈，无话不说。从谈话中，田穰苴看出孙武志向远大，天资聪明，心中更加喜爱。

夜深了，田穰苴拿出自己根据从军经验编写的兵法，郑重地交到孙武手中，这就是被后世称道的《司马穰苴兵法》。

分别的时候，他又专门叮嘱孙武，第二天搬到自己的司马府，一定要在京城住一段时间。孙武见叔父对自己如此器重，自然是从内心感激不已。

辞别叔父后，孙武匆匆地回到自己的住处，他是如此激动，因此捧着《司马穰苴兵法》看了整整一夜。

简书中"以战止战""忘战必危""好战必亡"等战争理论，深深地触动了孙武的内心，使孙武初步领悟到了战争的禅机。

孙武决心趁这一段在京城的时间，好好向自己的叔父请教。他希望自己将来也要像自己的叔父那样，在战场上指挥千军万马，实现自己人生的抱负。

另外，孙武还想到国家的秘府里看一下，那里可是齐国所有书籍汇集的地方，一般人进不去。他希望通过叔父，去那里读几天书。不过，孙武还没来得及向叔父说这件事情。

因为叔父的盛情邀请，再加上孙武也确实想向这位叔父多学点东西，所以他第二天就来到了司马府。

在这里，孙武每天都能够见到田穰苴，通过接触，孙武对这个叔父更加了解，也更加钦佩他的军事才能。

田穰苴也对自己这个侄儿的军事知识感到惊讶，没想到他小小年纪就看过那么多书，知识这样丰富，他的聪明勇武给田穰苴留下了深刻的印象。

在平时的交谈中，孙武向田穰苴提出了想到齐国秘府读书的愿望，希望叔父能够帮忙。

田穰苴也为自己这个侄子如此好学而高兴不已，爽快地答应了下来，说自己会给秘府的官员说一下。

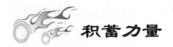

积蓄力量

不平凡的人总会有一些不同于常人的思想和做事方法，也会有一些不同于常人的经历。小的时候，他的不同之处就会渐渐地表露出来。在孙武十三岁这一年，父亲孙凭奉命出征，没有时间再教导他，只能由孙武自己学习。

俗话说：英雄自古出少年。孙武的少年虽与同龄人大同小异，但一件小小的事情，一次不经意的意外，就可以感觉到孙武的聪慧和才能。少年的孙武，在希冀与探求、困惑与躁动中，编织着自己五彩缤纷的人生之梦……

在父亲出征的这段时间里，孙武不但没有荒废学业，在努力学习的同时，依然关心着战争的进程，关心着父亲的安危。终于有一日，前方传来了消息，父亲大胜而归。孙武高兴得活蹦乱跳，在最短的时间内把这个大快人心的好消息告诉了小伙伴们。

几天之后，胜利的大军凯旋进入临淄城，百姓欢呼，人声鼎沸，鞭炮齐鸣，锣鼓震天，每个人的脸上都挂着笑容，而胜利的将士更是自豪，露出欢快的笑容。这种热烈的场面，使得孙武终生难以忘怀。父亲孙凭因为在作战中立了大功，受到人们的热烈欢迎，并获得齐景公以及朝臣们的极大礼遇，这一切令孙武无比自豪，同时也更强化了他对戎马生涯的向往。

公元前521年，十五岁的孙武到了该学习"六艺"中的"射""御"两科军事技术的年龄。这两科都是他感兴趣的科目。这时，他对一切都充满了好奇，所以，就全身心地投入到学习中，认真且努力练习，做到理论与实践的密切结合，很快，他就在同辈贵族少年中处于出类拔萃的地位。

孙武对军事技能的学习几乎达到废寝忘食的地步，整天沉迷于军事技能的训练。他成了一员名副其实的勇将，不仅掌握了高超的射、御技能，而且有足够的军事指挥能力。孙武并没有被眼前的成就冲昏头脑。他知道，单单只是掌握精湛的射、御技能，略通一些军事常识，是远远不够的，要成为一个有勇有谋的名将，必须精通韬略。因此，他更加刻苦地研究有关军事典籍，提高军事理论素养。

孙武的祖父孙书还上书齐景公，请求允许其孙儿孙武查阅"秘府"（国家图书馆）所藏列国军事图书。齐景公对孙武的出众军事才能也早有耳闻，对于孙书的请求，他很快就同意了。于是，这年冬天，孙武进入了秘府。

齐国的秘府设在首都临淄东南，戒备森严，其中收集了天下各种图书，种类一应俱全，均用古籀大篆写就。孙武在这个"书籍的海洋"里，博览群书，与古人对话，然后与一些知识丰富、学识渊博的前辈切磋较量，在研究探讨中得到了很大的收益，为以后的著书立说打下了厚实的基础。

秘府的环境优雅、清静，是个读书的好地方，各国史记、诸家所记大大小小战役，都被他一一翻过。这些真实的记载，血与泪的结

少 年 立 志

合史，无不引起孙武的阵阵感叹，他时而叹气，时而兴奋，时而沉思，时而漫骂，各种感情都融进了书里，把自己置身于书中所描述的故事中。

这段时间，孙武的生活就是与书为伴，整个人除了书里的故事之外，没有任何事情可以扰乱他的心神，更没有人可以让他从那些战火纷飞、杀声震天的战争场景描述中回到现实。白天看过的资料，在晚上，就如一幕幕活的历史剧在他的脑海中重新上演一遍。有一天晚上，月色已经笼罩了整个秘府，周围寂静清幽，除了偶尔几声蟋蟀的歌唱外，别无其他声音。孙武回到自己的馆中休息。皎洁的月光透过窗户照在孙武的床上，他躺在床上，却毫无睡意，这时，白天所看的内容再一次在他的脑海中上演：

今天看的是一段关于周襄王二十二年的故事，那时他即位不久，晋文公就开始煽动秦穆公，两人各自率领强大的军队，想要联合消灭掉郑国。因为晋文公当年流亡在外、路过郑国时，郑国不但不以礼相待，还背叛晋国与楚国结盟。晋文公此番邀请秦国共同出兵，就是为了报当年之仇。

郑文公知道秦、晋大军压境，绝非本国可以抵御，立即派人去与楚国联系，请求出兵援救。楚国为保持自己实力，拒绝了郑国的请求。当时的郑国，国小兵微，城池也不坚固，根本没有能力与晋、秦两个国家相抗衡。只要开战，肯定不费多大的兵力就可以得到郑国的土地。

当晋国与秦国的强大军队来到郑国的城下时，郑文公决定让烛之武去游说秦穆公，先劝走秦穆公，然后逼着晋文公撤退。郑文公相信烛之武的能力，他是一个能言善辩的人才，真可谓"三寸之舌，强于十万之兵"。

当夜幕笼罩了整个郑国的土地，只有对方攻城军队里有一点明火忽明忽暗，人影晃动。郑文公命人将烛之武用绳子放下城去。烛之武来到敌军的军营前，要求谒见秦穆公。他对秦穆公晓之以理、动之以情，仔细地分析了这次战争的利弊，让其明白真正获利的并不是秦国。

烛之武说："如果要打仗，郑国肯定是虎口之肉，毫无反抗之力。胜利之后，晋国许诺会给秦国一块郑国的土地，事实上秦国根本不可能得到这块土地，也根本没有能力管辖这块土地。因为郑国同晋国相邻，而秦国却在晋国西方，不与郑国接壤，要隔着一个国家来管理另外一个国家，这个难度对于任何一个国君都是再明白不过了。与其要一块自己管理不了的土地，不如留着它，作为东行路上的接待者。何况，晋国向来是不守信用的，当年晋惠公答应割让河北五城答谢秦国，事实上，晋惠公早上渡过黄河，晚上就开始筑城抵抗您，毫无答谢之意。您难道觉得所受到的欺骗还不够吗？"

烛之武的这番话让秦穆公明白了自己究竟该怎么做，立即跟郑国订立了盟约，留下人来帮郑国守城，然后率兵归国。晋国见秦国不打招呼就私自撤退军队，十分气愤，可又没有理由谴责秦国什么，而且晋国非常明白，只要秦国一撤退，楚军肯定会援助郑国，那样晋军便会腹背受敌，于是，晋军只能立即撤兵回国。结果郑国不战而解。

孙武把这次不战而胜的战争前后想了好几遍，最后终于想通了。他兴奋得从床上跃起来，激动地搓着手，脸上露出了笑容，自言自语道："妙哉！妙哉！这一战例蕴含的道理真是太深奥了！"

他抑制住自己心情的激动，急忙拿来笔墨，飞快地写道："百战百胜，非善之善者；不战而屈人之兵，善之善者也。故上兵伐谋，其次伐交，其次伐兵，其下攻城。"这成为日后孙武所著兵法中的精要，至今仍为各国政治家、军事家所重视和运用。

第四章

潜心著作

历史是现实的老师，为了弥补自己缺乏实际指挥作战经验的不足，孙武在向祖父、父亲及其叔父田穰苴学习之后，又开始向历史学习。他反复研究历史上发生的战役战例，实地考察古战场，终于写出一部鸿篇巨制。

 自创篇法

　　不论春夏秋冬，孙武在兵法的海洋里遨游。很多时候，孙武已经忘记了这是什么季节，也忘记了自己身在何处，完全沉醉在兵书的世界里。

　　时光倏忽，一年又快过去了，又是一年的寒冬季节。

　　一天，孙武又在研读《司马穰苴兵法》，并被其中深远的哲理和军事理论深深吸引。书中关于正义战争与非正义战争划分的部分内容，是孙武在以前的学习中没有看到过的。兵书中说："是故杀人安人，杀之可也；攻其国，爱其民，攻之可也；以战止战，虽战可也。"意思是说，为铲除邪恶，维护和平而攻占暴虐之国，是正义的战争，不能算是侵略。"以战止战。"孙武若有所思，感觉这句话值得细细研究，就随手用笔记了下来。

　　孙武继续往下看，只见兵书上写着："战道，不适时，不历民病，所以爱吾民也；不加丧，不因凶，所以爱夫其民也；冬夏不兴师，所以兼爱民也。"

　　孙武领悟到，发动战争为不得已，如果发动战争，要最大限度地保护人民的利益。作为仁义之师，占领敌国后，不可烧杀抢掠，要善待战俘。

　　"国虽大，好战必亡；天下虽安，忘战必危。"意思是说，要居安思

危，时刻备战，做好充分的战斗准备，但又不可以穷兵黩武。看到这里，孙武深思良久，用笔在简片上写下几个字："兵者，国之大事。"

看书久了，孙武感到有些困倦。他起身走出了书房。时值严冬，寒风吹到脸上，孙武顿时倦意全无。他围着书房，一边踱着步，一边舒展着筋骨。

转到屋后，一阵清香扑面而来，因为这里是孙家的后花园。虽说正是寒冬季节，百花都凋零了，但却正是梅花盛开的季节。

很快，几株梅树吸引了孙武的目光，他信步走到了梅树的跟前，但见满树的梅花竞相绽放，在凛冽的寒风中毫无怯意，枝干刚劲盘曲如同虬龙。孙武在树前站立良久，静心观赏。

忽然，一阵寒风袭来，枝干摇曳，如虬龙飞舞。紧接着，落英缤纷，随风而起，让人目不暇接。

孙武不由自主地随风起舞，他模拟着梅枝、梅花的形态，活动着四肢。等孙武回到书房，感觉神定气清，浑身舒服。第二天，孙武在书房看累了后，又信步来到了梅林，再次欣赏了梅树的铜枝铁干和梅花的落英缤纷，并打了一套齐国的本地搏击拳术。第三天，第四天……一连几天，孙武看书看累了，必定到梅树林中，看落梅缤纷，并且不由自主地模仿一会儿梅枝、梅花的形态，锻炼一下有些疲倦的身体。

随着时光流逝，孙武感觉那梅树就像长在了自己心里。有一次，天降大雪，可是孙武还是照常来到了梅树前。

这时，一阵寒风吹来，孙武不由得打了个冷战，他想，梅花是耐寒的植物，在百花凋零的寒风中独自开放，它那不畏严寒的品质真是让人叹服。

孙武脱掉外面的大氅，准备练一套拳热热身体。忽然，一种奇怪的感觉在孙武的心里油然而生，这种感觉是什么呢?

因为孙武忽然发现，梅花有密有疏，有虚有实；枝干遒劲，重心扎实，整株梅树刚柔相济，互相为用，有轻有重，有动有静。动则如猛虎，势不可当；静则如淑女，柔中寓刚。孙武想，这些多么像我们齐国的技击之术啊！

技击是齐国人尊崇和擅长的一种搏击之术。齐国的技击阴阳结合，穿插更替，招式虚虚实实，明暗多变。

齐人就是靠这种高超的技击之术，发挥短兵相接，单兵作战，以巧取胜的优势，在诸侯争战中立于不败之地的。

以前孙武虽然也天天看梅，可从来没有把清雅的梅花与武术联系起来。

孙武梅花拳

今天这忽然而至的灵感让孙武兴奋不已，他"啪啪啪"打了一套齐国传统拳术，然后很快就回书房了。

孙武实在太兴奋了，因为他现在已经决定根据齐人的搏击之术，结合梅树、梅花的形态变化，创造一种用于强身健体、攻敌制胜的拳法套路。至于这套拳法的名字，就叫它梅花拳吧！

从此，孙武认真研究，仔细琢磨，反复推敲，终于创造出了一套虚实结合，刚柔相济，借力发力，变化多端的梅花拳法。

孙武创造的梅花拳法讲究六合，又分内三合与外三合。内三合为心与意合，意与气合，气与力合。外三合为手与足合，肘与膝合，肩与胯合。上下相随，内外一致，姿势舒展，动作优美。整套拳路既有阳刚之美，更具有以柔克刚的特点。进攻的时候，有排山倒海之势；防御的时候，则缩身舒气，四肢放松，就像小猫休憩一样。

孙武的梅花拳非常注重虚实结合，讲究虚则实之，实则虚之；虚虚实实，实实虚虚；真真假假，假假真真。"能而亦之不能，用而亦之不用"；避实去虚，取本舍末，取近舍远，借势发招，乘虚而入。这些道理孙武后来无不体现在其所著兵书中。

孙武的梅花拳讲究灵活多变。在实际交手中，随机应变，扬长避短，以己之长，攻彼之短；随其变而变，灵活机动；不用拙劲、僵力，变化多端，使对手不知所措。

孙武的梅花拳还讲究占领先机，打主动仗。对手的拳还没有到，自己的招式就已经先到了，使对手的招式还没发出就失去了作用。或者在半路截击对手，使对手的招式半途而废。这就是梅花拳中所讲的"彼不动，我不动；彼一动，我先动"。

另外，孙武所创立的梅花拳还十分强调以智取胜，即"遇强智取，遇弱力擒"。在与对手交锋的时候，首先要对敌手的武术技能和力量进行观察。如果对手非常强，那就表现出自己柔弱的一面，让对方骄傲大意。然后乘对手稍一懈怠，奋力一击。为了避开对手的锋芒，宁可舍近打远，舍直走曲，袭击对手的左右侧或者背后，直到击中他的要害。

如果对手较弱，那就采取猛冲猛打的策略，步步紧逼，如急风暴雨，有雷霆万钧的气势，使对手毫无还手之力。后来，孙武在梅花拳的基础上，加入其他器械，创造出了梅花刀、梅花枪、梅花剑等器械搏击套路。

后来，孙武又想到了学弈。弈就是现在的围棋，对此孙武并不陌生，因为小的时候，他就经常看见祖父和父亲在一起对弈。那方格的棋盘，黑白分明的棋子，以及祖父和父亲专注的神情都给孙武留下了深刻的印象。好奇又淘气的孙武有时会偷偷去摸摸棋盘，摸摸棋子，有时干脆抓一把棋子就跑。

随着年龄的增长，孙武从祖父和父亲那儿逐渐了解到弈的许多知识。他听祖父讲，弈是中华民族的先人尧帝为教育儿子丹朱而发明的。据说尧娶妻富宜女，生下儿子丹朱。但令尧感到难过的是，丹朱长大后，智力愚钝，品行也不好。尧想了很多办法来教育儿子，但效果都不理想。后来，尧根据天空日月星辰各种星体的变化，制作了围棋。为了显示其中奥妙变化，棋子用黑白两色分开，用来表示阴阳变化。后来，丹朱迷上了弈，并在长期对弈的过程中，开发了智力，纯洁了性情。

美丽的故事连同对弈美好的印象，深深印在了少年孙武的脑海中。等孙武长到十六岁以后，祖父和父亲有空闲的时候，开始教孙武对弈。

有时，孙武也会站在一旁，静静地观看祖父和父亲对弈，当然最后的结局一般都是以祖父的胜利而告终。

一次，在与祖父对弈时，孙武问道："爷爷，您和父亲为什么都喜欢对弈？"

孙书不假思索地说："对弈是以智力取胜的一种游戏，进与退、取与舍、攻与守、纵与收，主动权全都由自己掌控。而且，对弈和军事上的运筹帷幄、调兵遣将有几分相似，所以我喜欢，你父亲也喜欢。"

"那决定对弈输赢的关键是什么？"孙武接着问了一个十分深奥的问题。

孙书思索了一会儿说："算。决定对弈输赢的关键是算，算是对弈的核心，布势运子则是算在棋盘上的体现。对弈就如同两军对垒准备厮杀，主将无计无谋，没有做充分的战前准备和通盘考虑而战胜敌人的，还从来没有听说过。对弈也是同样的道理，多算则多胜，少算则少胜，不算则根本没有取胜的可能。"

祖孙对弈的结果当然是祖父取胜，况且还是孙书有意让着小孙子。这一点当然孙武也知道，连父亲都不是爷爷的对手，自己也就只好甘拜下风了。在分拣棋子，准备第二局的时候，孙武又问祖父："爷爷，开局怎么下才好啊?"

孙书望着孙子,笑着说:"有道是棋无定式。开局如何落子,要看棋手的基本功和对棋局的领悟力。棋家常说,'高者在腹,下者在边,中者占角'。腹中棋路多但是很难把握,只有高手才敢这样落子;边地狭浅容易进攻,初学者大多愿意走边;一般情况下棋手多愿意占角,角虽不如腹中开阔,但比边要强一些。所以说,'边不如角,角不如腹'。……"

听了祖父的话,孙武考虑了片刻,最终还是把棋子落在了角的星位上。

因为孙书有意让着孙子,总是让孙武执黑先走。这一点孙武也知道,但其中的道理孙武不是很清楚。

于是孙武就问祖父:"爷爷,对弈中先走有什么好处呀?"

孙书明白了孙武的用意,笑着说:"对弈好比是打仗,谁占据先机,谁就有了主动权。所以对弈十分强调'自始至终,着着求先'。谁得了先手,就得了势,就能控制局势。还有一种说法,叫作'宁丢数子,勿失一先',足见对弈中先手是多么重要。当然,你要记住先手也不是一成不变的,对弈中随着双方攻守的转换,先手也是不断交换的。有时为了全局的考虑,棋手常常用弃子的方法,去别的地方,另辟天地,占据先手,取得优势。所以当你看到对手弃子的时候,就要想到对手可能已经有了图大之心。"

对弈进行到中局的时候,孙武忍不住又问祖父:"爷爷,中局对弈要注意什么?"

孙书思索了一会儿,说:"中局对弈特别要注意虚实变化。对弈中随着势的变换,常有虚与实的变化。虚了就容易被攻破,实就不容易被攻破。在对弈中,要见可进而进,知难而后退,要做到避实而击虚。同时,也要善于制造假象,用示弱的方法吸引对手来攻,然后围而歼之。实战中,一切变化皆在自己的掌握之中。"

听到这里,孙武接着问祖父:"那对弈是否就是要以诈取胜呢?"

孙书极其认真地说："兵有王者之兵，有战国之兵。棋有上品之棋，有下品之棋。下品棋举无思虑，动则变诈；上品棋皆沉思而远虑，因形而用权，神游局内，意在子先。棋子虽小，有正道在里面。真正想下好棋，务必要邪正结合，以正为主。"

孙武认真地点了点头。他感觉祖父说得太精彩了，真是字字珠玑，自己尽管还不能完全领会，还来不及认真品味，但是他已经牢牢记在脑子里了。

这一局的结果当然还是孙武输了。孙书最后抚摸着孙武的头，爱怜地说："孙儿，最后你还要记住一条，下棋与做其他事情一样，一定要专心致志，绝不能一心二用啊。"

孙武把祖父的话记在了心里，平日里除了看书、习武，有时间就琢磨棋艺，越琢磨越感觉有意思，真可谓方寸之间，藏有千秋。随着时间的推移，孙武的棋艺也在不断进步。慢慢地，父亲已不是他的对手，祖父有时也会败北。孙武在实战中不断地总结对弈的经验，结合祖父、父亲对棋的感悟，不断地推敲，并陆续地写了下来，经过一段时间的积累，最后他写成了《棋经十三篇》。《棋经十三篇》包括《模局篇》《得算篇》《权舆篇》《合战篇》《虚实篇》《自知篇》《审局篇》《度情篇》《斜正篇》《动微篇》《名数篇》《品格篇》和《杂说篇》。

《棋经十三篇》以齐国流行的阴阳说为基础，运用辩证的观点，把对弈中双方攻守的转换及其开局、布局、定势、谋算等技巧与军事谋略相结合，将军事理论融入对弈之中。

《棋经十三篇》书影

孙武的撰著，一方面得益于他天资聪颖、博览群书、善于总结，另一方面也得益于祖父、父亲及叔父田穰苴的谆谆教导。特别是祖父对他的影响非常大，《棋经十三篇》中到处都能找到祖父的军事谋略思想。《棋经十三篇》的撰著，锻炼了年轻孙武的辩证思维能力和文字组织能力，为其日后在这方面的发展奠定了基础。

从某种意义上说，《棋经十三篇》就是后来《孙子兵法》十三篇的一个雏形。

 考察战地

孙武在乐安安家以后，心中强烈的愿望使他食不甘味，寝不安席。虽然自己还未曾入仕，但孙武一直在等待时机，准备大展宏图，轰轰烈烈干一番大事业。此时孙武的头脑中，充满了战争的各种谋略和军事思想，他的书房里也堆满了关于战争的简书以及平时写的笔记。编写一部战争谋略书的计划及框架，在孙武头脑中日见清晰。

在向祖父、父亲及其叔父田穰苴学习之后，孙武又开始向历史学习。历史是现实的老师。孙武为了弥补自己缺乏实际指挥作战经验的不足，反复研究历史上发生的战役战例，实地考察兵塞葵丘，乾时之战的古战场和齐长城。

但是，孙武总觉得还缺少很多东西，那就是关于战争的亲身感受和真实经历，虽然缺少这个环节，也不是不能写作，但总感觉有点纸

一代兵圣 孙武

上谈兵的味道，甚至有时连自己也不会信服。经过一段时间的认真思考，孙武决定从齐国开始，去考察各国古战场及军事要塞，增加自己的阅历。

孙武把这一想法告诉了祖父和父亲，并得到了他们的赞成与支持。

这时，刚好是阳春三月，嫩芽透出嫩绿的新色，小河也开始哗哗地流动，小鸟也叽叽喳喳唱起了轻快的歌谣，还有那红色的花朵，也在一夜之间悄悄地展开，唯恐白天被人们看到会害羞。

孙武带着几个家丁，一起出了乐安城，顺着官道向南，经过利城，往南几十里，到达了葵丘要塞。孙武站在葵丘要塞，回想着当年齐桓公创立的霸业，轰轰烈烈干一番伟业的豪情壮志油然而生。每到一处，孙武总要分析这里的地形是属于通、挂、支、隘、险、远六种地形中的哪一种？在战争中哪一种地形容易产生走、弛、陷、崩、乱、北六种情况？同时，孙武从用兵的原则来区分这里的兵要地理是散地、轻地、争地、交地、衢地、重地、圮地、围地或死地。

孙武清楚地看到地形是用兵的重要辅助条件。为夺取战争的胜利，如何判断敌情，考察地形险易，计算道路远近，这是交战中的将领必须掌握的方法。懂得这些道理去指挥作战的，肯定会胜利；不懂这些道理去指挥作战的，肯定会失败。这些积累的知识和军地理论，成为后来孙武撰写的兵法十三篇中《地形》和《九地》两篇的基本素材。

这里是一片宁静，一片和谐，山清水秀，红花绿叶，鸟鸣鱼戏，完全感觉不到当年曾是万马嘶鸣、刀兵交接、尸骸覆地、鬼泣神愁的征战之地。

孙武来到兵塞葵丘。葵丘也叫渠丘，在今山东临淄西，是齐国都城近郊的一处军事要塞，也是历史上齐桓公两次会盟诸侯的地方。一次是公元前651年，齐桓公在葵丘召集鲁、宋、郑、卫、许、曹等国开会，重申盟约。周襄王为感谢桓公的支持，特地派太宰周公孔给桓公送去他祭祀祖先的祭肉，表示对他的特殊荣宠。另一次是在周襄王送祭肉的这年九月，齐桓公再次在葵丘大会诸侯，订立新的盟约。盟约中声称：凡是参加结盟的国家，以后要言归于好，不要再相互攻击。齐桓公中原霸主的地位达到鼎盛时期。

孙武对于这些旧事当然非常了解，同时又因为这个地方离自己家最近，所以他才把葵丘当作自己考察的第一站。

他又带着家丁，花了几天的时间，对葵丘及周围地形进行了全面细致的考察。然后，他们直奔下一个考察目标：齐鲁乾时之战的战场乾时。乾时是对时水下游一段的统称，流经的区域主要在今天山东省广饶县。时水源头在今临淄矮槐树村东，是一条季节性的河流。雨季的时候，水势极大，容易酿成山洪，洪水从山谷中冲击出来，切开坚硬的棕红色土壤，劈成一条深几十米、宽二十多米陡立的河沟。旱季，溪水断绝，裸露出极陡且深的河床，成为一道天堑横直南北，易守难攻。

齐桓公就是凭借这一有利地形，大败鲁国军队的。当时齐国的内乱刚刚平定，齐桓公新立，鲁国人以为这是进攻齐国人的大好时机，首先向齐军发起攻击。

但是，让鲁国人没有想到的是，齐桓公就是凭借乾时天堑，使鲁军大败而归。鲁庄公乘坐的车子成了齐军的战利品，鲁庄公也差点成了齐军的俘虏。

孙武在前面走，家丁牵着马在后跟随，沿着乾时西岸，边走边看，直至到达乾时上游的时水。时值夏日雨季，河水暴涨。山上积聚的雨水，以极快的速度，沿着山涧，由高处向低处急湍流淌。在巨大水流的冲击下，孙武看到山上巨大的树木被连根拔起，快速冲向下游。

站在乾时岸边，望着滚滚河水，回想着齐桓公大败鲁军的乾时之役，对地理环境在军事作战中的影响有了更深的理解与体会。作为军事将领，统率三军，懂得利用好天时、地利，才能有把握取得战争的胜利。

孙武正感叹着水流的力量，忽听到巨大的"轰隆"声，他顺着声音望去，就见山涧边突立的巨石，轰然倒塌，石块在水流的冲击下，翻滚着冲向下游。

孙武被水流巨大的力量惊呆了。他久久凝视着湍急的水流，体会着流水中蕴含的巨大的"势"。

然后他从激流漂石的自然现象中，忽然想到了一些军事战争的基本道理：两军交战，胜方也必须拥有强大的势，具有压倒一切敌人而不被敌人战胜的绝对优势。只有在我方的军事实力与敌军相比处于绝对优势的前提下，才能真正保证我军的全胜。

当然这些思想孙武以前也不是不知道，以前更多的是表面的理解，没有今天感觉那样真切，那样体会深刻。这些关于势的思想，构成了孙武军事理论的重要组成部分。

考察过乾时古战场后，孙武带领家丁继续向南前行，他们一路经过颜山、凤凰山，到达了著名的泰山。

孙武和几个家丁在泰山极顶风餐露宿，第二天一大早，天气晴朗，他们在日观峰举目远眺东方。但见万壑收冥，千岩送晓，一线晨曦由灰暗变成淡黄，又由淡黄变成橘红，继而天空的云朵，红白交辉，瞬息万变，有的像万马奔驰，有的像神牛角斗，有的像凤凰展翅，有的像孔雀开屏。泰山上的气候瞬息万变，方才还是朗朗晴空，彤彤红日，突然，一阵狂风袭来，密云浓雾笼罩了西边大大小小的山峰壑谷，只有东边尚有强烈的阳光照射。

泰山，以拔地通天之势雄峙于华夏的东方，以五岳独尊的盛名称誉古今。泰山地处中原东侧，盘亘于齐鲁大地，东临黄海，西近黄河，雄伟壮丽，气势磅礴，风光旖旎，是华夏神山。

孙武和家丁们一边走，一边欣赏着泰山的美景，不知不觉来到了碧霞元君祠。一想到碧霞元君和姜子牙的故事，孙武不禁笑了，跟随的家丁不知道怎么回事，就问孙武。

于是孙武一边走，一边给家丁们讲起了这个有名的故事……传说姜子牙辅佐周武王建立了周氏王朝后，天下统一，周武王认为大臣们开国有功，应该重重有赏。可是，想来想去，周武王却找不出合适的

潜心著作

礼物，最后，周武王还真想出了个绝顶的好主意，把全国的领地都分给大臣们。

这样一来，既显示了周武王的慷慨，又能说明他对大臣们的信任，同时考验大臣们是否真的忠君报国，再者，周武王这样也就轻松愉快，落得清闲地做他的天子就行了。主意一定，周武王便把封地大权交给了军师姜子牙，让他分封诸侯。但是，姜子牙分封诸侯，封来封去把全国其他的名山大川、风水宝地都封尽了，只留下了一座泰山。

姜子牙早就知道泰山气势雄伟，风景秀丽，是个供人游玩的好地方，他原准备把泰山留给自己，可谁知半路里又杀出个程咬金，周武王的护驾大将黄飞虎找上门来，非要把泰山封给他不可。两人正在商榷，不知谁又走漏了风声，黄飞虎的妹妹黄妃也来找姜子牙要地盘，说是周武王答应她，要她来找姜子牙。这下可好了，三个都看准了泰山这块宝地，可总不能都去坐呀！这到底如何是好呢？

事到如今，仅黄氏兄妹就够姜子牙缠的了，自己便不得不打消了坐泰山的念头。不过放弃了也怪可惜，他心中也有几分不乐意。

这时，姜子牙见黄氏兄妹一个凭护驾有功，一个仗周武王后台，两人争得面红耳赤。于是，姜子牙就赌气地对他们说："好了二位，谁也别争，谁也别抢，凭自己的本事，谁先登上泰山，泰山就是谁的。"

黄飞虎一听，不禁拍手叫好。他想：凭我一身气力，泰山还能有黄妃的份儿？可是，身单力孤的黄妃，也没有一点惧色，一口应允了。

黄飞虎是个四肢发达、头脑简单的武夫，比赛日期一到，便骑上他的麒麟，日夜兼程，从京都直奔泰山。

黄妃为比赛绞尽了脑汁，终于想出了一条妙计。比赛一开始，黄妃先将自己的鞋子脱下一只，使了个神法，将鞋子扔到玉皇顶上。然后，黄妃才不慌不忙地向泰山赶来。等到黄妃爬上泰山，兄长早在南天门上等得不耐烦了。

黄飞虎见黄妃姗姗来迟，便对她说："不行就是不行，别逞能。

这回你该服气了吧?"

"真是岂有此理! 是我先到此, 我以为你在路上出了什么事, 前去接你, 不想你已绕道赶来。"黄妃一本正经地说。

"你别胡搅蛮缠, 你说先到, 有何证据?"黄飞虎还真有点着急。

"证据吗? 当然有, 你来看吧!"

黄飞虎跟着妹妹来到玉皇顶, 只见黄妃的一只绣花鞋端端正正地放在石坪上。

姜子牙画像

尽管有证有据, 黄飞虎却从心里不服气, 不禁斥责妹妹道: "你耍滑头。"

黄妃不紧不慢地说: "凭本事嘛! 怎么是耍滑头?"

黄妃自知纸里包不住火, 光是兄长一人好对付, 等姜子牙他们来就麻烦了。

黄妃做出无可奈何的样子对兄长说: "咱们兄妹二人, 本该是你敬我让, 不分你我才是。这样吧! 我住山上, 你住山下, 咱们共管泰山总可以了吧?"

这样一来, 先来的黄飞虎倒做了不晓世理的孬种, 后到的黄妃倒成为慷慨大度的好人, 把黄飞虎气得直翻白眼。可也没有办法, 谁让她是自己一母同胞的妹妹呢! 只好答应了。

等姜子牙赶来, 一看便知道黄飞虎上了妹妹的当。可是, 姜子牙见黄氏兄妹都协商妥了, 也不好再把事情说破, 只好将计就计, 把黄飞虎封为泰山神, 把黄妃封为碧霞元君, 一个在山下天贶殿, 一个在山顶碧霞祠。

听孙武讲完, 家丁们也止不住乐了, 说: 这可真是兵不厌诈啊!

潜心著作

越过泰山，孙武他们终于看到了久闻大名的齐长城。齐长城，始建于春秋初期，因为这个时候周室衰微，诸侯之间互相征战，各国为了保护自己，争霸天下，纷纷筑城设防，齐长城就是在这样的背景下兴建的。

齐国东面和北面濒临大海，西面则有黄河和济水天堑，防守的重点是南方比较强大的鲁国。

于是，齐国历代君王在西起济水之滨的平阴防门，越过泰山，沿泰沂山脉顶部蜿蜒向东，修筑了一道坚固的城墙。

齐桓公执政以前，齐长城已经初具规模。长城以北是齐国土地，长城以南是鲁国土地。

齐桓公执政后，在贤相管仲的英明治理下，齐国国势日盛，而当时鲁国因内乱，国势大不如前。齐国势力乘机越过长城，把号称"五岳之尊"的泰山，也纳入齐国版图。

孙武登上长城，极目远眺，远处层峦叠嶂，道道山峦掩映在秋色之中。常绿松树与枯黄野草，为山峦披上富丽的盛装。

孙武完全被眼前的美景吸引，深深陶醉在了祖国美好的河山之中。漫步在城墙之上，孙武既欣赏着美丽的秋色，又细心地观察着这极具防御之势的战略要地。

此时的长城尽管深入齐国腹地，不像战时那样紧张，但仍然显示出它雄伟壮观的魅力。

孙武观察到，长城的建筑结构及其形式，采用了"因地形，因险制塞""因地制宜，就地取材"的原则。

在平原田野里，就采用聚土夯筑的方式，建造长城；在山凹处，一般都用沙石混筑，或者两侧砌墙，中间填上沙土；在深山悬崖的地方，就直接隔过去，用天然的山险代城；在川流湍急的沟壑上，或者架桥，或者设关卡。

城墙上有垛口，瞭望孔，下设附墙、站台，宽窄不一，灵活多样。在沿途军事要塞或制高点上，内设城墙，外筑烽燧，到处都有重兵把守。

孙武在与把守城墙官兵攀谈中了解到，设在长城上的主要关隘有防门、长城铺、青石关、锦阳关等几十处。在接下来的数天里，孙武先后考察了青石关、城子关、穆陵关等多处关口。

青石关位于莱芜和博山交界处，有"一夫当关，万夫莫开"的气势，城子关位于马鞍山两侧，这里距齐国的都城临淄最近，顺淄水南下就能到达，是南通鲁国的重要门户。

位于临淄、沂水边界的穆陵关，则是通往鲁东南的咽喉，有"齐南雄关""齐南天险"之称。这些险关、要塞，都是兵家必争之地，孙武一一牢记在心里。

孙武出穆陵关继续向南，这里仍然是齐国的土地，有齐军驻守，不过这里已经离齐鲁边界不远了。很快，孙武就来到了齐鲁两国现在的边境，位于蒙阴的堂阜，再往南走，越过汶水，就是鲁国的地界。

孙武来这里，一是想观察一下齐鲁边境的情况，二是想到浮来山下堂阜水发源地，亲自看一眼一代贤相管仲破枷脱囚的地方。

孙武站在管仲破枷脱囚处，心里生出无限感慨。他一方面为管仲和鲍叔牙之间的友谊而感动，另一方面为鲍叔牙帮管仲脱险的计谋所折服。另外，他还为管仲帮助齐桓公"九合诸侯，一匡天下"，完成春秋霸业而由衷地敬佩不已。

踏着前代伟人的足迹，孙武心中也有许多渴望，许多理想，他多么希望自己将来也能像管仲那样，辅佐明君，建立千秋功业啊！他期望着有一天这个理想能够实现。

孙武在齐国南部考察了两个多月，深秋时节回到了国都临淄。虽然这不是孙武第一次来到都城，但是以前他却没有真正对这个城市进行细致的考察研究。

临淄是齐国的都城，是齐国的政治中心、文化中心、军事指挥中心和经济管理中心。

临淄城历史悠久，太昊伏羲氏兴起就是在这里。这里又是五帝之一的颛顼高阳氏的故墟。

古帝少昊的时代，以鸟为图腾的爽鸠氏族部落曾聚居在这里。虞舜时期至夏代，有季氏族部落居住在这里。

殷商时期，有姜姓逢伯陵氏居住在这里。殷商末年，有蒲姑氏居住在这里。

太公姜尚封国之初建都营丘，六世胡公曾一度徙都薄姑，公元前859年七世献公又徙都临淄，算来已经三百多年。

在齐国历代国君的经营下，齐都临淄已发展成为拥有六万人口、店铺林立、商贾云集的东方大都市。

孙武这次来临淄，与以往的目的不同，主要是为考察临淄及周围的地理环境，为撰著兵书和以后统兵打仗做准备。

孙武安排好住宿，独自一人走上街头，沿着城墙与护城河，边走边看，细心观察。

临淄城因紧临淄水而建，故名临淄。淄水源出原山之阴，沟通九条大山谷，有十数条河流注入，流经天齐渊、稷山、牛山到临淄城东，进入开阔的平原。河道窄的地方只有半公里地左右，宽的地方有几公里地，两岸陡立，有十多米高。

雨季洪水下泻，河水暴涨，舟船不通。虽然在旱季，水势依然很大。可以说，淄水就是临淄城一道不可逾越的护城河。临淄城由近似长方形的大城以及西南角的小城组成。大城南北长约五公里，东西宽大约四公里，是官吏、平民以及商人们住的地方。小城南北长也有两公里，东西宽约一公里，是国君居住的官城。城墙全部用夯土筑成，墙基宽三十米左右。大城有东、西门各一座和南、北门各两座，小城东、西、北门各一座，南门两座。南、西、北护城河与淄水相连。城内交通干道四通八达，有十条大道与城门相通。从当初选址建城，到以后的多次建设，前后相辅相成，大大增强了城池的防卫功能，使整个都城构成了一个严密的防卫体系。

第二天，孙武骑马出了临淄城，察看临淄城周围的防守体系。孙武在齐都周围的山岭沼泽中考察了近半个月。

这里多变的地形、秀丽的山水都给了他无限的灵感。孙武一边仔细考察，一边结合读过的古兵书，认真进行着分析和总结。孙武察看着各种各样的地形，分析在不同地形条件下行军和排兵布阵的对策。孙武认为，队伍在通过山地时，必须在靠近有水草的山谷，并且居高向阳的地方驻扎，当敌人占领高地，最好不要仰攻。队伍在横渡江河时，应该远离河水驻扎。

如果敌人渡水来战，不要在江河中迎击，要等敌人渡过一半时再攻击，这样较为有利。如果在江河地带扎营，也要居高向阳，不要面迎水流。当队伍走进了盐碱沼泽地带，要迅速离开，不要在这些地方长时间逗留。如果同敌人相遇于盐碱沼泽地带，那就尽量要靠近水草，最好还要背靠树林。如果在广阔的平原作战，要迅速占领开阔地域，而主要的侧翼要依托高地，前低后高。渡河作战的时候，如果上游下雨，洪水突至，就要严禁涉水，应等待水流平稳后再通过。通过"天涧""天中""天牢""天罗""天陷""天隙"等特殊地形的时候，必须迅速离开，不要接近。一个称职的将帅，就应该做到让自己的队伍远离这种地形，而设法让敌人靠近它，并合理利用这种地形去攻击敌人。

孙武还认为，打仗不在于兵多将广。只要不轻敌冒进，查清楚并善于利用好周围的地形，摸清敌情，做到知彼知己，知天知地，最后集中兵力完全可以消灭比自己强大的敌人，并最终取得战争的胜利。

孙武从都城临淄回家后，一边研读兵书，一边结合自己的实地考察，记录着对军事谋略、军事实战的心得体会，不知不觉一个冬天过去了。春暖花开，孙武打算继续外出考察。这一次，他打算到别的国家去游历一番，首先到哪个国家呢？

思来想去，孙武想到了邻国鲁国。鲁国距离齐国最近，很容易到达，到鲁国可以看一看鲁国的都城曲阜，还有齐鲁长勺之战的古战场长勺。另外，孙武很早就知道"周礼尽在鲁矣"的说法。在周代的众多邦国中，鲁国是姬姓宗邦，诸侯望国，所以也是与周关系最近的小国。

鲁国是典型周礼的保存者和实施者，世人称颂。各国诸侯了解周礼也往往到鲁国学习，鲁国是有名的礼仪之邦。与周礼的这种密切关联，使得鲁国形成了谦逊礼让的淳朴民风，同时也使鲁国国势的发展受到了很大的影响。概括来讲，周礼的内容应该包括礼义、礼仪或礼节三个层面。礼义是抽象的礼的道德准则，礼仪或礼节是具体的礼乐制度，可大致分为吉、凶、军、宾、嘉五大方面。当然孙武到鲁国，主要目的不是研究周礼，而主要是军事。

但是首要问题是，如何去鲁国呢？因为这毕竟是到另外一个国家，怎么才能通过边境的盘查，孙武自有办法。当时齐国商业非常发达，名冠各诸侯国。

齐国最主要的资源盐是其他国不能比的，而盐又是人们日常生活的必需品，所以各诸侯国对盐的运输基本上不加干涉。

孙武以贩运海盐者的身份，很容易就到了鲁国的都城曲阜。

鲁都曲阜不大，不及齐都临淄的五分之一，城防也远不如临淄城坚固，更比不上临淄城繁华，但却处处蕴含着深厚的文化底蕴。

孙武随商人们安顿好住宿，便走出驿馆，对曲阜进行了一番考察。

在别人的介绍下，他参观了鲁国的档案图书馆，看到了保存完好的《周礼》，还有鲁国的一些档案资料以及《春秋》》，真切地感受到了"周礼尽在鲁"的说法。但是，在接下来的几天里，孙武发现鲁国真正的情形是"三家强大，公室衰微"。

三家指的是孟孙氏、叔孙氏、季孙氏三个家族，因为他们都是鲁桓公的儿子，所以又被称为"三桓"。三桓各自培植私党，彼此明争暗斗，鲁君的势力早就衰弱不振，鲁君成为名副其实的傀儡，国势岌岌可危。周礼在鲁国形同虚设，早已是名存实亡。

孙武看到这一点，也更深地体会到要使国家富强，只有走富国强军之路。在礼与利两者中间，孙武选择了利。这也成了孙武军事谋略思想的出发点，与利符合就行动，否则就只能是静观其变，等待合适的时机，不能做无利的事情。

几天后，孙武专程来到位于曲阜以北的长勺，实地考察齐鲁长勺之战古战场。长勺之战是齐桓公继位第二年，对鲁国发动的一场战争。

长勺之战前，管仲曾经极力劝谏齐桓公，不要发动这次战争，但是齐桓公一意孤行，为报鲁国支持公子纠与自己作对的仇恨，同时也想乘乾时之战的余威，将齐国的军事力量发挥到极致，于是采取了贸然进攻鲁国的行动。

当时，齐鲁两军在长勺摆开战场。齐军仗着人多势众首先发起冲击，企图一举歼灭鲁军。鲁庄公本想擂鼓迎击，被自愿前来参战的鲁国人曹刿阻止了。

曹刿是一位头脑冷静的指挥员，他等到齐军向鲁军发起第三次冲锋后，才让鲁庄公击鼓下令向齐军反击。鲁军一个冲锋反击就把齐军打垮了。

齐军大败，鲁庄公急着追击，又被曹刿拦住，他下车察看齐军退走的路径，登车观望败逃的齐军阵容，确认齐军确实败退后，才让鲁庄公下令追击。就这样，鲁军一直把齐军赶出鲁国国境。这就是著名的以少胜多、以弱胜强的长勺之战，也是著名的典故"一鼓作气"的来历。

孙武在很小的时候，就曾经几次听祖父讲过这个故事。随着年龄的增长，理解力的增强，他对曹刿的足智多谋与沉着冷静越来越佩服。

今天竟然能够与长勺古战场这么近距离接触，孙武有说不出的兴奋，同时也对于这次大战有了更深的体会。

孙武认为，齐强鲁弱，势在齐军方面。曹刿的聪明在于避实击虚，善于制造和利用势。

曹刿把握时机，一举击败齐军。"一鼓作气，再而衰，三而竭"，讲的正是战场上双方势的相互转化。

孙武关于势的分析，构成了他后来兵法十三篇中《势》篇的基础。

孙武游历了齐鲁山川，考察了乾时、长勺等古战场后，感觉还需

潜心著作

要再到另外一个国家看看，到哪个国家呢？

思来想去，孙武决心去晋国看一看。

对于晋国，孙武还是比较熟悉的，特别是晋国在城濮战役中一战成名，令各国为之侧目。孙武对这段战争故事当然非常清楚。

城濮之战发生于鲁僖公二十八年，它是春秋时期晋、楚两国为争夺中原霸权而进行的第一次战略决战。

在这场战争中，楚军在实力上占有优势，但是由于晋军善于"伐谋""伐交"，并在战役指导上采取了正确的扬长避短、后发制人的方针，从而最终击败了不可一世的楚军，雄霸中原。

另外，孙武对晋国的国内形势，也是比较了解的。因为他的祖父和父亲曾经给他讲过曾祖父田桓子出使晋国的故事。而且晋国是当时的一个大国，非常强大，晋文公还曾经继齐桓公之后，成为让各国敬仰的春秋霸主。不过，曾祖父的时代离现在已经有些年头了，不知道晋国现在的情况变得怎么样了？

孙武怀着急切的心情，打点好行装，跟上齐国的商队，踏上了去晋国的路程。晋国可要比鲁国远多了，对于当时的交通条件来说，可不是一天两天就能到达的。孙武和那些能吃苦的商人一样，横渡黄河，翻越太行，一步步走到了晋国。

晋国是周王室的北邻，它是周王灭掉唐国后建立的一个侯国，始封君是周成王的弟弟叔虞。

孙武小时候就听长辈讲过"桐叶封弟"的故事，当时，周成王亲政当天子时，叔虞还小。一天，周成王同这个小弟弟玩耍，把一片桐树叶剪成一个圭形送给叔虞，并开玩笑说："我就以这个封你为诸侯吧！"这句话被周公听见，就要求真正兑现。

周成王说："我是和他开玩笑的。"

周公说："天子无戏言。"

于是，周成王就封叔虞于唐，建立了唐国。叔虞的儿子燮父把都城迁到晋水旁，改国号为晋，这就是后来称霸的晋国。

晋国是继齐国之后第二个称霸的大国。公元前636年，重耳当上晋国国君以后，安定周王室，扩充军队，把原来的两路大军扩大到三军。同时，晋国确立了军中元帅的建制，由元帅统领三军。此外，采取尚贤任能的用人方针，晋国的军事实力迅速增强，晋国的军队成为当时最强大的军队。其后，晋国为争夺霸主地位，先后进行了晋秦崤之战、晋楚城濮之战、晋楚之战、晋齐之战，通过这些大的战役，晋国确立了自己的威信，并最终成为春秋霸主。

孙武以齐国盐商的身份，每天穿行于市井街头，时间不长，便了解了晋国的许多情况。

在军事方面，晋国虽然表面上很强大，有兵车四千九百乘，但是战斗力却不强。

在政治方面，晋国也同鲁国一样，君主权力衰落。晋国的大权被韩、赵、魏、范、中行、智六卿掌握。六卿之间为争夺公室权力，互相残杀，流血事件时有发生。

孙武还了解到晋国六卿各自制定了自己的田亩制度和税收制度。孙武把晋国六卿的情况做了认真的比较分析，并进行了大胆的预测。

孙武认为，晋国六卿中，范氏、中行氏的亩制小，税收重，士卒众多，贵族非常富有，但是互相争权夺利，战事频繁，所以，如果灭亡的话，它们肯定首当其冲。

在范氏、中行氏之后，依次灭亡的应该是智氏、韩氏和魏氏，因为它们虽然没有那么多的纷争，但都缺乏一种上进心。通过分析，孙武得出，晋国六卿中只有赵氏能够实现富国强兵，成为未来的大国。

因为赵氏田亩大，而且免征赋税，百姓富裕，赵氏自身相对俭约，虽然养得武士少，但是农民非常富裕，全国上下同心，从这点来说，将来晋国一定是赵氏的。

孙武之所以对晋国六卿得出这样的结论，最根本的是他认为，君王要想取得成功，就一定要爱护自己的子民，只有这样才能得到民心，也才能实现真正的富国强兵。孙武这次晋国之行，长了很多见识，感

潜心著作

触很深，不久，他就返回了齐国。

通过实地考察，孙武掌握了丰富的第一手资料，同时兴起了著书立说的念头。可是，俗话说：想着容易干着难。要自成一家之言，使其所立之"法"放之四海而皆准，并非易事。很多时候，为了阐明一个规律或者说明一件事情，足足要反复研究思考几个月甚至几年时间。但孙武不怕困难，埋头苦干。他决心写出一部兵法上的宏观巨著。

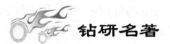

钻研名著

孙武在长时间的外出游历之后，回到了自己在乐安城的家中，开始了自己新的生活。他一直有创作一部军事著作的想法，不过一直没有能够实施。经过长时间的积累，孙武感觉可以着手准备了。在进行编写之前，孙武决定首先对一些重要的书目进行研究性地阅读。

在这众多的书目中，前代名相管仲的名著《管子》是不可越过的高山，必须先对这部书进行研究。管子姓管名夷吾，字仲，谥号敬，故而得别号敬仲。齐桓公尊贤纳谏，不计一箭之仇，拜管仲为相，尊称仲父。管仲辅佐齐桓公四十年，把一个原本贫穷动荡的齐国治理得国富民强，成为春秋时期的第一霸主。

孙武从小就了解到，管仲在齐桓公的支持下，对齐国进行了一系列改革。孙武最感兴趣的是管仲关于军事制度的改革。

《管子》内容十分庞杂和丰富，内容涉及军事、政治、经济、生活的方方面面。而其军事思想贯穿于《管子》全书的始终，为《管子》的主线。《管子》之所以用军事作为主线，这是因为受当时周王室衰微，天下动荡，诸侯争雄的天下局势的影响，使得管仲的思想融入了较多的军事成分。《管子》的主要军事思想可以概括为五个方面，即富国强兵、寓兵于农、军政一体、先计后计和以人为本。

孙武逐篇对《管子》进行了细致、认真的研究，结合自己游历齐国各地和鲁、晋两国的心得体会，做了大量的读书笔记。有些理论，孙武找到祖父、父亲进行商讨。

管仲根据春秋时期列国形势和齐国的实际情况，从行政组织与军事编制上进行了适合于当时情况的体制改革。管仲把齐国分为国和鄙，国指的是国都城郭以内，鄙指的是城郭以外的地方。他又把国划分为二十一个乡，其中六个乡从事工商业，免除徭役、兵役，集中发展经济。另外十五个乡实行兵农合一，平时耕种，闲时练兵，如果发生了战争，立即集合成强大的军队。

管仲的军事改革，使齐国很快成为当时军事上的头等强国，为称霸天下奠定了坚实的基础。管仲改革的实质是废除奴隶制，向封建制过渡。管仲改革成效显著，齐国由此国力大振。对外，管仲提出"尊王攘夷"，联合北方邻国，抵抗山戎族南侵。

这一外交战略也获得成功。后来孔子感叹说："假如没有管仲，我也要穿异族服装了。"经过不断努力，管仲辅佐齐桓公挑起"尊王攘夷"大旗，经过九合侯，最后一统天下，成为天下霸主。

孙武家中保存有完整的《管子》竹简抄本，这些简书是史官对管仲思想言行的真实记录，后被广泛传抄，并加以整理，辑录成《管子》简书。孙武家所收藏的，就是众多抄本之一。孙武从小已经读了不下十遍，但是感觉自己还是没能全部把握。

孙武深深牢记这些谆谆教导，从此，遇到问题多做假设，多做设想，充分考虑战场上可能存在的种种情况，再列举出种种应对之策。通过这样的研究性学习，孙武掌握的军事知识越来越丰富了。同时，

潜心著作

孙武对军事理论的理解也更深刻了，对军事理论的把握也更加灵活了，这为孙武编写军事理论著作奠定了良好基础。

《太公六韬》简称《六韬》，相传为周文王的老师姜子牙所作。简书以姜子牙答周文王、周武王父子问答的形式写成，全面反映了姜太公的军事韬略思想。简书分为文韬、武韬、龙韬、虎韬、豹韬、犬韬六个部分，故称《六韬》。

《六韬》从战略、战术等方面对军事理论进行了系统、全面的阐述，是成书较早、较完整的一部古代兵书。理所当然，《六韬》也就成了孙武爱不释手、并且重点研读的军事著作。

孙武自小就喜欢《六韬》。他还记得自己第一次走进祖父偌大的书房时的情景，当时，孙武被屋内堆积如山的简书惊呆了。孙武看看这些，又摸摸那些，翻来覆去摆弄着这些竹简，翻看着里面的内容。

祖父见孙武如此喜欢简书，为了培养他看书学习的良好习惯，同时也是希望他将来能够继承家学，把尚武家风发扬光大，就送给孙武了一套简书，那正是姜太公的《六韬》。从此，孙武便与这套简书日夜相伴，形影不离。由于《六韬》的内容过于繁杂，刚开始看时，孙武只拣里面关于战争的篇目翻看，理解得也很肤浅，并没有觉得这部书有多么了不起。

然而随着年龄的增长，阅历的增加，理解力的增强，孙武不再这样认为，他感觉《六韬》里面讲的东西非常深刻，看似非常朴素的理论，其实蕴含着非常深刻的道理，因此孙武的理解也越来越深。

特别是这次周游列国后，孙武再次捧起这套伴随他多年的兵书，感觉与以前阅读的时候，有了很多差别，他从头到尾进行了细细研读，感想颇多，收获颇大。

《六韬》虽然是兵书，但并非单纯论兵、讲武，而是"尚文韬""重文伐"，强调文武兼备，先文后武。《六韬》非常重视韬略，讲究不战而胜的智谋。不经过战斗而取得胜利，全军没有伤亡而取得胜利，如此神奇的用兵之道深深扎根在孙武的脑海里。这也成为孙武以后谈兵论战的出发点和落脚点，成为其军事思想的主线。

《六韬》中关于赏罚分明、令行禁止的论述引起了孙武的共鸣。

孙武认识到，将军元帅治理军队，最根本的一点在于树立威信、严明军纪，做到上下一致，令行禁止，这样才能管理好军队，打造铁军。只有这样的军队，才能做到攻必克，战必胜。另外，《六韬》中关于五行相生相克，阴阳相互转化的理论，使孙武学到了更多的朴素的辩证法思想，并成功运用到自己的兵书写作当中，使他的兵学理论更加完善和成熟。

 初步编订

孙武编著兵法的想法，由来已久。他受家庭的熏陶，自小就开始学习各种兵书战策。成年以后，他又潜心研究了《司马穰苴兵法》《军政》《军志》《管子》《六韬》等兵书，总感觉这些兵书要么是对战争谋略的论述过于简单，不易理解；要么就是论述内容过于繁杂，不易把握。

孙武从广泛接触社会、接触兵争的实践中，强烈地感受到列国纷争、图强争霸，靠的是军事行动；而成功的军事行动，则离不开高明的兵法做指导。他深深地懂得要做一个军事家，必须上知天文，下察地理，才能审时度势，顺天应人，运筹于帷幄之中，决胜于千里之外。渐渐地，整幅天象轨迹图在孙武眼前清晰起来（还有说法是分列的二

十八宿）：

东方苍龙七宿角亢氐房心尾箕
北方玄武七宿斗牛女虚危室壁
西方白虎七宿奎娄胃昴毕觜参
南方朱雀七宿井鬼柳星张翼轸

孙武久久地仰望着北斗，北斗星在不同的季节和不同的时间会出现在天空中不同的方位，但它却总是围着北极星转动，所以北斗可以用来辨别方向，定季节。

人们就是根据初昏时斗柄所指的方向来分辨季节的：斗柄指东，天下皆春；斗柄指南，天下皆夏；斗柄指西，天下皆秋；斗柄指北，天下皆冬。

这时，孙武记起了《尚书》中的一段话："日月之行，则有冬有夏。月之从星，则以风雨。"意思就是说，太阳和月亮的运行，产生了四季变化。如果月亮从箕宿那里经过，就会刮风；从毕宿那里经过，就会下雨，这是天象的一种规律。

孙武领悟到，这些自然因素在军事上对战略部署、战术应用、战役指挥等起着一定的制约作用。因此，这一切对军事家来说是应当知悉的。神秘的天空嵌挂着数不清的星辰，孙武真想洞察它的全部奥妙。此时他的脑海里浮现出了听长辈讲过的美丽的传说故事：一个是牛郎和织女的故事，另一个是商星和参星的故事。

牛郎和织女是恩爱的夫妻，却被隔在宽宽的银河两岸不得团聚，盼望着一年一次逢七夕的时候，渡过鹊桥去相会。

商星和参星的故事讲的是高辛氏有两个儿子，大儿子叫阏伯，小儿子叫实沈，都住在旷林，不能相容，每天用武器互相攻打。帝喾看到他们两个人不和睦，于是就把阏伯迁移到商丘，居住在东方；把实沈迁移到大夏，居住在西方。从那以后，阏伯、实沈兄弟二人互不相见了，这就是当初兄弟不和睦的后果。由商星和参星的故事，孙武又联想到齐国内的世族争权夺势，顿时悟出天人感应的哲理。

孙武思索着、联想着，忘记了时间，忘记了周围的一切。渐渐地，曙色曦微，启明星出现在东方之上，天要亮了。他抖落身上的繁露，沐浴着朝霞晨光，大步走下乐安城楼。此时，孙武惊异地发现，南天正中女星依然灿烂，与东方的启明星遥相呼应。天象如此奇异，应该预示着什么。

孙武忽然想起与女星对应的应该是地上的吴国。现在吴国正在经历着大的变革，孙武心中默默念道，看来一个强盛的吴国正崛起在南方。

孙武游历齐、鲁、晋等国，实地考察古代战场，掌握了大量战场上的资料。经过对交战双方战略、战术、排兵布阵、用人等方面进行认真分析，结合学习的兵法，综合研究，对战争谋略和战术安排有了很多新的心得体会和感受，从而就越发想把这些写出来。在与祖父经过彻夜长谈之后，孙武开始了艰苦的兵书撰写过程。

孙武把长期以来搜集到的各种资料，包括平时的读书笔记、考察日记、心得体会、经验总结等，一一进行归类、整理、排序、编辑，去粗取精，去伪存真。可以想象，在简书牍海之中，孙武就像一个猎人，肩扛戈矛，跋涉于崇山峻岭之间；又像一位渔翁，驾一叶轻舟，劈波斩浪，颠簸于江湖之上。

他夜以继日地翻阅资料，废寝忘食地伏案书写，不厌其烦地求助于祖辈、父辈。累了，孙武就停下来，四处走走，练一套自创的梅花拳。有时孙武也和祖父棋盘对弈，或谈兵论书；有时跃马扬鞭，驰骋于乐安大地，寻找灵感。

春去秋来，寒往暑至，一部鸿篇巨制终于在孙武的手中诞生了，虽然这还不是最后的定稿，但是已经基本确立了后来《孙子兵法》的框架和主要思想。

《孙子兵法》内容博大精深，富含深刻的哲理，是孙武多年勤于钻研，善于总结，实地考察，加上虚心求教的结果，这其中凝聚着孙武超凡的智慧和艰辛的汗水。它所蕴含的军事谋略思想和伟大的哲理，

潜心著作

在战争史、哲学史及文化史上永远放射着璀璨的光芒。

秋天的黄昏，凉风习习，天高云淡。孙武信步登上乐安城，站定在雉堞旁。这时已经红日西沉，他仰望天宇，只见苍穹渺渺，河汉茫茫，新月东升，星斗璀璨。

济水是有名的四渎之一，与长江、黄河、淮河同为四条独立流入大海的大河。

古时候天子祭祀名山大川，即指祭祀五岳与四渎。济水发源于王屋山，北流东折，在乐安境内最终流入大海之中。

济水在乐安境内的一段是最下游，在乐安平坦的地面上，济水的河岸宽阔，水势平缓，齐国的鱼、盐均由这里的水路出境，运往其他诸侯国。每当春季和秋季，济水上的舟船不断，往来如梭。孙武有时也在济水上划船，但他最喜欢的还是在水边钓鱼。

孙武爱上钓鱼，是因为他发现钓鱼可以散心，可以消忧解烦，有利于静心、忍耐、不急不躁等性格的形成。

在济水河边，经常会出现孙武手拿钓竿的身影。有时他雅兴一至，即便是阴雨天，也照常来到水边。在蒙蒙细雨中，孙武头戴苇笠，身披蓑衣，手持鱼竿，一任风吹雨打，依然静气凝神。透过水丝雨帘，望着浩茫的河面，孙武联想起了齐国开国之君姜太公渭水垂钓的情景。

姜太公是孙武最崇拜的人物。孙武多么希望自己有朝一日也能被明君发现、重用，做一个像姜太公那样治国安邦的人啊！

忽然，孙武觉得钓竿猛地往下一沉。他知道有鱼上钩了，但他并不急于拽动钓线。所谓"以利动之，以卒待之"，他要等鱼儿紧紧咬住鱼钩。过了一会儿，孙武感觉钓丝继续向水中下沉，便迅速甩起鱼竿，一尾一尺长短的金翅鲤鱼活蹦乱跳地钓了上来。

孙武轻轻摘下鱼钩，仔细端详那条红翅红尾的金鲤。只见它两腮歙动，双目微合，尾鳍乱摆，一副楚楚可怜的样子。

孙武不忍心伤害它，于是双手捧起金鲤，把它放回水中。那条金鲤在济水中溅起一朵银色的浪花，游得无踪无影了。

孙武又擎起鱼竿，放下钓丝，沉静地望着济水。但见波涌浪逐，浩浩荡荡，奔流到海，势不可当。由眼前的济水，孙武联想起实地考察时见到的众多的河流湖沼。他意识到，水是无处不在的，是万物之本原。生命离开水就不

《孙子兵法》简牍

能存活，就像刚才那条金鲤，放回水中又得以生还。

孙武仔细观察着水势，从这波浪翻滚的水流中，他发现了许多过去不曾察觉的哲理，水的变化无穷无尽，会根据外界情况的变化而不断变化，善于躲避高地，向低处流淌，制造出来的激流之"势"，可以推动巨大的山石。

孙武济水垂钓，获益匪浅。他从中陶冶了性情，启迪了思维，增长了智慧。后来，孙武在撰著《兵法》十三篇时，将观察到的"水形""水势"的原理和规律，应用于对兵事法则的阐发和论述，并体现在《形》篇、《势》篇和《虚实》篇中。尤其在《虚实》篇中，孙武的论述更为详尽，他这样说：军事同流水，要根据外界的实际情况变化而变化，要避实击虚，随着敌手的变化而采取相应的策略，要善于制造激流之势，才能有效地击败对手。

潜心著作

著作兵法

著书立说是孙武少年时代就已经萌生的梦想。只不过，那时候，他学问有限，只能想想而已，并不能付诸实践。

自从在秘府苦读后，孙武又遵循老师的叮嘱前往古战场进行实地考察，寻访百姓，分析地形，查考史册，得到丰富的写作素材。这样，著书立说的条件成熟了。

自此，孙武闭门谢客，集中精力和时间，整理他阅读、考察获得的资料，从事他著兵法的浩大工程。孙武考察完了古战场之后，就将自己的行李搬进了书房，起居都在这里。

在简山牍海里，他更像是一位猎人或是一个考察求学者，不畏艰辛地跋涉于崇山峻岭，闯荡在莽莽林海；严寒酷暑，刮风下雨，都不会影响孙武的心情，著书成为他唯一的工作。天气骤寒，随意加一件外套，雪花飘飞，依然是薄外套一件，他已经被胸中那团熊熊的烈火燃烧着，寒冷只是外表的感受，却不曾进入他的内心。一日三餐都由仆人端到他的书房来，往往是午饭变成晚饭，热了一次又一次。饥饿时，随意填饱肚子；困倦时，冷水擦面。这间屋子彻夜亮灯已经不足为奇，通宵达旦，废寝忘食，正可以用来形容孙武这段时间著书的情景。

不到一个月，孙武明显地消瘦下去，体质也越来越差，脸色煞白，目光呆滞，在他的世界中，好像除了简牍、笔记、兵法之外，一切都不存在似的。母亲范玉兰看到儿子这样，心疼极了。但是，"知子莫如母"，没有人比她更了解孙武对著书的热情，以及对兵法研究的爱好。于是，她推掉了可有可无的家务事，专门照料儿子的饮食起居，经常陪着儿子度过一个又一个漫漫长夜。有了母亲无微不至的照顾，孙武的身体渐渐康复过来，眼神中充满了希望，脸色也变得红润起来，话语也渐渐多了起来，可以非常开心地将自己的一些心得、感受，或者痛苦讲给母亲，让其与他分享生活中的喜怒哀乐。

范玉兰为了帮助儿子强身健体，恢复体力，偶尔会替儿子整理一些有关的资料，也会抽出一点时间陪儿子到花园里散步，还请了著名的拳师，每天早晨教儿子练十八般武艺……

一个二十多岁的壮小伙，让母亲这样无微不至地照顾着，总不是最好的办法，范玉兰意识到了这一点，就一边陪着孙武，照顾他，替他分忧解愁，一边开始张罗孙武的终身大事。

由于孙武酷爱军事，而且又有著书立说的雄心壮志，他的婚事就一拖再拖。可现在孙武急需一位能够体贴、理解他的人来照顾他，分担他的忧愁，为其完婚是最佳的选择。所以，在范玉兰的张罗下，孙武和鲍姜终于步入了洞房。孙武与鲍姜的完美结合，如鱼得水，和和美美。但是他们并没有沉湎于新婚的甜蜜之中，而是在为自己所追求的事业夫唱妇随，废寝忘食。

孙武对于著书的热情是任何一个人都无法想象的，也不是谁都能做得到的。盛夏的一天夜里，一弯细细的月牙儿挂在晴朗的夜空，树叶一动不动，屋子里就如蒸笼一般，就连马厩里的马也张着嘴巴呼哧呼哧地喘着粗气。孙武穿着薄薄的衣衫，正在昏黄的灯光下奋笔疾书，只见他一会儿锁眉凝思，一会儿神采飞扬，炎热的天气并没有影响他著书的心情。这时，鲍姜手持团扇，不停地给丈夫扇风，静静地陪在丈夫的身边。尽管她累得臂酸腕麻，还是坚持照顾丈夫。一会儿给丈夫倒杯凉水解渴，一会儿又用一盆凉水，浸湿毛巾，轻轻地给丈夫擦

潜心著作

拭周身。鲍姜默默地为丈夫做着这一切，而孙武好像没有感觉到似的，只是沉浸在自己的天地里，头不抬，笔不停，继续写作。

突然，只见后院火光照天，人影攒动，接着，锣声阵阵，喊声、喧嚷声如潮。在寂静的深夜里，这喧天的吵闹声惊动了正在专心致志著书的孙武，他没有来得及考虑，急忙向后院跑去。

原来是后院马厩起火。火势越来越大，厩前的人乱作一团，有的仆人想把十多匹骏马赶出来，可是马多，门小，那受惊的马纷纷挣断了缰绳，嘶鸣踢咬，窜来奔去，没有一个可以顺利地跑出来。马夫的房间里火光闪闪，熊熊的烈火就如一条火龙毫不留情地蔓延着，家丁们正在着急地救火，叫声、喊声、吵声、闹声混杂在一起，孙武突然发现一个年长的马夫不在，于是就盘问其他的马夫。所有的人都好像发现了什么似的，面面相觑，突然有一个人结结巴巴、胆怯地说："他好像还在里面。"

孙武听到这里，毫不犹豫地冲进了烈火中。室内浓烟滚滚，门窗都向外窜着火舌，房顶烧得噼噼啪啪响，眼看就要落架，微弱的呼救声随着浓烟烈火从室内窜出。孙武身高力大，又有一身武艺，他要对家丁负责，不能让马夫就这样丧生在火海之中。

大约半个时辰之后，被火熏得如黑人一般的孙武扶着战战兢兢、蜷缩一团的马夫踉踉跄跄地逃离了火海，马夫的脸已经熏成了黑色，只有两只眼睛还可以看到一丝光亮，头发也已经焦糊，衣裤冒烟，走了三五步，一头栽倒在地上……

马夫很幸运地逃过了此劫，而孙武却被烧成了重伤。他肌肤溃烂，浓血淋漓，四肢已经没有知觉，而且高烧不退，呓语不止。孙府上下都在为他捏一把汗，请了城里最好的大夫为其治伤。一个月后，孙武的高烧才渐渐退去，渡过了危险期。他的神志刚清醒过来，浑身还涂满了药膏、缠满了绷带，就强咬牙关，挣扎着开始了他的著书工作。但是，他的伤势未愈，活动一下，疼痛钻心，生活不能自理，连翻身都需妻子辅助，自然不能起身下床，更不能伏案挥毫。但他的嘴还露在绷带外边，能够说话和叙述；他的双眼还露在绷带外边，能够在妻子的帮助下阅读书简；他的两耳还露在绷带外边，能够听到妻子的读书声，不影响与妻子交谈、切磋、争论。有了清醒的大脑，他已经把皮肉之苦完全置之度外，他说出来，由妻子鲍姜记录。记录一段之后，妻子再读给他听。小俩口一起切磋琢磨，斟酌修改。说也奇怪，这样一来，肉体的痛苦反倒减轻了许多。

由于孙武浑身被绷带缠着，天气又炎热难耐，时常汗水难以挥发，再加上他不能行动，只能长期卧床，骶部和髋部都已起了褥疮，每当换药解绷带时常带下疮痂，脓血崩流，这时的感觉就如撕掉一层皮，疼痛难忍。可孙武不吭一声，咬牙忍着，仍然坚持每天用口叙述，让妻子代笔。他觉得只有坚持不懈地著书才能够抑制身体的病痛。妻子看到疼痛的孙武，又爱又痛，泪流如雨，却又不知如何安慰他。妻子唯一能够安慰他的就是认真地记载丈夫口述的每一个字。

时间日复一日地过去了，那场灾难并没有在孙武的身上留下任何痕迹，恢复健康后的孙武依然高大英俊，精神抖擞。

春天的阳光总是暖洋洋的，孙武正在专心致志地撰写着自己的著作，却传来了外祖父去世的噩耗。按当时习俗，外祖父去世，外孙必须身着孝衫，头戴孝帽，腰捆荷绖，跪在死者灵前守灵。可这时正是著书的关键时刻，孙武惜时如金，为了不耽误自己这如金子一般的三天时间，他提出只去吊孝而不守灵。家人都不同意孙武的建议，认为外孙不守灵，于礼不合。这时，鲍姜挺身而出，自愿代替丈夫守灵，才平息了这场风波。不过这件事之后，孙武落下了"不孝"的罪名。

还有一次，为了坚持自己的著书志愿，孙武再一次落下了"不义"的罪名。孙武有一个远房表弟端木良，准备选个日子成婚。表弟亲自邀请表哥为男傧相，这对于结婚来说是一个非常重要的角色，也是一个荣耀的差使，需仪表堂堂、道德高尚、受人尊重的青年才有资格担任，一般要由被主人特别重视的人来做。孙武为了不耽误自己的时间，

潜心著作

便婉言拒绝。本来心情愉快的表弟，听到表哥这么拒绝，顿时脸色铁青，愤怒之极，拂袖而去。孙武与端木良虽不是亲生兄弟，却情同手足，关系融洽，如今请他做傧相，竟然遭拒绝，这个消息一传开，孙武在很多不知情人的眼中，就成为一个盛气凌人、目无亲友、忘恩负义的小人。

冬去春来，花开花落，多少个风雪之夜，多少个酷暑之日，时间的轮回对于奋笔疾书的孙武来说好像已经不存在了。他一直沉浸在古战场的硝烟中，被一次次战役、一个个军事家的谋略吸引，对于他来说，那些自己整理出来的资料，那些史册是有生命的，才是自己现在生活的一部分。

春秋时期，家族之间的争权夺利是非常普遍的现象。自孙武的祖父田书改姓为孙，另起门户之后，虽然孙氏家族在齐国仍然处于贵族地位，生活上也颇为优裕，但几乎齐国上下都知道孙家是田氏家族中一个新的分支。孙家不但与田家的关系渐渐疏远起来，并且也受到其他家族的排挤，在齐国的地位受到了严重威胁。孙武的祖父孙书越是受到齐景公的恩宠，就越加受到鲍、栾、高、国等家族的嫉妒，稍微松懈就会遭受莫名的暗算或者诋毁。为了逃离这种处处防人的局面，孙书一直借口各种理由赋闲家中，空有一身军事才华，却再也没有机会获得军事上的委任，统兵征战，再建功勋。

这些现实的局面根本逃不过孙武的双眼，祖父年纪已大，而自己正是青春年华，有一腔雄才大略，不能就这样空度一生。更让他担忧的是，齐国险恶诡谲的政治形势随时会给自己的国家带来灾难。当时，齐景公统治之下的齐国，政治腐败，吏治黑暗，刑罚残酷，赋敛沉重，统治者穷奢极侈，民不聊生。官员们勾心斗角，尔虞我诈，你争我夺，争权夺利，处心积虑，剪除异己，互相勾结，互相倾轧，整个朝廷表面看似风平浪静，可在这平静的表面之下却蕴藏着汹涌的波涛。齐国最具有影响力的田、鲍、国、高、栾诸大族之间的矛盾尤为尖锐，他们纷纷培植自己的势力，扩充私属武装，玩弄权术，控制经济，争夺政权。一场你死我活的大搏斗即将开始。

为了避免这种复杂的局面，让自己身处真正平静的生活中，孙武萌发了离开齐国的念头。当他将自己的想法以及理由告诉祖父和父亲时，他们对孙武的观点也表示赞同。他们认为，年轻人都有自己的梦想，应该脱离家庭，自己到外面去感受世界，创造自己的事业；还有一个理由就是当时齐国的政治、经济确实非常混乱，随时都会有巨大的灾变发生，离开齐国，也不失为避祸之举。

就在孙武还没有完全决定去哪里时，一件意外的事情发生，它成为促使孙武离开的"催化剂"。

大约齐景公二十年（公元前 528 年），晋、燕两国联合攻齐，齐军屡战屡败，急需能征善战的将才，宰相晏子将田穰苴推荐给了齐景公。齐景公马上召见，同他长时间交谈有关兵争战策，运筹计谋，发现他确有真才实干，非常高兴，遂任命为将军，让他率军抗击晋燕之军。田穰苴知道，他突然被提拔为大将军，肯定不会让众将领服从，也得不到士兵拥护，这样会给指挥作战带来很大的障碍，于是，就提议让景公专门派一位重臣为监军。齐景公再三考虑之下，选择平时宠幸之臣庄贾与穰苴一起出征。

在出征前，田穰苴与庄贾约定："明日中午时分，在军门会面。"

庄贾自恃是宠臣，平时对军队的纪律也不熟悉，所以，他根本没把跟田穰苴的约定放到心里去。那天上午，他在家里大摆筵席，招待前来为他送行的亲朋好友，直到傍晚时分才姗姗而来，以至于延误了与田穰苴约定的时间。田穰苴一向从严治军，最痛恨这种目无纪律的狂徒，他喝令左右把庄贾抓起来，说："按照军法，应该立即斩首！"

庄贾闻言，大为震恐，急忙派人驰报齐景公。齐景公闻讯，急派使臣来军帐说情，请求赦免。田穰苴认为，"将在外，君命有所不受"，他果断按军法从事，果断将庄贾斩首。当齐景公的使者拿着赦免令牌闯入军营时，已经晚了。不仅如此，田穰苴还以未经许可私闯军

潜心著作

营为由，处死了使者的车夫及马匹。这两次事件之后，三军将士受到极大震动，深感军纪威严，没有人再敢不听将令。

齐军开上战场后，将士们个个奋勇争先，莫敢懈怠，以一当十，打败了晋、燕联军，收复了齐国失去的全部领土，获得了全胜。齐景公看到田穰苴确实具有领导和军事才能，于是加封他为"大司马"。这是齐国级别最高的将官。

孙武对田穰苴过人胆略和治军之方敬佩至极，于是，在田穰苴率领自己的军队班师还朝的第二天，他便亲自登门去拜访这位同族叔父。田穰苴热情地接待了这位早就以军事才能出名的年轻人，他仔细地听了孙武对领兵打仗的一些看法，也询问了他一些关于兵法韬略的知识，非常赞同孙武的一些看法。最后，孙武把自己正在著述兵书的事情告诉了田穰苴，并希望获得他的指点。

田穰苴看着眼前这个怀有壮志的青年，耐心地给他讲述了一些关于作战的战略战术，最后又为其讲了当时齐周的具体状况。孙武受益匪浅，告辞之后，还想再去拜访。

但是，俗话说："木秀于林，风必摧之。"正当田穰苴踌躇满志、春风得意的时候，他怎么也没有想到，自己已经引起朝中政敌们的嫉妒，鲍、高、栾、国等氏联合起来，向齐景公屡进谗言，诬陷田穰苴拥兵自重，欲图谋乱。

齐景公是一个非常明显的"墙头草"，一般都是"随风倒"，对于任何事情都没有自己的主见，耳根比较软，轻易就相信了别人的谗言，一怒之下，撤掉了田穰苴的官职，剥夺了他的兵权。

田穰苴无辜遭此打击，而且又被小人陷害，十分沮丧气恼。此后，他心情沉闷，急火攻心，沾染沉疴，身体崩溃，卧床不起。

大约在齐景公三十年（公元前518年），田穰苴抱病而猝死，成为田氏家族在齐国卿大夫倾轧争斗中的牺牲者。田穰苴的猝死，给孙武也带来了很大的打击，进一步看透了齐国统治集团内部的昏庸和黑暗，明白了自己继续留在齐国也不会有什么大的作为，甚至可能像田穰苴一样，也成为卿大夫之间倾轧斗争的殉葬品，遂最后下定决心，离开齐国，再找机会。

潜心著作

119

第五章

军事生涯

功名的渴求对于有了宏伟志向的孙武来说是迷茫的，可是他本身是执着的，为了自己的梦想，为了自己的人生价值，他苦苦地寻找着自己心中的梦。田穰苴的猝死，极大地震动了孙武，他的人生发生了一次根本性的转折。就在这一年，他逃出了齐国，去了吴国，开始了自己新的人生轨迹。

避乱奔吴

　　吴国在今天江苏南部，地处海滨，土地肥沃，有渔盐之利。它南接越国，西交强楚，北与齐、晋相望。吴国的统治者，史载是周武王的祖父季历长兄的后裔。季历的父亲认为季历最有才干，季历的儿子姬昌（即周文王）也很聪颖贤德，因而欲立季历为继承人，但却同传统不附，其长子太伯和次子仲雍知父之意，为了避免纷争，就主动让贤，逃到遥远的"荆蛮"之地拓地立国。周武王灭商后，找到了太伯、仲雍的后代，并在大封诸侯时进一步确认了吴国的诸侯地位。吴国自吴太伯立国后，至其十九代时，传位到寿梦。

　　在中原诸侯的眼里，吴国却始终是"蛮夷之地"，但吴王寿梦是一位很有作为的君主，眼光开阔。他为了摆脱这种被人鄙视的落后地位，便积极地向周围和中原的国家学习，并根据吴国的地理优势，大兴渔盐之利，不断拓疆开土，兼并了今苏南、皖南、浙江的大片土地，使国力得到了空前发展。吴国的冶炼技术在当时已十分高超，能制造出许多先进的兵器。吴国人还能建造当时一流的大型战船，有最擅长于水战的一流水师。

　　吴国的逐渐崛起，引起了中原诸侯和南方大国楚的注意。公元前584年，晋国派申公巫臣为使者与吴国通好，两国关系密切之后，晋国不但派人教给吴国人各种先进的生产技术，而且还教给他们怎样训练军队，如射箭、驾车、行军、战车等技巧。晋国以扶持吴国为手段，使吴国牵制长期威胁中原并和晋国争霸的越国，以分散楚的注意力，减轻它对中原诸国的军事威胁。

吴国自同晋通好后，国力日隆，先后征服了邻近的许多小国，开拓边疆，还不断侵扰相邻的楚、越两国。楚国虽进行了反击，但始终没有摆脱被动挨打的局面。

公元前584年，吴国对巢、除两个楚的附属小国进行征服，楚共王派大将子重领军迎击，以援救巢、除。吴军得信后，避其锋芒，不与楚军正面交战，等到楚军离境回国，又去攻打州来这个楚国的战略前哨并占领了它。楚将子重和子反这时正带领大军征讨郑国，听到州来失守，又带兵回防。这样，在一年之间，楚军在吴军灵活打击之下七次往返，疲于奔命，结果都以失败告终。这时南方的许多小国和部族都弃楚投吴，吴国的势力日渐强大。孙武正是在吴国即将崛起的重要历史关头来到了这个新兴的南方国家。

作为一个后起的国家，吴国政治清明，国势强盛，很有新兴气象。孙武认定吴国是他理想的施展才能和实现抱负的地方。大约在齐景公三十一年（公元前517年），孙武毅然离开乐安，告别齐国，长途跋涉，投奔吴国而来。孙武一生事业就在吴国展开，死后亦葬在吴国，因此《吴越春秋·阖闾内传》就把孙武称为"吴人"。孙世家族两次大迁移，都对其家族史产生了重大影响。当孙武踏上吴国大地之后，孙武又冷静地筹划今后的人生之路。

吴国对于孙武来讲，是异乡异邦，自己初来乍到，举目无亲，人地生疏。在吴国的都城内，更是宫廷院苑，前朝后市，左宗右社，府宅民居，鳞次栉比，店肆兴旺，货物充沛，街市整洁，民风尚武，这里比孙武想象中更加美丽、安宁、平静、和谐、欣欣向荣，孙武暗自庆幸自己没有选错地方。

初来乍到，第一件事情就是找到安身之地，然后了解当地的风土人情、历史文化、政治动态。他们在馆驿住下来，然后以吴宫为中心，每天去接触吴地商贾、兵卒、官员、庶民等各阶层的人士，了解吴地的民情习俗、军政动态和各诸侯国的情况。不久，孙武就熟悉了吴地的生活环境，学会了当地人的装束、口音、习惯，很快融入了吴国的社会生活，一眼看上去与吴人无异了。而且，孙武对吴都周围的山水、险阻、高阜、平原、湖泊、河流、道路、街衢都了如指掌。

为了长期在吴国生活，孙武决定选择一个稳定的地方居住下去。他们毕竟不是游客，长期住旅店也不是办法。最后，他们发现了一处特别好的地方。太湖东岸，东南走向，有一座最高的山——穹窿山，这里林木常绿，浓荫蔽日，山川秀美，幽竹修篁，珍禽异兽，飞瀑鸣泉，桑林片片，茶园若烟，紫楠装饰，黄檀点染，红花绿叶，青草碧水，蓝天白云，景物极其秀美，而且水土肥沃，非常适合种植一些稻麦瓜果菜蔬。除了清脆的鸟鸣和瀑布的喧闹以外，给人留下的就是清幽静雅，闹中取静，确实是一个离尘脱俗、养生冶性的绝好佳地。

选定地方后，孙武决定在这里建造房屋。他按照驻军的原则选择建房的位置，并亲自设计房屋的样式，然后就雇工营造。一伙人在山间忙碌着，给寂静清幽的山间增添了许多人气。孙武每天与随从们忙得不亦乐乎，他们翻山越岭，运送材料。一天，天气闷热，没有一丝风，孙武背着材料，走到穹窿山北的一座桥上时，已是大汗淋漓，浑身上下湿透，舌燥口干。

他抬头看，发现不远处谷场旁边有一口井，一农妇正在自家谷场旁劳动。孙武不忍打扰农妇工作，就径自走到井的旁边，提着木桶打起井水。当他正准备畅怀大饮时，突然一把麸糠撒过来，漂浮在水面上，弄得井水不能喝了。随从正准备发脾气，农妇却微笑走过来打招呼，并用吴国话说："这井水太凉了，不适合饮用，请二位到我家去吧。"

孙武看到农妇这么热情，自愧地一面连声道谢，一面跟着农妇走进她家。在饮茶之际，孙武与农妇攀谈起来，了解了农妇家的生活状况，顺便问了一些吴国的基本情况。

军事生涯

　　孙武等人喝足了茶水，身子凉爽了许多，再次道谢，告别上路。

　　农妇的态度，让他感慨不已。只有快乐富足的国民才有如此温和友善的态度啊！这说明吴国的政策确实比其他国家优越。看到吴国的百姓安居乐业、过着幸福的生活，他明白，吴国正在如生长期的青壮年一样，迅速崛起，逐步扩大。吴国大有希望、前景光明，自己在这里，必有一番作为。因此，他暗暗庆幸自己"避乱奔吴"的选择是正确的。

　　孙武在这里建起了五间正房，三间东厢，两间西厢，与随从在这里安居下来。草房倚山而筑，坐北面南，背有高山遮风挡寒，前边开阔向阳，可保冬暖夏凉。在房屋的后面有一条清澈的小溪，从绝壁流出，用竹管接到东厢，溪水清澈甘甜，可供饮用。用竹子编制成门与篱笆，形成一道别致的风景，院内浓荫蔽日，宁静幽雅，与青山绿水相应，显出一份独有的世外桃源景象。

　　孙武在这里的生活非常惬意，他每天伴随着鸟语花香，自耕自作，悠然清静。这也是孙武的一种独特"示形"方式。他满怀信心地来吴国施展理想和抱负，却蕴而不露，以庶民的身份出现于人前，却又经常跟政坛人士接触。这更方便他了解吴国的情况，为未来的大展宏图积蓄力量。

 **结识子胥**

穹窿山景色宜人，环境清幽。孙武来到这里之后，筑屋下居，植禾艺圃，潜心著述。胸怀大志的孙武尽力排除外界给他带来的种种干扰，以全副精力从事他所钟爱的兵法研究，很快，他的兵法著作的初稿便完成了，计十三篇约五千余字。在这部著述中，孙武系统地吸取了前人军事理论和思想的精华，结合春秋晚期战争实践，提出了自己的军事主张，并以其开宗立派之功在中外军事思想发展史上树立了不朽的丰碑。孙武还常在著述研究之暇，到各地去漫游，了解吴国的风土人情、军政现状，结识了不少名人志士，这其中就包括从楚国而来的伍子胥。

伍子胥，名员，在历史上以字行，楚贵族之后，其祖父伍举是楚国的重臣，曾侍奉楚庄王，颇得重用，父亲伍奢为楚平王太子建的老师。同孙武一样，伍子胥自幼受到良好的家庭教育，在少年时便声名鹊起，被众人誉为"少好于文、长习于武""文治邦国、武定天下"。可是正当他准备在楚国的政治舞台上施展文武才华之时，一场重大的政治暴风雨将他的从政理想彻底摧毁，他的人生道路也因此发生了根本转折。

事情的起因是楚平王为其太子建迎娶新妇。楚平王派大夫费无极到秦国迎亲，但费无极是个奸佞之人，无事生非，他见那位秦国女子风姿绰约、美艳绝伦，为了讨好贪图女色的楚平王的欢心，于是就先行入城，告知楚平王秦国女子如何美丽。好色的楚平王闻听其言，不觉心动，待见到秦国女子时，果然貌若天仙、色冠六宫，竟不顾礼义廉耻，将其纳为妃子，而从秦国陪嫁的女子中另选一人与太子成婚。太子建平日本就厌恶拍马溜须的费无极，在知道此事后，更是加深了对他的怨恨。当然，费无极也心知肚明，若有一日太子继位，他也必死无疑，遂心生毒计，向楚平王进谗言，道太子对他恨之入骨，现已迁恨于大王，且太子手握兵权，外有诸侯响应，内有伍奢助其谋划，恐怕早有篡权夺位之心。楚平王对于夺子之妻本也心有不安，在听信费无极之语后，更觉恐慌，便立即下令捕杀太子师伍奢和他的长子伍尚，随后又要追杀太子建，在这种情况下，太子建和伍奢的次子伍子胥只得慌忙逃离楚国。

从此，伍子胥怀着丧父失兄的深仇雪恨流落四方。他首先逃奔到宋国，不久又避难于郑国，最后辗转乞食，约在公元前522年来到吴国，比孙武自齐奔吴略早。伍子胥来到吴国后，先投在吴国宗室公子光的门下做了宾客。当时，公子光正在网罗人才，他看到伍子胥文韬武略兼备，又逃难异域，急于为其父兄报仇，正是可用之人。而伍子胥也看出了公子光有远大抱负。为了在吴国立足，需要借公子光的力量，为了报仇也需要借助于他的力量。所以伍子胥常主动为公子光出谋划策，并很快成为他的心腹谋士。伍子胥还通过公子光的引见拜见了吴王僚，建议吴王僚发兵伐楚，然而却被公子光否定，认为他的建议是出于报私仇，此刻攻伐楚国定是凶多吉少。公子光的这番梗阻，使得伍子胥有些尴尬，但他并不泄气，因为他从中觉察到公子光的隐秘，那就是图谋刺杀吴王僚而自立为王。

整件事的缘由，还应从公子光和吴王僚的祖父吴王寿梦说起。吴王寿梦生有四子，依次为诸樊、余祭、夷昧、季札。吴王寿梦认为小儿子季札德才兼备，欲传位于他。但季札不愿占夺按传统应属于长兄的王位，吴王寿梦只好仍立嫡长子诸樊为太子。诸樊继位后，为了实

现其父生前的愿望，不立
太子，而传位于余祭，令
余祭传位于夷眛，夷眛再
传位于季札，这样总有一
天季札会顺理成章地成为
吴王。但怎料直到夷眛死
后，季札仍坚辞不就王
位，这样夷眛之子僚便乘
机继承了王位。公子光原
是诸樊的长子，他认为自
己的父亲不将王位传给自
己，本是为了叔叔季札，

伍子胥画像

而今季札既然不愿即位，那就应溯本求源，由他这个寿梦的嫡长孙继
位。只是由于吴王僚父子两代相继，朝中大臣多是僚的心腹，所以即
使他有所不满，一时也不敢公开。公子光便通过私下收买人心，网罗
人才，积极筹划，准备一旦时机成熟，就发动政变。

　　伍子胥在洞察到公子光的这一心理后，他决定助公子光成就大业，
以便有朝一日借助公子光的势力，灭楚报仇。为了达到这个目的，他
遍访吴国各地寻找能人。

　　花开花落，三年时间一晃而过，伍子胥听乡间人盛传穹窿山上隐
居着一位大贤士，于是就想说服他，一起来为公子光打天下。伍子胥
经人指点，徒步来到一个名叫栖霞居的山间住所，按照礼节，轻叩柴
门，这时有一个男仆上来毕恭毕敬地询问客人有何见教。伍子胥作揖，
微笑着道："烦你去通报你家主人，伍子胥慕名前来拜访。"

　　仆人应声向里屋走去，伍子胥门外等候，顺便观察周围景色。竹
篱青藤，院里种有各色蔬菜，也有一些花草，屋后是清澈的小溪，远
处是青山绿水，鸟鸣水幽，确是一个绝好之地。能够选中此地的人，
眼光必然不凡。

军事生涯

栖霞居的主人孙武听到有人慕名前来拜访他，马上预感到自己隐居的日子快要结束了，该去实现自己的抱负了。于是，急忙出来迎接。行礼之后，互相问候。伍子胥把自己的身世，以及逃亡吴国的原因和自己慕名拜访孙武的原因详细地告诉了孙武。然后伍子胥恭敬地说："久闻大贤之名，前来拜访，以求教诲。"

孙武非常同情伍子胥的遭遇，忙答道："你我二人可以说是同命，又一同避难吴国，相互扶持，这是应该的。"于是，孙武把自己的家世以及逃到吴国的原因告诉了伍子胥。

孙武把伍子胥请进房间，以茶相待。伍子胥看到孙武的床榻案头都是竹简，有的墨迹尚未干，知他正在著书立说。伍子胥也对军事非常感兴趣，从小就学习过军事，懂得兵略，所以就与孙武痛快地畅谈军事，议论用兵之略。两个血气方刚、有理想、有抱负的热血男儿，相遇在他乡，又各自都有自己远大的理想，所以谈得非常投机，很快成为莫逆之交。

伍子胥听说孙武正在著一本兵法，很想看一看。孙武就慷慨地将书简交给他，请他指点。

伍子胥如获至宝，细细地翻读这本著作，只见其中有《始计》篇、《作战》篇、《谋攻》篇、《形》篇、《势》篇等共十三篇。只见第一篇写道："兵者，国之大事也。死生之地，存亡之道，不可不察也。故经之以五事，校之以计而索其情：一曰道，二曰天，三曰地，四曰将，五曰法。道者，令民与上同意也。故可与之死，可与之生，民弗诡也。天者，阴阳、寒暑，时制也。地者，高下、远近、险易、广狭、死生也。将者，智、信、仁、勇、严也。法者，曲制、官道、主用也。凡此五者，将莫不闻，知之者胜，不知者不胜……"

看完了第一篇，又看第二篇，很快把这本书通读了一遍。书中有着严密的论证、深邃的思维、精妙的高见，真是字字珠玑，处处都闪耀智慧的火花，将战争中大到战略、小到战术都揭示得清清楚楚，伍子胥不由得大声赞叹："妙，实在是妙！佩服，佩服啊！"接下来，两人相谈甚欢，大有相见恨晚之感，不知不觉日已西垂，伍子胥将要告别，就劝孙武暂时在此隐居，所缺的食物用品都由他送来，并一再叮嘱，如果云游他国，一定要告诉他在什么地方。

如此一来二去，孙武和伍子胥便成了莫逆之交。孙武在伍子胥的言谈举止中领略了楚国军事文化的风采和魅力，进一步开拓了自己的思路，特别是楚国军事文化的特色，使得孙武对中原军事文化中崇尚"礼乐"的传统进一步开展反思并予以否定，从而完善了自己的军事思想体系，使之更能适应现实军事斗争的迫切需要。这对他日后修改《孙子兵法》大有裨益。

孙武从日常的谈吐中，发现伍子胥绝非等闲之辈。伍子胥更觉得孙武有经天纬地之才。他暗下决心，找适当的机会把孙武推荐给公子光，好为自己以后伐楚国报家仇增添左膀右臂。

在与伍子胥的交往过程中，孙武已经感觉到吴国貌似平静的政坛实已处在"山雨欲来风满楼"的前夕，一场大的政治变故正在酝酿当中，而它不但同伍子胥的前途休戚相关，而且预感到自己的命运将在这场政治变故中浮浮沉沉。他和伍子胥一样，急切地期待着这一政治变故的到来。

踏入仕途

公元前 526 年，吴王夷眜撒手西去，扔下了自己的王位，并没有确定把王位传给谁，按照习俗惯例，应该由夷昧的庶弟季札继承其王位。但是季札仍坚持不就王位，这样夷昧之子僚为继承了王位。但是，诸樊的嫡长子公子光是位文武双全且富于心计的人，对于让僚继承王位非常不服气，他认为，按父死子继的原则，应由自己来继承王位。

公子光为了实现自己当君王的愿望，总是掩饰自己的意图，暗中进行夺权的准备工作。接下来的日子，公子光一边积极地"阴纳贤士"，准备伺机以强力袭杀僚成为吴王，一边又服从僚的命令，英勇作战，捞取了很大的政治资本，并骗得僚的信任。伍子胥是公子光的左膀右臂，总是为其出一些很好的意见，帮助公子光打赢了好几场胜仗。公子光之所以能够取得僚的信任，与伍子胥有着不可分割的关系。伍子胥不但在作战方面帮助公子光，而且还推荐了许多人才，使公子光实力大增。

功夫不负有心人，机会终于来了。吴王僚十二年（公元前515年），这一年的春天似乎比往年来得早，去得也早。当树叶刚刚吐出新芽时，柳絮已经满天飞了，当河水刚刚融化时，知了已经爬上了枝头。这时，吴王僚乘楚昭王新立之际，发吴师大举攻楚，可是吴军气势低落，作战不利，遭到楚军的前后夹击，陷于进退两难的处境。其时，吴国大部分精锐军队随吴王僚远征，许多能臣干吏也随在军中，造成了国都兵力、政力的空虚局面。

公子光仔细地分析了当前形势，认定这正是自己夺取王位的绝好时机。他禁不住内心的激动，兴奋地表示："此时也，弗可失也！"并紧锣密鼓开始实施自己的计划。

刚进入四月，吴国已经提前进入了夏天。这天天气闷热，树叶一动不动，吴国的守城士兵难耐酷热，一个个汗流浃背，无精打采地站在那里，就像打了败仗的溃军一样。公子光绝对不会放弃这么好的机会，预先埋伏好甲兵后，在客堂摆设酒席宴请吴王僚。吴王僚欣然前往。平时，吴王僚害怕被害，内穿三层坚甲，贴身侍卫形影不离。这天也不例外。

席间，酒过三巡，公子光事先安排好的勇士专诸伪装成厨师，端着烤全鱼走进来。待到接近吴王僚之时，专诸突然掰开鱼，从里面抽出事先预备好的鱼肠剑猛刺吴王僚。吴王僚猝不及防，当场喋血殒命。公子光随即下令，杀掉吴王僚的亲信和卫士。

就这样，公子光登上了国君宝座，即吴王阖闾。他翻开了吴国历史的新一页，既为孙武的复出提供了先天的条件，也为伍子胥的报仇提供了良好的平台。

吴王阖闾韬略过人、雄心勃勃，弑僚夺位成功后，唯恐"国人不就，诸侯不服"，先实行了一些"任贤使能，施恩行惠"举措，达到了"以仁义闻于诸侯"的目的。他为实现自己革新图强、争霸天下的政治抱负而不懈努力。在众多的革新图强措施之中，选贤任能、罗致人才是关键所在，他任命伍子胥为"行人"（主掌朝期聘问事务的大臣），让他参与朝政，并且实施"立城郭，设守备"的计划，造兵器，制舟船，选练士卒，扩充军事实力，同时大兴水利建设，发展农桑经济，加紧振军经武。

吴王阖闾非常重视"广集人才"这一条，只要是有能力、有才干的人，他都不会放弃，委以重任，使其为自己工作。在他的身边，除了伍子胥之外，还有楚国另一位亡臣伯嚭和宋国"华向之乱"中的幸存者华元，他们都投向吴王阖闾的门庭，成为吴国的重臣。

有了人才的效力，吴国的经济迅速发展，人民安定，生活殷实。吴王阖闾内心的欢愉更是不言而喻。然而，人无远虑，必有近忧，当吴国正在蓬勃发展的紧要关头，吴国在整个争霸中的地位却非常的尴尬。西有强楚的抗衡，南有越国的掣肘，还要创造条件北上中原，与齐、晋等国一争高下，所有这一切，提醒了阖闾，战争不可避免，必须有一个超强的军事人才来辅佐，才能完成争霸天下的宏伟大业。

但是，伯嚭、华元、伍子胥显然不是能统领大军的人才。伯嚭、华元偏于文事，出谋划策尚可，但要让他们号令三军、折冲克敌，却多少有些勉为其难。伍子胥固然是大将之才，可他与楚王之间有杀父之仇，万一届时为报私仇泄愤、丧失理智，也会误了吴国大事，所以也不是最理想的统帅人选。左思右想，吴王阖闾觉得眼下最重要的是招揽大将之才，而且已经迫在眉睫。东征西讨，建立霸权，任命大将事不宜迟，刻不容缓。吴王阖闾心有所思，行有所迹，伍子胥早已觉察到吴王阖闾的心思，于是决定向阖闾郑重推荐孙武。

这天，伍子胥趁吴王阖闾单独召见谋事的机会，正式向吴王阖闾举荐了孙武。可是，事情并不如他想象得那么简单。由于孙武自从来到吴国以后，只是隐居在山林之间，潜心著书，根本没有几个人知道他的军事才能，阖闾甚至从来没有听说过孙武这个人。所以吴王阖闾

对于伍子胥的推荐并没有表现出多大的兴趣，以为伍子胥这番举荐，多半是为了呼朋引类，在朝中树立自己的羽翼，因而不但不以为然，内心还闪过一丝不快和戒意。伍子胥并没有因为吴王阖闾表现冷淡而放弃，此后他又几次三番推荐孙武。因为他非常信任和钦佩孙武的军事才能，也非常明白孙武的忠心。

有一天，伍子胥又去拜见吴王阖闾，二人又谈起用兵之道。

阖闾画像

说到高兴的时候，伍子胥再次婉转地谈到了孙武。他这是第七次向吴王阖闾推荐孙武了。

伍子胥说："大王，您主要的顾虑是楚国兵多将广，对吗？"

"是啊！可惜我们吴国除你一人之外，别无良将。"吴王阖闾感慨地说。

"大王此言差矣！"

吴王阖闾眼里突然放出了一丝光亮，忙道："此话怎讲？"

"还有一人比我强百倍，他就是孙武。"

吴王阖闾听到"孙武"两个字时，眼神突然暗下来，没有了兴趣。

伍子胥看出了吴王阖闾的冷淡，接着说："孙武绝不是等闲之辈，他有超人的军事才能，英勇善战，精通谋略，有鬼神不测之机，天地包藏之妙，著有《兵法》十三篇，更是治国安邦的锦囊妙计……"

"既然如此，我就见见这个人吧！"吴王阖闾见伍子胥如此锲而不舍地建议自己任用孙武，倒也萌生出一种好奇心理，想知道能够获得伍子胥如此器重赏识的孙武到底是何许人物。

伍子胥见吴王阖闾答应见孙武，赶忙辞别，坐上四轮马车，直奔孙武的住处，向孙武说明吴王是多么的贤明，多么求贤若渴，并约定见吴王时，要带上《兵法》十三篇。

送走伍子胥，天色已经暗下来。孙武把所有的资料再整理一遍，认真地看一遍。这可是自己几年的心血啊！然而此时，孙武的心里却是几分欢喜几分忧，欢喜的是自己写成的兵法有了用武之地，忧的是兵书如若被不义之徒利用，则会祸国殃民，成为千古罪人。

第二天，天气格外的好，天气晴朗，阳光温和。清晨，伍子胥派来接孙武的马车早已在门外守候。孙武依然一身干净的布衣，从容不迫地跟着伍子胥来到吴王王宫。吴王阖闾礼貌地迎出门前。宾主寒暄一阵，坐定之后，吴王阖闾见孙武如此年轻英挺，很是高兴。孙武见吴王阖闾礼贤下士，也打心眼里佩服。

吴王阖闾与孙武谈得甚是投缘，气氛和谐。吴王阖闾询问了孙武的具体情况，大体上了解了孙武的思想和一些做事的态度，使他非常惊讶，这么一个年轻人，竟然有如此才识，确实是一个难得的人才。当吴王阖闾听说孙武著了《兵法》十三篇一书后，要求看一看。

孙武早有准备，于是，就把早已准备好的书拿给吴王阖闾过目。

伍子胥接过书，准备给吴王阖闾时，吴王阖闾突然止住，要求伍子胥读给他听。伍子胥顺从地按照兵书的顺序，从第一篇《始计》起，翻着竹简一片一片地念下去。每念完一篇，吴王阖闾都赞叹不已。

军事生涯

当吴王阖闾听伍子胥念完《兵法》十三篇时，已经完全被孙武的思想和观点折服。他情不自禁地啧啧称好，大有相见恨晚的感觉。

伍子胥和孙武看到吴王阖闾的态度，都非常高兴。伍子胥觉得自己的辛苦并没有白费，举荐终于成功了；孙武觉得自己终于可以发挥自己的才能，实现自己的抱负了。而吴王阖闾呢，他觉得孙武真的是不简单，正是自己梦寐以求的统帅人才。

从此，孙武被吴王阖闾留在了宫中，与伍子胥一起共同为了吴国的振兴强大而努力。

怒斩两姬

吴王阖闾第一次见到孙武之后，对他的表现非常满意，但心中仍然有一丝担忧，孙武那么年轻，对兵法就有那么深邃的研究，他会不会只是纸上谈兵呢？他实际操作能力究竟如何呢？吴王阖闾独自沉思着。他又重新把孙武的《兵法》十三篇细细读了一遍，掩卷思考，这么神奇的兵法，孙武究竟怎样恰到好处地运用到现实中呢？他百思不得其解。俗话说：解铃还须系铃人。吴王阖闾再一次召见了孙武。

吴王阖闾三年（公元前512年），孙武在伍子胥的陪同下，晋见了吴王阖闾。孙武本是个淡泊名利、醉心学术之人，但此时，他已将《兵法》十三篇著述完毕，正想与实践相验证。于是，他来到了吴宫。宾主寒暄过后分别就座，吴王阖闾仔细打量了一眼面前的这个年轻人，只见他英气勃勃，从容大方，显出与众不同的干练和成熟。"先生的《兵法》十三篇，寡人已全部看过。寡人对于兵法也是十分喜好，很有兴趣。我倒是很想用兵法做些游戏，不知先生意下如何？"吴王阖闾显然是打算用实践去验证孙武的才能。

见吴王阖闾语中含有调侃意味，孙武便严肃地指出："兵法之事非同寻常，它直接关系到人们的利害安危，既不能把它看作单纯的个人好恶，更不能以嬉戏的态度去对待。如果陛下您仅仅以喜好或戏乐的目的来谈论兵法，那孙武是无法对答的，请陛下原谅。"

吴王阖闾见孙武一番讲辞义正词严、掷地有声，顿生了几分敬意："寡人不理解兵法之奥妙精华所在，还望先生赐教。先生所著兵法固然精彩，但能否小试牛刀，用以指挥队伍呢？"

孙武心知吴王阖闾此时仍对自己没有完全信任，现在吴王阖闾既然提出用兵法练兵的要求，那正是自己用实际行动打消吴王疑惑的好机会，于是便答道："当然可以，或男或女，或高贵或低贱，都可做到令行禁止，上阵杀敌，请陛下定夺。"

吴王阖闾听罢，不禁生疑，难道任何人都可以用兵法整训？既然孙武一言既出，那现在即使反悔也为时已晚。"先生既然如此有把握，那能否用宫中的女子进行操练？"

孙武明知吴王阖闾是有意为难，但他仍回道："可以。"

于是吴王阖闾叫出宫中美女，共约百八十人。孙武把她们分为两队，让吴王阖闾最宠爱的两位侍妾分别担任各队队长，让所有的美女都拿一支戟。

安排就绪后，孙武气宇轩昂地登上指挥台，命令她们说："你们知道自己的心、左右手和背吗？"

女子们回答说："知道。"

孙武说："我说向前，你们就看心口所对的方向，我说向左，你们就看左手所对的方向；我说向右，你们就看右手所对的方向；我说向后，你们就看背所对的方向。"

军事生涯

女子们答道："是。"

号令宣布完毕，随即开始操练。孙武就击鼓发令，叫她们向右，女子们都哈哈大笑。

孙武见状，紧锁眉峰，自我责备地说："纪律还不清楚，号令不熟悉，这是将领的过错。"他又多次重复地交代清楚，然后击鼓发令让她们向左，女子们又都哈哈大笑。

孙武见到这种散漫纷乱的景象，两目忽张，声如骇虎，发上冲冠道："纪律弄不清楚，号令不熟悉，这是将领的过错，现在既然讲得清清楚楚，却不遵照号令行事，那就是军官和士兵的过错了。"接着，他回头问执法官："按照军法，有令不行，该当何罪？"

"斩首！"执法官回答道。

"那好，兵法上说，赏善从贱人开始，罚恶从贵人开始，就把左右两队长斩首示众，以儆效尤！"

孙武话音刚落，执法人员就奔上前去拖出担任左右队长的吴王阖闾美姬，准备施法。宫女们见此，顿时花容失色，噤若寒蝉。两个队长更是面如死灰，瘫倒在地。吴王阖闾也大为惊骇，他急忙派人手持节杖（代表君王权威的手杖），飞跑到孙武面前要求刀下留人："大王已经知道将军善用兵了，要没了这两个侍妾，吃起东西来也不香甜，希望你不要杀她们。"

孙武严肃地对吴王阖闾的使者说："请你回去告诉大王，我已经接受命令为将，将在军队里，国君的命令有的可以不接受。"于是杀了两个队长示众。然后按顺序任用两队第二人为队长，于是再击鼓发令，妇人们不论是向左向右、向前向后、跪倒、站起都符合号令、纪律的要求，再没有人敢出声，所有动作整齐利索。于是，孙武派人向吴王阖闾报告说："队伍已经操练整齐，大王可以下台来验查她们的演习，任凭大王怎样使用她们，即使叫她们赴汤蹈火也办得到啊。"

吴王阖闾为孙武不听旨意、斩其爱姬一事，早已恼怒异常，但碍于颜面，不好发作。此时哪还有心思去阅兵，他只是冷冷地说："让将军停止演练，回驿馆休息，我不愿下去察看了。"

孙武淡然一笑，感叹道："大王只是欣赏我的军事理论，却不能让我付诸实践。"然后遣散宫女，自己乘车返回。

据说吴王阖闾非常痛惜那两位被杀的美姬，下令将她们厚葬在横山之上，并立"爱姬祠"四季祭奠。

这场充满戏剧色彩的吴宫教战就这样结束了，事件本身充分显示了孙武的胆魄和指挥才能，贯彻了信赏明罚、以法治军的基本精神。孙武坚持斩二姬，哪怕开罪于吴王阖闾，也要整肃军纪的行动，正是他"将在外，君令有所不受"的指挥原则的体现。在古代交通不便、通信落后的情况下，控制与指挥功能极不健全，战争中情报往往不能及时上达君主和最高决策者，而最高决策者的决定也往往不切实际。这条原则避免了许多有权无能之人对前方将领进行不明智的干预，使前方将领能适时按实际情况做出果断反应，因而为后世许多军事家所推崇遵奉。

登坛拜将

在演兵场上失去了两名爱姬的吴王阖闾，回到寝宫后仍然余怒未消，好几天都不高兴。他心里十分恼怒孙武行事过分认真，毫无通融商量的余地，而且无视君主的权威。但转念一想，千军易得，一将难求，孙武可以辅助自己实现称霸的夙愿，便又下不了逐客的决心。

正当吴王阖闾为孙武的去留颇费思量、沉吟不决之时，伍子胥再一次前来劝谏吴王阖闾说："臣听说战争是一种凶险的事情，不可掉以轻心，更不能把练兵打仗这样严肃的事情视为儿戏。所以自古以来，凡是那些为将统军的主帅，都十分重视将帅的职权和威严，并把掌握生杀大权看成是驾驭军队，夺取战争胜利的先决条件。如果做将帅的人连军队都管理不好，士兵和军吏们都无视军纪和军规，这就叫'兵道不明''必败之师'，这样的统帅和军队，怎能保卫国家和战胜敌人？从各方面来看，孙武的行为都是完全正确的，错误在于陛下没有认真地对待此事。陛下让那些没有受过训练的宫女们去手持武器，却不向她们事先申明利害，致使她们恃宠骄纵，酿成不杀一儆百不足以整顿军威的局面。所以与其说是孙武杀姬，还不如说是陛下自己杀了她们更合适。"

看到吴王阖闾脸色有所松弛，并不反驳，伍子胥进一步沉着诚恳地进谏道："如今陛下正求贤明之将为己所用，希望借此大兴王师，称霸天下，使众诸侯俯首归附。在这种情况下，不起用孙武为将，那还能有谁比他更合适呢，将来陛下依靠谁去替您统帅大军，北跨淮河，涉越泗水，纵横千里去和天下诸侯争战呢？若拜孙武为将，吴国的强大便指日可待；若不用孙武，则一切都不可能立即实现。更可怕的是，若他被楚越聘去，那吴国可就危险了！"

吴王阖闾毕竟是位英明的君主，他不甘心碌碌无为，所以一经伍子胥的点拨，立刻变得清醒和理智起来，怀着对孙武将才的器重和赏识，亲往孙武处挽留这位旷世将才。对于吴王阖闾的到来，孙武也深为君主的宽容豁达的襟怀所折服，决心衔命报答知遇之恩。

孙武首先向吴王阖闾表示歉意，并申述了当日杀姬的缘由。他说："令行禁止，赏罚分明，这是兵家的常法，也是治军的通则。用兵莫贵于威严，威行于众，严行于吏，只有三军遵纪守法，听从号令，才能克敌制胜。"

吴王阖闾早已醒悟，听了孙武这番话，最终下定决心，任命他为吴国的将军，担当起军国重任。

在孙武、伍子胥等人的辅佐治理下，吴国的内政外交都很有起色，走上了富国强兵之路。吴王极为倚重孙、伍二人，视他们为自己的左膀右臂，经常和他们在一起谋划治国治军的大计，议论历代帝王治国平天下的经验教训，分析当代各诸侯国政事利弊得失。从文献资料和考古发掘的资料看，吴宫论兵所涉及的问题非常广泛。从孙武与吴王阖闾讨论的问题来看，孙武不但在军事理论上具有广博的学识，而且对于春秋末期各国的政治、经济等都有非常全面的了解和研究。

孙武一开始就告诫吴王阖闾，兵是危险的，战争是可怕的，不到万不得已，绝对不能轻易使用，即要慎战。在《兵法》十三篇中，他也一再强调，战争只有对国家有利时才能进行，对国家不利就应停止。因此，明智的国君一定要慎重考虑这件事，优秀的将帅也一定要认真研究这件事，此即所谓"非利不动，非得不用，非危不战"。国君和将帅不可因一时的愤怒而发动战争或出阵求战。因为愤怒还能回到喜悦，但国家灭亡了就不能复兴，人战死了就不能重生。所以，明智的国君和将帅一定要对此十分慎重和警惕，这是安定国家和保全军队的关键！

孙武在和吴王阖闾谈到民众对战争的态度时，认为战争的进行一定要取得人民的拥护和支持，也一定要对人民和国家有利。他列举了上古时代黄帝伐炎帝等战例来劝告吴王阖闾说："黄帝伐炎帝之所以能够成功，商汤伐夏桀、武王伐纣之所以能够取胜，都是因为他们得到了人民的拥护。他们采取的许多重要政治措施大都是让人民休养生息，同时还赦免那些本不该获罪的囚犯。而桀、纣的亡国，都是因为残害人民、穷兵黩武、滥用民力所致。"

在吴王阖闾问及孙武晋国的六大显贵谁将最先灭亡，谁能在巩固自己的地位后夺取晋国时，孙武当即回答："范氏和中行氏将先灭亡，其次是智氏，再其次是韩和魏。赵氏只要不失去他们祖先的传统家规，晋国终将归于赵氏。"

吴王阖闾对于孙武所答有所不解，询问他怎样得出这一结论，孙

军事生涯

武回答说："范氏、中行氏规定的田亩面积小，纳税单位小，同时设置的官吏多，收的税也多。公家收入丰厚，生活必然骄横，家臣们贪赃枉法，生活奢侈，而且好战喜功，结怨于外。这样一来，范氏、中行氏的库藏将日益空虚，人民必将因饥寒交迫而流离失所。为政不知爱民，必然要引起人民的怨愤，积怨既久，必然要先于其他各家灭亡。"

智家的情况和前两家的差不多，也是公家苛敛重取，官吏家臣队伍庞大，统治者骄奢淫逸，而下层百姓积贫积弱。所以孙武分析后说，范氏、中行氏之后，接着就要轮到智氏家族了。

韩氏、魏氏两家规定的田亩面积也不大，设置的官吏也比较多，公家赋敛和官吏敲诈，情况比前三家好不了多少，因此韩、魏两家继之。

但赵家规定的田亩面积，以一百二十方步为畹，二百四十方步为亩。单位面积显然比前几家都大，却不增加新的赋税，收入相对匮乏。设置的官吏少，大臣们能勤俭治国，养国富民，人民拥护赵氏，所以说赵氏能够不断巩固自己的领地，最终晋国将统一于赵氏。

吴王阖闾对孙武的见解非常赞同，他感叹道："你讲得很对！君主统治国家，就应该厚爱人民，才能享有天下。"

从春秋末年一直到战国初年的政治历史演变来看，晋国后来的政治发展，基本上与孙武的预见相差不远。先是范氏、中行氏灭亡，智氏次之，最后由韩、赵、魏三家瓜分了晋地。由此也可以看出，孙武不仅是一位军事家，他还是一位眼光卓越的政治思想家。他十分关心各国的政治、经济情况，具有十分清醒的头脑和远见卓识。

孙武的一这席长篇大论，凭借山东临沂银雀山汉墓竹简中《吴问》篇的出土而重现于世。孙武吴宫论兵，大都是对其《兵法》十三篇的阐述和发挥，孙武除了把顺应民心、国政吏治是否清正看成战争胜败的根本条件外，还向吴王阖闾分析了经济、外交与战争的重要关系。孙武对吴王阖闾说，凡用兵打仗，要动用战车千辆，辎重车千辆，步兵十万；人民要向千里以外的战场运送物资，前方和后方的各种费用，招待各国使臣的各种用度，武器装备的补充等，每天要耗去千金以上，然后十万大军才能踏上征途。如果以这样高的代价去进行战争，胜利自然值得庆幸，但如果不能迅速获取，双方旷日持久的对峙，使武器装备损耗，军队锐气受挫，此时为了急于求胜，就必然要冒险采取攻打敌人城池的行动。这样一来，势必要大量消耗军力，更严重的是，军费浩大，国家财政经济将被其拖垮。那时国家面临的现实将会是军队锐气大减，武器损耗严重，国库枯竭。若此时其他诸侯乘虚而入进攻自己的国家，即使有智慧超群之人，也将无法挽回失败的结局。

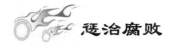

惩治腐败

孙武被拜为大将、元帅兼军师，集数要职于一身，从此走马上任，开始了他人生旅途上的新的跋涉。

孙武并没有像吴王阖闾想象的那样，天天忙于训练，而是轻松自在，整日行色匆匆，这儿走走，那儿转转，很少有人看到孙武在军营的身影，更不见其练兵布阵。

大约半个月后，吴王阖闾有些沉不住气了，不知道孙武的葫芦里究竟卖的什么药。这天，吴王阖闾召见孙武，问他何时兴师伐楚。

孙武听了吴王阖闾的询问，没有立即回答，而是领着吴王阖闾去他的宫殿的各个角落参观。吴王阖闾虽然记不清自己有多少宫殿，但

军事生涯

在自己的地方，怎么可以让孙武来当"导游"呢？这不是反客为主吗？对此，他感到十分奇怪，但还是耐住性子，沉默地跟着孙武浏览观光。只见自己的宫殿风光秀丽，装修豪华。宫殿太大了，许多地方吴王阖闾都没有来过。他发现，由于年久失修，管理不善，有些地方已经败坏狼藉，空旷的殿堂上尘土飞扬，遍地灰垢木屑，窗下与柱侧尤其厉害，似薄薄地撒了一层锯末。孙武用铜棒敲击殿柱，空空然，木梆子一般；再敲击门窗，无不如此。一阵狂风袭来，大殿似乎摇摇欲坠。

孙武没有看吴王阖闾的表情，似乎自言自语地说："这里的栋、梁、檩、门、窗、柱等，都已被蛀虫蛀空，不久即将倾覆。像这样的殿堂，朝不保夕，怎么还能再用它来遮风雨、会群臣、宴贵宾呢？拆而重建，固然不失为良策，但新殿建成，蛀虫仍在，仍然会将其蛀空，造成坍塌。因此，清除和消灭蛀虫，才是最根本的措施。"

吴王阖闾若有所思。

这时，日已西斜，天色渐渐地暗下来，孙武和吴王阖闾回到孙武下榻的馆舍，孙武才说出了自己的感触：目前，吴国政治机体老化、陈旧，就如刚才看到的那些殿堂的木屑一样，栋梁檩椽，无不遭蛀，随时都有倾覆坍塌的危险。这蛀虫不是别的，正是各级贪官污吏。贪官污吏，掌权当政，吃喝嫖赌，腐败的风气笼罩着整个吴国的都城，官与民已形成了一道深沟，矛盾越来越深。长此以往，政权必岌岌可危，哪里还有条件兴师伐楚呢？

吴王阖闾听了孙武的分析连连点头。这时，孙武继续道："我这些天不但查看了大王的宫殿，而且也在民间进行了察访。得到的结论是，要想取得伐楚的成功，应该先理内政。吴国想要强盛，惩治腐败是首要的工作。"

孙武还举了一个例子。在阳澄湖畔有一姓戚的渔霸，被人们称为"戚天大"，因为他虽然只是一介渔夫，可横行霸道，欺压百姓，抢占百姓财产，简直是权比天大。这一带的百姓一直挣扎在戚天大的欺压下，过着担惊受怕的日子。有一天，戚天大驱使着数以百计的工匠为其建房舍，可是当房舍建成之后，却只字不提工钱的事情。其中有一位姓刘的工匠，由于家里实在困难，无奈之下，只得向其讨要工钱。谁料到，他不但没有得到一分钱，反而遭其一顿毒打，遍体鳞伤，血肉淋淋，惨不忍睹……为什么戚天大敢如此嚣张呢？是因为有贪官污吏的庇护啊！

吴王阖闾没有料到孙武竟然将都城内的情况摸得一清二楚，不由得自感惭愧。同时，吴王阖闾也隐约感到吴国内部确实存在着许多隐患，现在远远不是兴兵伐楚的时候。要不然，就会形成内忧外患，造成无法控制的局面。

吴王阖闾请求孙武分析造成这一现象的原因，并让他提出自己的治理方法。孙武刚正不阿，从不隐瞒自己的观点，先引导吴王阖闾回忆那座上梁不正下梁歪的殿堂，然后一针见血地指出，吴国的官场之所以这样龌龊，正是"上梁不正"造成的。

吴王阖闾听完之后，虽然不是很明白，可也知道孙武的话目标最终指向自己。当时就脸色惨白，嘴唇直哆嗦，两腿发颤，怒火不由得涌上心头，指着孙武，想说什么，却不知怎么说。孙武并没有理会吴王阖闾的表情，面不改色、不紧不慢地说道："大王难道忘记了舞鹤于市，杀生送死之葬吗？"

听到这里，吴王阖闾一下子明白了孙武的意思，也知道了自己的错误。吴王阖闾有一个叫小玉的女儿，从小骄横蛮野，泼辣娇气，从来不愿意受任何委屈，简直是目中无人、为所欲为。一次，吴王阖闾设宴款待外国使臣，厨师端上了一盘蒸鱼，宾主共食。

正当大家对厨师的手艺赞不绝口时，小玉风风火火地闯进了宴会厅，所有的人都被小玉的莽撞吸引，停止了交谈。吴王阖闾为了解除这尴尬的场面，忙招呼女儿坐在自己的身边，并将盘子里剩下的半条鱼赐给她。小玉不但没有对父王的赏赐表示高兴，反而埋怨父王不该让她吃别人吃剩的食物，生气地冲着父王喊道："父王这是用剩鱼侮辱我，我有何面目苟活于世！"说完，不顾满堂的宾客，满面泪水地甩

军事生涯

袖而去。大家以为她不过是一时赌气罢了，谁知道，小玉就在后花园里上吊自杀了。

噩耗传来，吴王阖闾痛不欲生。他决定把女儿厚葬于西阊门外。于是，他命令最好的工匠，在西阊门外的一块风水宝地开山凿石，雕文石成棺椁，用金鼎、玉杯、银樽、珠宝及"磐郢"名剑陪葬。公主厚葬，葬礼隆重，当时成千上万的百姓都赶去看热闹。吴王阖闾命令所有的人都在沿途的街道上舞白鹤，还命千百名童男童女前来送葬。在公主的墓道内暗设伏机，待送葬的男女百姓进入隧道以后，便发动机关，墓门紧闭，又用土填实，千百名男女青年全都死在墓穴里。吴王阖闾说："万人为我爱女殉葬，她大概不会寂寞。"

孙武一字一句地说出了吴王阖闾当年犯下的错误，并没有责备什么。吴王阖闾静静地听着，心情就像暮色的天气一样灰暗，沉默了半天，才用商量的口气问道："当日确实是寡人冲动。依将军之言，寡人将如何弥补过错？"

孙武看到吴王阖闾有些后悔之意，而且竟然当着他的面承认错误，就坦诚地为他拟定了两条"赎罪"的措施：一是颁诏全国，公开认罪；二是重金抚恤殉葬男女的父母，以表痛悔之诚。

虽然改过比认罪更难，特别是对于一个面子胜过生命的国君来说更是难上加难。可是吴王阖闾经过反复的思想斗争后，觉得自己要得到民心，只有这样做。于是，他接受了孙武的建议。此后，他还主动提出要微服私访，体察民情，然后再指定相应的措施，改革腐败的现状，改善百姓的生活。

那年，吴淞江水患严重，毁田园，淹庄稼，噬禽畜，百姓叫苦连天。这里的官员没有领导百姓疏河道，筑堤防，除水患，反而编出了河神发怒的故事，每年必须选一名三岁的标致男孩，送给河神当儿子。由于这个传说，多少百姓的儿子被送去给河神当儿子，每年都祈祷不要有水患，可水患却年年发生。

当吴王阖闾体察到这一现象之后，立即惩办了那位地方官，同时下令百姓疏河道，筑堤防，除水患，种植庄稼，免其赋税，使百姓过上了富足安定的生活。

此后的几年，吴王阖闾经常亲自走入百姓中间，了解百姓的疾苦，感受百姓的生活，为百姓排忧解难。他的这些做法取得了很好的效果，在百姓心中树立了良好的形象。

富国强兵

吴国自从惩治腐败以来，邪恶悚惧，万民称快，上下一心，举国肃然，国内可谓发生了翻天覆地的变化。

吴王阖闾以为孙武现在会着手准备攻打楚国了，可没有想到他依然按兵不动，没有丝毫想要打仗的意思。吴王阖闾与伍子胥都百思不解其中的缘故，吴王阖闾只是着急，却不便向孙武开口，只是静待其变；反而是伍子胥，更是焦急难耐。想想他过昭关，奔吴国，结交专诸刺吴王僚，屡次举荐孙武，冒风险，历坎坷，付出了多少代价，目的只有一个，就是借吴兵而报家仇国恨。如今孙武对伐楚毫不热心，好像是无所谓的事，他还怎么能静下心来，若无其事地等待呢？伍子胥心急如火，多次想催促孙武，可总是碍于面子而没有开口，但他却承受着心灵上的熬煎和精神上的痛苦，整日闷闷不乐。

公元前513年的一天，吴王阖闾实在沉不住气了，就借邀请孙武喝酒的时机，旁敲侧击，探询为何还不动身攻打楚国？

147

孙武没有正面回答，不紧不慢地问道："听内侍赞誉大王常读微臣的《兵法》十三篇，不知这话是否属实?"

吴王阖闾迫不及待地回答："确实如此！寡人对先生的《兵法》十三篇已经能倒背如流了。"

孙武叹了口气道："可惜呀！大王虽然能倒背如流，却没有领会其中的真正要旨。"

吴王阖闾觉得有些难堪，就问："那么，以先生的意思，这部兵书的真正要旨是……"

孙武说："军事斗争是敌我双方政治、经济、外交等综合实力的斗争。对于战争，要采取非常严肃、认真、慎重的态度，力求在实力的基础上以智谋获胜，而不是以武力胜敌。"

接下来，孙武给吴王阖闾具体分析了吴楚两国的政治、经济、君臣、君民、地理、外交等方面的关系，特别强调了经济实力的悬殊，以及兵力的悬殊。他说，"知己知彼，百战不殆"，打仗要考虑全面，战前必须统揽全局，取得战争中的主动地位。

孙武还说，就像一个大病初愈、想在最短的时间内恢复健康的人，需要的不仅是多吃好饭，增加营养，更重要的是要有一个良好的心态，不能急功近利，要积极地配合，保持好的心情，内外结合共同治疗。眼下的吴国不是要研究怎么攻打楚国，而是要在惩治腐败的基础上富国强兵，增强吴国的经济实力，训练出精锐的作战部队，做好充分战争准备。只有这样，才能够一举打败楚国，取得最后的胜利。

孙武的分析头头是道，吴王阖闾听得津津有味，如醉如痴。

通过与孙武的畅谈，吴王阖闾对孙武有了更深一层的了解，也佩服他总是以军事家的战略眼光考虑问题，而不是急功近利、鼠目寸光。吴王阖闾完全被孙武的谋略折服，静听孙武的意见。

孙武提出，要想富国强兵，必须做到以下几点：第一，减轻赋税，免除苛捐杂税，鼓励开荒，发展粮食生产；第二，严惩地痞恶霸，根据地形发展捕捞业；第三，扩大桑园、茶园，发展制茶、养蚕、丝织业；第四，发展冶炼，扩大兵工场地，赶制兵刃；第五，分别训练陆军和水师，特别要加强水军的训练。

吴王阖闾按照孙武的提议，把这五条列成政策条文，在朝廷之上经众文武官员讨论通过，颁布实施，并派官员分工领导督察，不得延误和马虎。伍子胥分工督练水师，伯嚭相佐；公子夫概负责训练陆军，要离之弟被离相辅；专诸之子专毅领导兵上场，赶制兵刃。孙武则统领整个富国强兵大业，四处巡察指导，发现问题及时解决。如此各司其职，各尽其能，吴国上下开展了轰轰烈烈的改革，经济得到了很大的发展，人民的生活也渐渐得到改善。

吴王阖闾对孙武的信任也与日俱增，即使孙武在言语上不是那么恭敬，他也不计较。比如，吴王阖闾非常喜欢吃橘子，每到橘子成熟的季节，他总要到橘园采橘，品尝最新鲜的橘子。可是，对橘子那么喜欢的他，却辨不出吴橘与越橘的异同，为这事，曾经遭到孙武的嘲笑；吴王阖闾非常喜欢孙武的《兵法》十三篇，却没有读懂其中的真实要旨，再一次被孙武嘲笑，当众丢面子。对这两件事，吴王阖闾毫不记恨。相反，他越来越重视孙武的意见。在孙武的建议下，吴王阖闾远离了酒色，抛弃了平时的一些不良嗜好，就连往日陈列珠宝古玩的"书房"，也真正地陈列起了许多古今军事典籍，每天用大量的时间认真研读，废寝忘食，通宵达旦，如小学生一般，一点点、一滴滴地慢慢吸收，对于一些特别重要或者是关键的内容，他总是反复重读好几遍，直到自己真正领会到里面的要旨为止。吴王阖闾真的用心在学习，努力不让自己落伍。

由于吴王阖闾的励精图治，加上孙武、伍子胥、公子夫、专诸等人的忠诚辅佐，吴国形势焕然一新，呈现出一派欣欣向荣的景象。人们挥锹抢镐，开荒垦田，层层梯田，片片茶林和桑园，茶树若云，锦缎闪光，形成了一幅美丽的锦绣丽图。太湖水患也减少了许多，吴王阖闾征集了数以万计的民工上阵，有的疏浚河道，有的修筑堤防，有的开凿运河，有的兴建水闸，上下齐心，万民一力，干得热火朝天。

军事生涯

茫茫太湖，荡荡澄湖，槽如林，楫似梭，白帆点点，渔歌阵阵，一派热闹繁忙景象。

孙武负责练兵的事务，每一山林，每一隘口，每一道路，每一湖泊，每一重镇，都设有军事基地，陆军和水师正在日夜加紧训练，进步神速。

盛夏的一天，烈日炎炎，孙武陪同吴王阖闾及满朝文武来到穹窿，观看军事演习。这次演习的科目主要是争夺穹窿主峰。

孙武先将所有的士兵分成左右两队，夫概是左队主帅，被离为右队主帅，规定先攀上笠帽峰顶、拔取红旗者胜。如果想先拿到红旗，仅仅凭速度是不可能的，先要确定具体的路线，然后要想尽办法阻挠对方前进。

战鼓擂响了，双方激烈争夺一天，互有高低，但谁也没能获胜，可谓棋逢对手，势均力敌。日落黄昏，鸣金收兵。这样激战了三天，始终不见分晓。吴王阖闾有些着急了，对孙武说："元帅何不一试，也让夫概与被离长长见识。"

既然吴王阖闾有这个建议，尝试一下也未尝不可。孙武解除了被离的右队主帅的职务，亲自指挥右军，当天夜里，在月光下进行了新的部署。穹窿山的山势非常奇怪，南坡平缓，容易攀登，但路途又非常遥远；而北部是悬崖峭壁，怪石嶙峋，深涧如渊，险壑阴森，稍有不慎，就会丧失性命，但路程却比南坡少一半之多。

夜间，山谷中寒气森森，皎洁的月光冷冷地照在山间，孙武带领他的队伍，准备连夜爬上山顶，取得胜利。他先命令所有的士兵都在山的背面一字排开，一声令下，横队齐步向前走去，走到断崖边，不畏死的继续前进，坠于崖下，粉身碎骨；贪生怕死的，有的驻足，有的踟蹰不前。孙武于是就鼓励所有的士兵仔细向前，注意安全。

第二天，当战鼓响起时，孙武没有忙于应战，而是命令自己精锐的将领到南坡阻止对方的队伍上前，然后陪着吴王阖闾谈笑风生，继续观看山里清幽的风景。南坡激战胜似往日，观者无不激奋，而且都在为他们提心吊胆。双方激战了几个小时，南坡的士兵只是留在原地，毫无进展。文武百官也在为孙武担心，如果打仗都像他这样，只守不攻，那么永远也不会胜利。

当文武百官都各怀心思的时候，只见山顶上隐约有士兵的身影，接着红旗就被取了下来，发出胜利的信号。接着又有数十人相继登上了峰顶，他们占领了笠帽峰，文武百官相视而惊，无不叹服。

经过一年的训练和改革，吴国已经发生了翻天覆地的变化，国泰民安，人民生活安定，全国呈现一片欣欣向荣的景象。吴王阖闾在孙武及伍子胥陪同下，视察地方以及军队的情况。吴王阖闾看到民富兵强的景象，高兴得合不拢嘴，对孙武的做法也非常满意。从此之后，吴王阖闾视他们二人为自己的左膀右臂，经常在一起谋划治国治军的大政方针，议论古今治国安邦的经验教训，分析当代各诸侯国为政处事的利弊得失。在这样的探讨中，吴王阖闾的思路越来越清晰，伐楚争霸的信心也越来越大。

吴楚恩怨

公元前 546 年，宋国向戌倡导诸侯列国弭兵会盟之后，虽然没有成功，但中原地区出现了暂时相对和平的局面。但是，楚国对和平却不感兴趣，天天想着攻打别的国家。因为喜欢攻伐，本来就是楚国的传统。从楚周的祖先开始，就一直被人们称为蛮夷，专门进攻华夏的诸侯。相传，如果他们五年不侵略别的诸侯，不用兵打仗，就被同族人瞧不起，对于自己来说也算是一种耻辱，死后都无颜面对列祖列宗。

春秋时期，刚刚强大起来的楚国先后吞灭了周围数十个小国，疆土扩展到千里，成为华夏西部地区的一个军事强国。吴楚两国的都城相距甚远，可是他们的边境相连。开始时，两国是发生一些小的摩擦，但没有因此而反目成仇。

吴王寿梦之前，吴国只是一个边境的小国，根本没有能力与幅员辽阔、经济发达、军事强大的楚国相抗衡，只能委曲求全，受制于楚国，成为楚国的盟国。

吴王寿梦当政，开始减免赋税，鼓励强兵，大力发展生产，逐渐强大起来，还兼并了今江、浙、皖大片土地，经济、政治都有了明显的改善，领土扩张的野心越来越大。

当时的楚国在中原争霸中落于下风，不得不把兼并的锋芒指向相对较弱的近邻吴国，楚国改变兼并的对象，引起了迅速崛起的吴国的强烈反抗，两国之间的矛盾也更加尖锐，冲突不断。而吴国为了进一步开拓，也不可避免要视楚国为自己前进道路上的最大障碍，两国之间兵戎相见自然而然成为双方关系中的主流。

当时中原比较强大的四国之一的晋国出于争霸斗争的需要，也开始介入了这场怨恨已久的矛盾中，而且给这场即将到来的战争起到了"催化剂"的作用，给吴楚之间已十分紧张的局势火上浇油。晋王为了满足自己的需要，采纳楚亡臣申公巫臣联吴制楚的建议，主动与吴国缔结战略同盟，让吴国从侧面打击楚国，以牵制楚周势力的北上。

寿梦二年（公元前557年），晋景公就开始了自己的工作，先派巫臣以晋使的身份出使吴国，让他带着特殊的使命，联吴制楚，以减轻楚国为争霸中原而形成的对晋国的压力，一步步地实现晋国扶植吴国、借吴制楚的战略目标。

在此之前不久，日渐强大起来的吴国发动兵力攻伐郯国（今山东都城），由于准备充足，没有费多大的力气就攻下了郯国，才使自己的领土扩大。目前，正在寻找目标，企图进一步扩张。吴王寿梦也一直在寻思着给自己的国家在中原地区找一个可靠的大国作为后台，以增加自己在列国角逐中的筹码。如今晋国使臣主动找上门来要求结盟，真是让吴王寿梦喜出望外、他欣然接受了使臣提出的要求，即一方面要摆脱对楚国的臣属关系，另一方面积极动用武力，同楚国争夺淮河流域。

晋国使臣来到吴国，不仅给吴国带来政治上的策略，也给吴国带来了中原地区先进的军事文化和战术。吴王寿梦聘请使臣为"行人"，帮助吴国军队学习和掌握北方的车战技术。使臣根据吴国地处于南方水网地带的特点，建议吴王军事上以水战为主，陆战只用少量的步兵。除此之外，使臣教会了吴王士兵运用兵车布阵作战的方法。从此之后，吴国拥有了自己的车战兵团，兵种配置更加齐全，能够适应各种复杂的战场情况，大大增强了吴国的军事力量，也大大缩小了吴国与楚国在兵种和战法上的差距。

在吴国的军事和经济力量强化之后，晋国的使臣就开始怂恿吴王寿梦进攻楚国。当吴王寿梦还没有考虑清楚的时候，楚国的举动又一次给吴国火上浇油，成为吴楚两国战争的导火线。当楚国国君得到晋国使臣"教吴射御，导之伐楚"的消息后，怒发冲冠，立即组织精锐部队攻打吴国。

楚国的进攻让吴王寿梦没有了后退的余地，只能竭力反抗，吴国的财力、军力与楚国已经不相上下。吴王寿梦也不示弱，起兵攻打了楚国的战略要地州来（今安徽凤台），自此之后，双方的战事不断。历经诸樊、夷昧诸王，直至吴王僚，前后六十余年间，吴楚两国爆发了十次较大规模的战争。其中较为著名的有：公元前584年的"州来之战"、公元前570年的"驾"之战、公元前525年的"长岸之战"、公元前519年的"鸡父之战"等。在这些战争中，吴军越战越勇，多次都是以吴军的胜利而告终，吴国的兵锋咄咄逼人，已经取得了吴楚两国战争的主动权。而楚国由于长久的战争，兵力疲乏，人心涣散，国势颓落，已经没有能力与吴国相争。

　　当吴国势力日益发展、渐渐取得胜利时，楚国也参照晋国联吴制楚的做法，如法炮制，伐谋伐交，拉拢东方的越国从侧后威胁吴国。位于北方的齐、鲁诸国担心吴国终有一天会威胁到自己，于是，也趁目前的形势，从不同的方面给吴国施加压力。到了吴王阖闾当政时，吴国正处于三面受敌的局面。即使主动要求跟楚国和平相处也是不可能的，只能等待时机，一举击溃楚国，才能解除这个心腹大患。这就是吴王阖闾所面临的形势。

　　吴王阖闾要在这种多面受敌的重压之下求得生存，谋取发展，难度可想而知。幸亏他得到了孙武，一切就变得简单多了。在孙武等人的参谋下，吴国制定了"西破强楚，北威齐鲁，南服越人"称霸中原的战略目标。孙武、伍子胥等人出于对全局利益上的战略考虑，向吴王阖闾提出了首先集中力量打击楚国的建议，并被阖闾所欣然接受。

　　现在，他们的目标已经非常明确，他们需要做的是一步步走向这个目标，得到胜利的结果。

疲楚误楚

　　在一系列的对外战争之后，吴王阖闾听从将军孙武的劝告，率军回国休整。之后，又按孙武的建议，一边调整部署，养精蓄锐，一边筹划大举破楚的战略。

吴王阖闾与孙武、伍子胥等人多次商讨伐楚之策，最后由伍子胥提出了一套扰楚疲楚的计策。

首先，伍子胥分析楚国的政治现实："楚昭王年纪尚幼，无力控制政局，楚国当政者多而不一，乖张不和，政出多门，没有一人能够承担楚国的忧患。"因此，他建议吴王阖闾将吴国的兵力分为三部分，然后，将这三部分兵力分别部署在三个不同的战略方向，让它们轮流交替从三个不同的方向上不断骚扰楚国的边境。当某一战略方向上的部队出击时，另外两部分则休整待命。当吴国某一战略方向上的"一师"出兵进攻楚国的一个重要战备城池时，楚必倾其精锐长途跋涉前来求援，等楚军临近，吴军便迅速撤退，不与其正面交锋。待楚军撤退后，另一个战略方向上的军队又开始行动，佯攻另一个城池，楚军来则退。如此"彼出则归，彼归则出"，长此以往，楚国的军队就会因连续奔波得不到休整而实力大大削弱。终有一天，楚军会被拖垮，丧失与吴军对抗的能力。到那时，吴再纠集三军，发动大规模的猛烈进攻，定能大获全胜。

这就是春秋历史上闻名遐迩的"疲楚、误楚之计"。在此后的六年时间里，吴国严格按照这一战略意图进行部署，开始了消除异己势力，分化楚国属国，攻占楚国边境重镇，不断骚扰打击楚军为目的的一系列有计划、有步骤的行动。而这一系列行动，都由将军孙武来具体指挥。

之后，孙武按照"疲楚、误楚"之计，对吴军进行骚乱，被迫使楚军主力进行调动，使楚军背离吴军主力真正的进攻方向，以便乘虚破敌。这种浅尝辄止的做法，给楚军造成了错觉，误以为吴军的行动仅仅是骚扰而已，而忽视了吴军这些"佯动"背后所隐藏的真正动机，他们万万没有想到，一场大的战役就在眼前。公元前508年，正当吴军不断出击、楚军筋疲力尽之时，吴楚两国开战以来的最大一次战争——豫章之战在孙武策划之下爆发了。

在豫章之战开始前，为了稳定吴国的后方，吴国先对越国进行了

军事生涯

一次大规模的武装征服。这次战争的胜利对稳定吴国的后方十分重要，但也播下了两国仇恨的种子。越国是楚国的盟国。公元前544年，越国便开始参加以楚为首的攻打吴国的战争，三十多年来，只要楚国派兵攻吴，越国总是出兵配合、呼应楚国的行动。因此，吴国君臣都十分清楚，越国将是吴国争夺霸业、攻克楚国的劲敌。公元前510年，吴王阖闾为早日制服越国，以消除日后攻楚的隐患，决定攻伐越国。战前，吴王阖闾派人前往越国，希望越国站在自己一边，从吴伐楚，越王允常拒绝了。但这一年，根据当时星象学的测定，天上的岁星恰好与地下的吴越两地相呼应，这种岁星与国家呼应的现象表明，两国都可受到天命的保佑，但是两国中如有谁先动兵，就会反受其害。鉴于此，吴王阖闾对是否用兵伐越举棋不定。这时，孙武以朴素的唯论思想批驳了天命观。孙武指出："故明君贤将，所以动而胜人，成功出于众者，先知也。先知者，不可取于鬼神，不可想于事，不可验于度，必取于人，知敌之情者也。"孙武的观点得到了吴王阖闾的肯定。于是，吴王阖闾、孙武、伍子胥等一同率领吴军进入越国境内，大败越军，使越对吴的威胁减少到了最低程度。

经过几年的吴越战争，吴国已将自己边境的一些亲楚的势力铲除或控制。这时，孙武、伍子胥开始与吴王阖闾一起谋划大举进攻楚国的计划。孙武鉴于大别山以东江淮之间的豫章地区还在楚国的控制之下，因而决定先摧毁掉这道阻碍吴国将来长驱直入楚国的障碍。在豫章地区附近一带还存在一些独立的小诸侯国。这些国家每年都要向楚国交纳大量的赋税，才能获得楚国暂时的保护。孙武利用这些小国对楚国的不满，策动桐国背叛了楚国，同时争取了舒鸠国投吴。

孙武并没有立即兴兵伐楚，而是进行了大量的战前准备。首先是加强了吴国边境的防卫力量，造成一个"先为不可胜"的有利态势，再经过一段时间的运筹帷幄，终于在这年秋天完成了战前的准备工作。

孙武将豫章之战的第一回合定为"伐交"。即运用"不战而屈人之兵"的谋略思想，"以全争于天下"。经过一年多的努力，吴国便先后策划楚的属国桐和被楚兼并的舒鸠国或明或暗地叛楚附吴。

　　第二个回合称为"死间"（即用楚国非常信任的人故意向楚国传递假情报，但此类活动常有杀身之祸），说服楚国的另一个属国舒鸠国，让它派人告诉楚国说："吴国并不想与强大的楚国为敌，如果一定要攻打吴国，吴国肯定非常害怕，那时它为了取得楚国对它的谅解，必定会去讨伐曾经背叛楚国的桐国以示对楚的友好。"楚国国君没有识破这个骗局，更不知是吴国的计谋，竟派大将率军开赴吴楚边境。随后楚军便集结于豫章附近观望吴军动向。孙武"骄敌""诱敌"的目标也顺利实现。

　　豫章之战的第三个回合是"卑而骄之"，将吴军的所有战船都摆在豫章附近的江面上，做出就要出发讨伐桐国的样子以继续欺骗楚军，暗中却迅速地把吴军精锐之师调集到楚国的战略重镇巢城附近埋伏起来。潜师待机于巢城，最后夺取这一重要战略城池才是孙武的真正意图。

　　"因机取胜"豫章之战的第四个回合。是年十月，在豫章城驻扎了数月之久的楚军，因迟迟不见吴军发动对桐国的进攻，也不知吴军究竟有何企图，全军上下戒备松懈，人心思归。楚军的主帅本是一个贪婪无德之人，直到豫章之战的最后时刻，还处于毫无察觉的状态。孙武指挥的军队始终引而不发，"静若处子"，待到楚军已失去锐气、人心涣散时，吴军"动如脱兔"，主力这时突然进抵豫章，将楚军包围，只留一个缺口，对楚军发起了猛攻，楚军措手不及，拼命朝缺口逃窜，吴军乘势掩杀楚军，一举大败楚军于豫章，并一鼓作气，连战皆捷。与此同时，早已潜伏在巢城一带的吴军精锐也趁势攻占了这个重要军事重镇。至此，豫章之战以吴国的大获全胜而告终。

　　孙武在豫章之战的全过程中，始终贯彻他一向主张的"上兵伐谋，其次伐交，其次伐兵，其下攻城"的方略，首先制订了周密全面的战略计划，然后进行外交攻势拆散楚国的同盟，离间它们之间的关系，削弱楚国的可用外援。再继之以大规模有计划、有步骤的知敌、诱敌、动敌、诈敌、疲敌、误敌，"攻其不备，出其不意"。在豫章之战后，楚国的军事实力大大削弱了。吴国在这次战争中取得了十分重要的战略利益，它一举控制了吴楚两国必争的江淮流域的广大地区，打开了通往楚国的天然屏障——大别山的东大门，为实现破楚入郢战略扫清了道路。

巧除腹患

吴王阖闾在孙武、伍子胥的辅佐下，改革制度、收拢民心、增强经济、鼓励生产、提高军事力量，吴国的形势发生了翻天覆地的变化。这时，吴王阖闾和伍子胥都认为攻打楚国的时机已经完全成熟了。

可是，孙武依然按兵不动，没有明确提出要攻打楚国的计划。吴王阖闾再一次询问他："当初吴王僚进攻楚国时，寡人害怕他夺去了破楚之功。现在寡人已经贵为国君，破楚功业已非寡人莫属。现在我准备攻打楚国，你们以为如何呀？"

孙武说："经过我们的准备，完全可以攻打楚国。可是这是关系到国计民生的大事，必须要有一个可行的计划。"

吴王阖闾见孙武同意攻楚，非常高兴，就把伍子胥召来商量对策。伍子胥认为，军事决策应该由孙武来决定。吴王阖闾也同意这个观点。

孙武说："用兵的道理，应该是先除内患，再对外征伐。我听说僚的弟弟掩余现在在徐国，另一个弟弟烛庸在钟吾国，这两个人一心想为僚报仇，肯定会趁我军伐楚、国内空虚之机兴兵作乱。所以今日进兵，应先讨伐这两个人，然后再南伐。"

伍子胥非常认同孙武的分析，吴王阖闾也微笑着点头，表示同意孙武的见解。

攻打楚国的第一步计划势在必行，可是还有一件事情不得不提，这件事给攻打徐国提供了更大的把握，也让吴王阖闾更多了一个贤才。自从吴王阖闾刺杀吴王僚夺取王位之后，吴王僚的儿子庆忌逃往国外。庆忌是个英雄，文韬武略样样精通，在吴国有很多追随者。因此，他成为吴王阖闾的一个心腹大患。由于不知道庆忌究竟逃到哪个国家，也不知道他的势力如何，所以吴王阖闾担心庆忌日后纠集诸侯来找吴国的麻烦，心里总是忐忑不安。现在吴国要攻打楚国，这个庆忌依然让吴王担忧，一方面想尽早攻打楚国，实现自己的愿望；另一方面他又担心庆忌借此机会谋夺王位。为了解除吴王阖闾的烦恼，伍子胥决定将要离推荐给他。

要离身材矮小，相貌丑陋，但有胆有识，有勇有谋，具有很强的军事才能，更重要的是，他对庆忌的状况了如指掌。吴王阖闾见要离其貌不扬，眼睛无光，心中不喜，对他不理不睬。

伍子胥劝道："要离虽然长相不好，但人才不是用来看的，好用才有价值。要离既善于用兵打仗，也了解庆忌的情况，这就是他的价值所在。"

吴王阖闾觉得伍子胥说得有理，于是对要离也产生了兴趣，便问他："你知道庆忌的什么情况？"

要离不紧不慢地说："庆忌逃到国外，纠集了一帮卫国兵马，有三万多人，屯于吴江口，正在招纳逃亡之人，等待时机夺回王位。"

吴王听说庆忌屯兵数万，正在图谋夺取王位，不由得暗暗心惊。他又问要离："依先生之见，寡人该怎么办？"

"大王要想取得攻打楚国的成功，除掉庆忌是必须的。但一定不要让其他国家认为大王不念亲情，就连自己的侄子也不放过。所以，此

军事生涯

事最好秘密进行。"

吴王阖闾听出要离似乎已经有了计策，就问他该怎么做。

要离继续说："据微臣所知，庆忌招纳的逃亡之人中，对大王怨恨越深者越会受到他的信任。所以，您不妨对外宣称我背后诽谤您，然后杀了我的妻子，砍了我的右臂，这样我就可以投靠庆忌，然后找机会杀了他。"

吴王阖闾觉得这个计策设计得真是太绝了，庆忌不上当是不可能的。但是，这对要离来未免太残忍了！吴王阖闾心中不忍，就说："这样的办法让我伤害自己的忠臣，我宁愿不去杀庆忌。"

要离看出吴王阖闾确实不忍伤害自己，心里很感激，觉得为了这样的明君，牺牲性命也值得。他苦劝吴王阖闾说："眼下的局势如果不除掉庆忌，就等于放弃了攻打楚国的计划。"他又质问道："难道大王想要放弃伐楚的心愿？"

吴王阖闾仍然在犹豫。这时，伍子胥也劝道："现在国家危急，要离忘我献身，是忠义之士，成功后给他封号，善待他儿子也就可以了。这不会有损大王的名声。"

"大王，给我一个机会吧，我一定不辱使命，完成任务！"要离双手抱拳，跪在吴王阖闾的面前。

吴王阖闾明白庆忌机警过人，别的方法很难杀掉他，使用"苦肉计"，成算更大。他久思之下，终于点头答应了要离的请求，令人按照要离的计策执行。

当朝中文武百官看到吴王阖闾杀了要离的妻子、砍了他的右臂后，不知是计，都对吴王阖闾又惊又怕，唯恐这凄惨的命运落到自己身上。为了保密，对于群臣的非议，吴王阖闾也不解释。

不久后，要离逃出吴国，投到庆忌门下。庆忌起初也怀疑其中有诈，但看到要离的惨状，听了他的言辞，最后还是接纳了他。由于要离有勇有谋，具有很强的军事才能，越来越受到庆忌的尊重，也渐渐得到了他的信任，两人关系越来越密切。当庆忌问要离如何能够杀吴王阖闾以报仇时，要离说："伍子胥是楚国的重臣，为了替父兄报仇才来到吴国，想要借吴国的力量伐楚，所以尽心尽力为吴王阖闾效力。现在楚平王和费无极都死了，吴王阖闾上台后不提给伍子胥报仇的事了，所以伍子胥很怨恨吴王阖闾。这时我在吴王阖闾面前替伍子胥说话，吴王阖闾大怒，才杀了我妻，砍了我臂。现在我有一个办法，可以对付吴王阖闾。"

庆忌听到这里，更加痛恨吴王阖闾，也非常同情要离的遭遇。他听说要离有除掉吴王阖闾的计谋，顿时来了兴趣。这时，要离左顾右盼，建议道："大王，这里耳目众多，改日我们找个安静的地方细细商量，如何？"

庆忌点点头，认为要离言之有理。毕竟这里不是秘密场合，如果泄密，就会全盘皆输。

第二天，天气晴朗，风和日丽，鸟语花香，是一个出外郊游的好日子。庆忌与要离在吴江上泛舟游玩，江面风平浪静，碧水轻舟，两个人交谈甚欢。当轻舟进入江中央，四下无人时，要离说："吴王阖闾杀了吴王僚，逼走了他的两个弟弟，现在老百姓有很多怨言，只有伍子胥在辅佐吴王阖闾，现在他们之间又有了矛盾，伍子胥退居山野了。如果此时我们给伍子胥写一封信，让他里应外合，共破吴王阖闾，您就可以一举登上本属于您的王位了。"

庆忌认为这确实是一条好计，只要伍子胥愿意合作，何愁大事不成？他心中高兴，完全打消了对要离的戒备心理，命人摆上酒菜，要与要离开怀畅饮。喝酒时，要离故意说一些让庆忌开心的话。庆忌更加高兴，如长鲸吸水，酒到杯干，喝得大醉，便披着长袍卧于舟中。

轻舟缓缓随江水而行，庆忌已睡熟，鼾声如雷。要离知道这是杀掉庆忌的最好机会。但他很惧怕庆忌的威名勇力。犹豫片刻，他壮着胆子走过去，轻轻地拽了拽庆忌的衣襟，轻声地喊道："大王，大王……"几次试探，庆忌依旧鼾声如雷，没有丝毫反应。

这时，要离从怀中拿出早已准备好的匕首，向庆忌的心窝猛刺下去。庆忌惊醒过来，挥了一下手，看见匕首已插在自己的心口上。庆忌高大强壮，虽已负伤，勇力仍存。他揪住要离，把他丢进了船屋，自己则大叫数声而死。庆忌的随从武士闻声赶来，用戈刺要离，要离纵身跳进了江中……

这次要离成功铲除了吴王阖闾心中的后患，也解除了争霸破楚的后顾之忧。吴王阖闾并没有忘记要离的效忠献身，他给要离加了封号，善待他的家人，赠予良田百亩、金银珠宝万贯，让他们从此过着安居乐业的生活。这时，朝中上下才知道这只是吴王阖闾与要离之间的一个计谋。他们既惊讶又佩服，从此更加效忠于吴王阖闾。

吴王阖闾除掉庆忌这个心腹大患后，又着手铲除楚国的翅翼——掩余和烛庸。掩余和烛庸都是吴王僚的弟弟，吴王阖闾当年发动政变成功之后，掩余和烛庸正率军与楚国交战，他们得知国内变故后，立即弃军逃跑。掩余逃到徐国，烛庸逃到钟吾国（今江苏宿迁东北）。吴王阖闾对这二人不放心，怕他们将来兴祸作乱，便派出使臣，责令徐国和钟吾国交出二公子。二国依仗有强大的楚国撑腰，拒不从命，私自放走了二位公子，让他们去投奔楚国。楚昭王对两位公子热诚欢迎，把养邑城东北边的城父、东南边的胡田两块地方封给他们，企图利用他们为害吴国，以减轻吴国对楚国的压力。

这样的结果，吴王阖闾更满意，只要攻破楚国，掩余与烛庸也跑不掉，所有的宿敌就全消灭了，反而更省事。

经过充分的准备后，吴王阖闾与孙武、伍子胥、伯嚭等一起，共同商量伐楚的计划。

吴王阖闾、伍子胥和伯嚭三人认为应该先攻屯守养邑的掩余与烛庸，并且各自谈了自己的看法。他们的观点一致：只有这样，才能做到师出有名。孙武却默不作声，他正在凝神深思。吴王阖闾便问："先生有何计策？"

孙武道："攻其无备，出其不意。养邑地势险要，利于防守。"

其余三人都不明白孙武的说法，凭借吴国现在的实力，要想取得这次胜利，简直易如反掌。吴王阖闾甚是疑惑，不解地看着孙武。孙武继续说："如果我军大张旗鼓地矛头直指养邑，楚军必定前来增援，两兵一起抵抗我军，必定是对我军不利，肯定会难以取胜。"

吴王阖闾点了点头，表示同意孙武的分析。

孙武认为，应该先讨伐徐国和钟吾国。因为徐国处于淮水下游北岸，战略位置重要，很早就依附于楚国，与楚国有着难以割舍的关系，徐国勾结楚国对抗吴国已有长达七十余年的历史，是楚国从侧背威胁吴国的最重要的据点。如果吴军西进伐楚，必先除掉徐国。

他说："徐国军队曾经诈降吴国而协助楚国，楚国为它们筑夷城，使之与吴国对抗，讨伐徐国也同样师出有名，而且可以掩盖伐楚的真实意图。我军攻打徐国时，楚军必远道来救援，这样就可以达到疲弊楚军的目的。这比让楚军驻守国内要容易取胜。"

对孙武的分析，吴王阖闾等人都觉得言之有理。尤其是吴王阖闾，更是有感于心。当年吴楚交战时，历代吴王都想灭掉徐国和钟吾国，可惜实力不足，有心无力。现在的吴国已经和以前没有可比的了，无论从政治还是经济上来看，都有足够的实力来铲除二国。这样做，不但解除了自己的后忠，也可扫清淮水北岸楚国的防御，可谓一箭双雕。

于是，吴王阖闾决定，按照孙武的构想布局。

公元前512年的冬天，吴王阖闾命孙武为将，率领吴国的两万精锐之师，进攻徐国。孙武令伯嚭率兵围攻徐国，自己带兵围攻钟吾国，并引兵屯集于边境。钟吾国只是一个小国，不堪一击，没有费多大力气就攻了下来。接下来，他们就集中兵力共同进攻徐国。

孙武一行人来到徐国城外，只见其城处于崇山峻岭脚下的盆地之中。沱河自西北而来，到城南部绕了个弯，向东北流去，再南折而入淮河。夷城之南，有一道屏障的山丘，挡着沱河之水。

孙武侦察一番地形后，发现若能将这山丘凿开一道缺口，便可使沱河水直灌夷城，那么徐国的都城就会不攻自破。想着，孙武不由自主地笑了笑，好像看到徐国已经在自己手中了。

军事生涯

当徐国放哨的士兵气喘吁吁地跑来报告吴国进攻的消息时，徐国国君章禹正拥美姬饮酒作乐以驱寒。听到报告后，他大惊失色，左思右想都找不到一个退敌的良策。

吴公子掩余也得到了钟吾国已经被孙武攻下，现在吴军正在集中兵力攻击徐国国都夷城的消息。掩余急得如热锅上的蚂蚁一般，坐卧不安。他想，现在唯一的办法就是赶快让信史通报楚王，以求支援。

当徐国国君忙作一团时，孙武已经开始了他的计划。先令大军将夷城团团围住，然后抽调一部分兵力去凿丘开渠，并令大军喧嚷要水淹徐国都城。城中的百姓听到这个消息，慌乱不堪，都预图谋反，想抓住徐君献给吴王，以免遭来玉石俱焚的命运。

徐国百姓为什么这样不爱国呢，因为自从徐国讨好楚王后，总是费尽心思搜刮百姓，纳贡给楚王，结果弄得百姓苦不堪言。当百姓听说孙武要水淹徐国都城后，哪肯为徐君牺牲呢？于是就自发组织起来去谋刺国君。但由于国君防范严密，几次都没有成功。

这天晚上，月朗星稀，微风凉习，正是水淹徐国都城的最佳时机，可孙武却突然下令取消这一计划。

伍子胥不解地问："将军为何取消计划？"

孙武说："徐国虽小，可城高池深，可谓固若金汤，攻打不易。只图固守，估计城中粮草储备可供一年之用。如今他们已派人去求援于楚国，楚国早晚必出兵来救。若我们用水攻之策，虽利于攻城，却苦了夷城百姓，所以非到万不得已，不能行此术。"

听到这里，伍子胥已经完全明白了孙武的顾虑，于是问道："依将军之见，我们该怎么办？"

"我打算选一个合适的人去说服徐国国君，晓之以利害，劝他献城。若他执迷不悟，再决口淹城不迟。善用兵者，屈人之兵而不以战，拔人之城而不以攻。"

其实，孙武下令凿丘开渠，并不是真的想以水淹城，他的目的是造成一种无坚不摧的态势，以削弱徐城军民的抵抗意志，迫使他们投降，以达到"不战而屈人之兵"的结果。当然，这一计策只是藏在他自己心里，并未向任何人透露。因为"事成于密"，把以水淹城的戏唱得越逼真越好。

伍子胥非常同意孙武劝降的做法。他们选了一名精于游说的使者，去见徐君。当徐君听说孙武派来使者，不敢怠慢，以礼相待，问其来意。现在徐国都城内，人心大乱，预谋造反，而楚国的救兵却迟迟不来，再加上孙武扬言要水淹夷城，徐君很是害怕。

孙武的使者仔细为徐君分析了当前的战况，如果让吴军攻城，那么徐国都城不但会不攻自破，而且还会祸害百姓。与其这样，不如投降吴军，吴军肯定会善待城内百姓，而且也不会损徐君的利益。

徐君在权衡利弊之后，同意了这一意见。第二天，便打开城门，投降了吴国。

孙武不战而拿下徐国之后，估计楚国救徐之兵不日便到，立即调转兵锋，向南长驱五百里，渡过淮水，攻入楚国腹地。

楚昭王看到徐国投降了吴国，非常气愤，但又无可奈何。他想：当年吴王阖闾刺杀吴王僚而驱逐他的两个弟弟，掩余、烛庸二人就是吴王阖闾的仇人，我们应该加以利用，让他们两个把守舒城，看他们吴国人自相攻杀。于是，楚昭王给了掩余、烛庸精兵一万，让他们驻守舒城。

孙武在得到这一情报后，就让伍子胥和伯嚭攻打舒城。掩余坚守不出，可是烛庸耐不住性子，领兵出战。伍子胥知道时机来了，就与其在城前展开了激烈的战斗，烛庸虽然勇猛，依然敌不过伍子胥聪明灵活。所以双方实力相当，半天也分不出胜负。

掩余见兄弟不能取胜，也出城加入了战斗，这时伯嚭带兵一拥而上，掩余、烛庸寡不敌众，领兵逃往楚国的养城。他们手下的兵士原本有很多是吴国人，这次战斗后，他们中有很多人都归附了吴军。

孙武、伍子胥乘胜前进，攻占了楚国的舒城。然后，他们写信给楚昭王，历数了楚平王和费无极的罪行。其时楚平王早就死了，费无

军事生涯

极也死了。当楚昭王看到伍子胥的书信，知道舒城已经沦陷，楚国已经危在旦夕，于是就急召群臣商议。

所有的文武官员都明白，这时楚国的情势已经岌岌可危，谁也没有扭转局势的办法。大殿上寂静无声，楚昭王向左边看看，左边的群臣都低下头。然后向右边看看，右边的群臣也是低头不语。楚昭王实在耐不住性子，大声呵斥道："你们为什么都不说话？关键时刻一点用都没有，国家养你们干什么？"

这时，令尹子西从群臣中站了出来，说："目前，吴国兴盛、兵强马壮，又有孙武、伍子胥等高人，依愚臣之见，还是不战为妙。当年费无极用谗言害了他的全家，伍子胥报仇也是理所当然。我们不如卖他一个人情，将费无极的人头献给他，了却他的心愿，这样或许吴楚两国之间可以和平相处。"

楚昭王已经被眼前的局面逼得无路可走，只能听从子西的建议。于是，他们命人打开费无极的棺木，割下他的首级，派使者过江去见伍子胥。伍子胥见到费无极的首级，大骂不止，并用剑乱砍，但也解不了他父兄被害的心头之恨。

已经铲除了徐国，拿下楚国也指日可待，可是现在要一举攻下楚国，时机并没有成熟，孙武见伍子胥已经报了父兄的仇，就劝他说："既然大仇已报，现在还不是攻打楚国的最佳时机，而且士兵也已经疲惫不堪。不如我们先在此扎营住下，休息一段时间，等待时机成熟，我们再战不迟。"

对此，伍子胥和伯嚭都没有异议，于是，三军在楚国驻扎下来，准备下一阶段的战斗。

孙武治军一向严明，禁止部下侵扰百姓。当初他率军刚进入徐国境内时，就颁布命令：吴军要视徐国百姓如亲人，不得随意惊扰与侵犯，假若发现有践踏蹂躏徐国百姓者，必定严惩！

没想到，孙武的命令刚刚宣布，徐国的人民就起来反抗，吴军士兵与徐国的百姓打了起来，颇有爆发大规模流血冲突的势头。孙武感到很奇怪，不明白徐国的百姓为何如此痛恨吴军，也不明白为何自己颁布了这么多开明的政策，徐国的百姓还会有如此大的意见？

经过调查，孙武终于明白了矛盾的根源。前面已提到，孙武为了逼徐君投降，命令将士们凿丘挖渠，以造成一种以水淹城的态势。在挖渠时，一位吴军校尉杀死了徐国的一位老汉，因而激起了当地居民的反抗。

为了阻止越来越激化的矛盾，孙武急忙率卫队赶到现场，只见数百名徐国民众正以镰刀、锄头抵御吴兵，有吴军士兵倒在血泊中，也有几个百姓受了重伤，倒在地上不断呻吟，身旁的家属不停地号啕大哭，不断地骂着吴军。

孙武见状，大声呵斥吴军，命令他们都放下武器，要求对徐国百姓骂不得还口，打不得还手。士兵们都乖乖地放下了武器，百姓以为孙武是故作姿态，仍不肯罢休，蜂拥而上，向吴军士兵攻击，很快就有几个吴军倒在血泊中。

百姓们打骂了一阵之后，渐渐感觉到了孙武的诚意，于是，慢慢地就有人放下了手里的锄头、铁锹等农具，聚集在孙武身边，看他如何处理这个问题。孙武看到百姓的怨气已经消除大半，这才开始讲话。他说，楚国豺狼成性，侵略了许多弱小国家，残酷地榨取这些国家的民脂民膏，害得这些国家民不聊生。他又说，徐君为保君位，向楚王献媚取宠，每年将大批的粮食、棉麻、茶叶、金银珠宝献给楚王，害得徐国百姓饥寒交迫，整日在死亡线上挣扎。最后他说，吴军是仁义之师，而仁义之师的神圣职责是惩强扶弱，使受苦的弱小国民获得解放。他的话，打动了在场之人的心。大家纷纷鼓掌，刚才的愤激之情已荡然无存。

回到军营之后，孙武立即命人给受伤的士兵治伤，还亲自探访受伤的士兵，然后追查吴军校尉杀死徐国老汉的原因。

事情原来是这样的：七十岁的张老汉，一家九口，全靠丘里这二亩八分水浇地过活。而这次挖渠的规划刚好要经过张老汉的水田，张

军事生涯

老汉不同意。先是苦苦哀求，然后是谩骂，最后是躺在吴军的锹镐下边，泣不成声，以死相逼。

面对这样的事情，吴军校尉也不知该怎么办？先是晓之以理、动之以情地给其讲道理，然后是找人相劝，都没有结果，张老汉执意不肯离去。吴军挖渠是战略任务，工期极短，误了时间是要军法处置的，总不能因为一个人反对而置元帅的军令于不顾。校尉出于无奈，下令继续挖，于是，张老汉死于非命……

查明了事情的真相，孙武真是左右为难。如果惩治吴军校尉，他本身无罪；可如果不惩治，就难以服众。究竟该怎么办？孙武左思右想，从大局考虑，决定"杀人偿命"，处死校尉，以安抚徐民，然后吩咐厚葬校尉，重金抚恤其眷属。看着校尉的家属时，孙武挥泪如雨，泣不成声，诚心道歉。此举令吴军将士们感佩不已。

太平的日子没过几天，又出现了一件令所有人都没有想到的事件。那就是辛庄的赵贞夫妇，点着了自家的三间茅草房，老两口被活活烧死。这老两口无儿无女，孤苦无依，平时靠几亩薄田勉强度日，日子过得也算安稳，可这次吴军要挖渠，刚好是从他们家穿过。这时，正是三九寒天，鹅毛般的雪花纷纷扬扬，口中呼出的热气在空中都可以结成水珠，现在要拆掉他们老两口的破屋，这么冷的天气，冰天雪地，让他们上哪里避寒？明摆着是要老两口的命。老两口觉得与其被活活冻死在街头，还不如自焚而死，图的是干净利索，少给乡邻增添麻烦。

辛庄父老和三里五村的民众，抓住这一事件，纷纷闹腾起来，反对吴军毁村掘壕。负责挖渠的吴军将领有了校尉被处死的前车之鉴，也不敢私自处罚百姓，只能苦苦相劝。可是众多百姓，言杂语多，根本就听不进去，只是一味地闹事，闹得挖渠工程无法继续进行。

孙武得到这一消息后，立即赶到现场。这时的赵贞夫妇已被抬了出来，他们仍然紧紧相拥，紧缩着，蜷曲着，很是凄惨，十分可怜。孙武顿起怜悯之心，命人好好安葬了赵贞夫妇，并且下令挖渠一定要绕过村庄，即使占用百姓的土地也一定要赔偿应有的损失。

由于孙武的这些命令只是口头许诺，并没有形成统一的条文，所以在实施过程中，难免会出现差错，也有执行不到位的。之后，又经过了几次小的冲突之后，孙武下令：挖渠所毁的麦田，按来年的最高产量加倍赔偿；渠壕尽量避开村庄，万一避不开的，必须先安置好搬迁民众的住处，并付给建同等房屋两倍的费用，以备来年重建新居。这次不仅是口头许诺，而且形成了明令的条文，有法可依。这些严明的规定就如浩荡的东风，吹得沱河三九解冻，似淅沥的春雨，滋润着徐民的心田，徐国的百姓也积极配合挖渠，工程进度快了许多。

 讨伐越国

在这次吴国讨伐楚国之时，越国是吴王最大的担心。虽然在攻楚之前征服了徐国和钟吾国，在一定程度上解决了后顾之忧，但要一举拿下楚国，必然会进行旷日持久的战争，并导致双方兵力大量消耗的结果。这时候，来自越国的威胁就不得不考虑了。如果越国在吴国攻楚之时乘虚而入，后果不堪设想。这也是孙武当初难以下定攻楚决心的一大原因。

传说越国是夏禹的后裔所建。当年，大禹治理水患来到南方，曾在会稽（今浙江绍兴）一带活动，召集诸侯"乃大会计治国之道"，所以此地名为会稽。后来，大禹在这里"因传国政，休养万民"，他死后也安葬在会稽山。夏禹的后代少康即位时，把自己的庶子无余封在这

里，以免夏禹陵庙的祭祀中断。无余便建立了国家，名为"越"。无余就是越国的始祖。

最早的吴国和越国都是楚国的附属国，地位相当。可是自从吴王寿梦叛楚以后，越国的地位也逐渐上升，成为楚国在吴国身后的重要盟国，也成为吴国的一大隐患。

公元前544年，吴王余祭为了实现攻下强楚的愿望，开始攻伐越国，消除自己的后患。那时的越国兵力弱，国土小，只是楚国的一个个小小的附属国。战争结束后，吴军俘虏了大量越军。不久之后，吴王余祭已经完全放松了对越国俘虏的警惕，让俘虏做了吴官守门人，并且负责看守吴国的船只。当吴王余祭视察船只的时候，被守船人刺杀，吴越两国自此成了"仇雠敌战之国"。

斗转星移，春去秋来，吴国在不断地强大，越国也发生了翻天覆地的变化，而且在楚国的支持下，先后在公元前537年、公元前518年两次讨伐吴国。一直到吴王阖闾时，越国已传二十余世孙，其国君是允常。

根据史书记载："允常之时，与吴王阖闾战而相怨伐。"可见，吴国与越国的战争一直不断，虽然没有经过特别惊天动地的战争，可也总是硝烟四起，战云弥漫。到了吴王阖闾时，越国这时的疆域已"南至句无（今浙江诸暨州），北至御儿（今浙江余杭），东至于鄞（今浙江奉化），西至于姑蔑（今浙江衢州）"，方圆数百里，国都定于会稽，已蔚为南方大国。

吴王阖闾刚即位的时候，就想要重创越国，给楚国一个警告。于是，吴王阖闾命令伍子胥在姑苏（今江苏苏州）修筑阖闾王城。这座王城的设计主要是为了防御越国。据史书记载："越在东南，故立蛇门以制敌国""不开东面者，欲以绝越明也"。据此，能够很明显地感觉到吴王阖闾对越国的防备之心。

当然，吴王阖闾认为，仅仅防御是远远不够的，而且自己已经攻下了徐国，打败了楚国。为了防止越国乘虚而入，主动出击越国已迫在眉睫。为了使自己发动战争师出有名，吴王阖闾采取先礼后兵的做法。吴王阖闾五年（公元前 510 年）夏，吴王阖闾先派使臣去越国进行谈判，诚心地表示希望越国能够跟吴国结成联盟，共同讨伐楚国。

越王允常接见了吴国的使臣，听了吴国使臣的来意，非常气愤，坚决地说："你们吴国不遵守与楚国的盟约，不守信用，抛弃亲如手足的楚国。现在又要与越国交往，共同讨伐亲近的友邦，鄙国不能从命。"吴国的使臣见越王允常的态度坚决，再劝无用，于是就返回向吴王阖闾复命。

吴王阖闾得知越王允常根本无意与其联盟，就准备主动出击。可是这一年，岁星降在越国的头上，按照当时的观念，不利于吴国进攻越国。晋国史墨就说："越得岁而吴伐之，必受其凶。"一边是自己的远大计划，一边是天命，究竟该怎么办？吴王阖闾犹豫了，不知该不该顺从天命。

越王允常接见吴国的使臣

孙武从不相信天命，他一直相信自己的能力。他认为，命运是掌握在自己手中的，事在人为。在吴王阖闾犹豫不决时，他勇敢地挺身而出，以其兵家的魄力，力劝吴王阖闾用兵，以解除将来伐楚的后顾之忧。他自信高昂地说："自古英明的君主和贤能的将帅，之所以战而胜人，功业超众，是因为他们能首先对敌情了如指掌，这叫'先知'。"

孙武的这些话，晓之以理，动之以情，句句都说在吴王阖闾的心里。可是吴王阖闾仍然害怕天遣。孙武好像看出了吴王阖闾的疑虑，继续说："而先知不可以求神问鬼，不可以用相像的事物来比附猜测，也不可以用日月星辰运行度数去验证，必须依靠人的自身力量去努力深入地了解敌情。"

但是，吴王阖闾还是下不了攻越的决心。

有一次，吴王阖闾与孙武一起讨论一些兵法上的事情，想从中学习一些打仗用兵的战略。他问："我军发动主要兵力进攻楚国，若越国趁我国内部空虚，突袭我国。这时，我国本土就得进行抵抗，在国内进行作战，按照将军的兵法提示，应当属于'散地'，这种情况下作战，士卒顾家，应该坚守不出，不与敌军较量。但是如果敌军进攻我小城，掠夺我田野上的粮食牲畜，不让我们出去打柴拾草，堵塞我交通要道，待我消耗殆尽，再发动攻击，我军该如何呢？"

孙武回答："如果敌军来我军本土侵犯，那么在他们背后肯定有许多我们的城邑。敌军由于远离本土，士兵往往把军队看作自己的家，在作战时，他们都会集中精神，全心应对，舍生忘死，勇于战斗。而我们的士兵处在本土，留恋故乡，往往不愿死战，常常抱有求生的欲望；用这样的军队排列战阵，战阵一定不会坚固；用这样的军队发动进攻，战斗一定不会获胜。因此，最好办法是结集军队，积聚粮食，储备布帛，保城备险，同时派遣轻装快速部队出奇兵切断敌军的后勤补给线。敌军挑战，我军坚守不出，敌军粮食等后勤物资运不上来，到郊外抢掠又一无所获，敌军将士就会困顿饥馁。我军借机以小利诱使敌军按照我们的预先计划行动，就可以打败敌军。"

听了孙武有理有据、合情合理的精辟分析之后，吴王阖闾的一切后顾之忧都消除了。他明白，有了孙武这样的军事奇才，何惧越国乘虚而入？何愁不能打败楚国？于是，他打消了疑虑，下达了攻击越国的命令。

吴军全线出击，杀入越国境内。这次出击是出其不意的，越国没有想到吴国会那么快就进攻自己。当得知吴国进军越国时，越国一片混乱，百姓四散逃窜，国中大臣也四散逃去，越国的将领还没有来得及组织兵力迎战，就已经被吴军包围。所以，吴国轻易就取得了决定性的胜利。

吴王阖闾从越国班师后，唯恐越国继续组织军队来侵犯，就加紧修筑城池，增强守备力量，尽量把越国北上犯吴的威胁减少到最低程度。

这次讨伐越国进行得如此顺利，与孙武的谋略是分不开的，吴王阖闾非常感激孙武的忠诚，也非常钦佩孙武的谋略和胆识。

第六章

进攻楚国

各国争霸的局面越来越严重，潜在的危机隐藏在表面的和平下，为了实现自己的大志，孙武通过多次战争巧妙布阵，轻松应战，一环接着一环的计谋，一层又一层的筹划，战场厮杀，刀刃无痕。

 **结交盟友**

　　各国争霸的局势越来越严重，潜在的危机隐藏在表面和平的下面，为了实现自己的大志，孙武通过多次战争巧妙布阵，轻松应战……

　　公元前 509 年，蔡昭侯制作了两件极其精美的裘皮大衣和两件精雕细刻的玉佩，他带上这几件宝贝去朝见楚昭王，以表达两国友好相处的愿望。当楚昭王看见这碧玉澈透、精雕细刻的玉佩及做工精致、完美无瑕的裘皮大衣时，眼中顿时发出了奇异的光芒，不住地赞叹其是真正的宝贝，爱不释手地拿在手中。于是，楚昭王决定设宴款待这位贵客。当蔡昭侯得知楚昭王要盛情款待自己时，为了表示对楚昭王的尊重，也表示对两国国君的身份平等，蔡昭侯就把自己所带的另外一件裘皮大衣穿在自己身上，也把另外一块玉佩挂在自己的腰上。

　　第二天，当两国国君同时来到宴会厅时，所有的官员都惊呆了，他们没想到两位国君会穿戴一模一样的衣服、饰物，而且两人的衣服、饰物没有丝毫区别，真是巧夺天工。这么显眼而且宝贵的东西当时就引来了众官的一致赞赏，君臣上下气氛十分热烈。楚昭王的爱臣囊瓦一直用一双贪婪的眼睛死死地盯着蔡昭侯，几次三番表示想要蔡昭侯身上的饰物。蔡昭侯对于这么直白地向自己索要东西的人非常讨厌，但又碍于楚昭王的面子，不好意思直接拒绝，只是一直装作听不懂的样子。

当宴会接近尾声时，大臣官员渐渐离去，囊瓦早已急红了眼，他是不拿到东西誓不罢休，最后，公然在众人面前索要。这时，一向明事理的蔡昭侯非常气愤，生气地拒绝了他的要求。囊瓦恼羞成怒，一直存心报复蔡昭侯。待到蔡昭侯将要回国的时候，他编了一个莫须有的罪名，让楚昭王将其扣留在楚国，沦为人下的日子一过就是三年。无独有偶，唐国的国君唐成公也遭遇到了与蔡昭侯同样的命运。公元前507年，他前去拜见楚昭王，不料，囊瓦竟然看上了随行队伍中的一匹叫"肃爽"的骏马，而这匹马是唐成公的爱物，怎么也舍不得就这样拱手相让。

蔡昭侯时期的编钟

半个月过去了，唐国的大臣依然没有盼到国君回国的消息。春去秋来，花开花落，唐国的大臣都不知道唐成公在楚国究竟怎么样了。三年时间，他们不能再这样等下去，于是就开始想方设法救其出来。首先，唐国派人劝说唐成公同意囊瓦索要骏马的要求，可是唐成公宁死不从。无奈之下，他们又想出了另外一个办法。唐国派人到楚国说，跟随唐成公的人待得太久了，能否让他们更换一下。楚国答应了。派去的人就用酒把跟随唐成公左右看马的人灌醉了，偷偷地把这匹"肃爽"马献给了囊瓦。囊瓦认为唐成公回心转意了，就十分"大度"地送唐成公回国了。偷马的人回国后自己把自己囚禁起来说："国君因为玩马的缘故，使身体失去了自由。臣下们请求帮助那个养'肃爽'马的人再找两匹与之相同的马。"

唐成公一听，马上自责道："这都是寡人的过错，与大家无关。"

说完对他们都给予了奖赏。

唐成公被释放了，可蔡昭侯依然被楚国扣留着。当蔡国的大臣得到唐成公被释放的前后经过后，一致认为要救出蔡昭侯，唯一的办法就是满足囊瓦的私欲。不久之后，蔡国派人将两件宝物献给囊瓦，囊瓦听了之后，非常嚣张，大骂蔡国使臣不懂规矩，而且骂蔡昭侯不识时务，如果早日了了他的心愿，恐怕早就回国了。蔡国使臣为了救回蔡昭侯，只能委曲求全。囊瓦发足了脾气，消了气，就放了蔡昭侯。

蔡昭侯越想越气，本以为只要自己坚持下去，肯定会有一个好的结果。最后，还是满足了囊瓦的私欲。这时，蔡昭侯刚好经过汉水边上，他的心情就如愤怒的江水，波涛滚滚，汹涌向前。蔡昭侯看着自己手中的美玉，毫不吝惜地将其投入湍急的汉水中，愤怒地发誓："寡人今后若再南渡汉水去楚国朝贡，那我就像这块玉一样，永世葬身大川之中。"

蔡昭侯回国的第一件事情就是了解当前的具体形势，然后找一个强大的国家来依靠。因为他明白，依靠本国的实力，根本抵抗不了强大的楚国，最好跟其他国家结盟，共抗楚国。于是，他首先向强大的晋国表达了结盟的愿望。

公元前 506 年，晋国诸大夫为求蔡昭侯手上的宝物，说服周王朝的上卿刘文公出面，在召陵大会诸侯，集晋、鲁、宋、蔡、卫、齐、陈、郑、许、曹、莒、邾、顿、胡、滕、薛、杞、小邾国共十八国诸侯，商讨为蔡昭侯伐楚雪仇之事。结果，晋大夫荀寅却被蔡昭侯身上的宝物吸引，并向其所要，遭到拒绝。而卫灵公也因在诸侯座次排列上，位居蔡国之后而相争不让，使蔡、卫翻脸，关系陷入僵局。恰与此时，连降大雨，潮阴湿霉，军中疾病滋蔓，因此各诸侯国借故退兵，使召陵盟会无果而终。

蔡昭侯见各诸侯国都撤军了，心里非常气愤，在撤军回国路过沈国时，蔡昭侯怨沈国不支持其伐楚，派兵袭灭其国，杀其国君，以泄私愤。楚国早就想攻灭蔡国，这时，就以蔡国消灭沈国为由，出兵攻蔡，将蔡昭侯团团围困于新蔡(今河南新蔡)。蔡昭侯在对中原诸国完全失望的情况下，只好另谋出路，把求援的目光转向了迅速强大起来的吴国。

蔡昭侯在楚国住了三年，对楚国的情况多少有些了解。他知道，楚国虽然外表强大，事实上内部矛盾重重。自从楚昭王即位以后，朝中的卿大夫之间就开始了你争我夺，矛盾越来越激烈。而吴国政治、经济迅速发展，迅速强大起来，还有孙武、伍子胥、伯嚭这些谋臣智士，而伍子胥与楚国的父兄之仇世人皆知，所以吴国与楚国之战即将展开。

分析清楚了当前的形势，蔡昭侯就派自己的儿子公子乾和大夫的儿子到吴国做人质，请求吴国出兵拯救危难中的蔡国，替蔡国报仇雪耻。

当蔡昭侯的儿子和大夫的儿子来到吴国之后，吴王阖闾不知究竟该如何对待这件事？于是，他召来了孙武、伍子胥一起商讨对策。孙武为吴王分析了当前的形势，说："我认为，现在的形势对我们是非常有利的。楚国令尹囊瓦，不顾国家的存亡、人民的疾苦，一味贪得无厌，他的贪欲连天下的诸侯都已无法使之满足，因此诸侯痛心疾首。今年三月齐文公在召陵会十八国诸侯，就清楚地说明了这一点，这么多国能聚集在一起，本身就已能说明问题。特别是其中的齐国、蔡国、陈国、许国、胡国、顿国，原来都是楚国的盟国，现在也公然参加反楚联盟，说明楚国在天下的地位已经急剧跌落。更令人寒心的是，唐、蔡两国国君稍有不从，竟然在楚国被扣留长达数年之久。这种奇耻大辱，哪有不报之理。所以唐成公昼夜想要洗刷耻辱，君臣每天谋划此事。蔡昭侯也亲自带上自己的爱子和大夫的爱子，到我们吴国来结盟。唐、蔡两国对楚国恨到了极点。如果大王您下决心兴师与楚国决战东南的话，联合唐、蔡这两个国家，同仇敌忾，定能彻底击败楚国，大获全胜。"

吴王、伍子胥都非常赞同孙武的分析，然后伍子胥补充道："楚国囊瓦扣留蔡侯三年,蔡昭侯为此事发了誓,现在楚军围困蔡国,是师出无名。蔡国无辜而屡受耻辱,楚国无理而横行霸道,这真是天怒人怨呀!大王如果真想破楚图霸,现在是时候了。"

吴王阖闾听完孙武和伍子胥的议论,兴奋异常,于是,吴王阖闾就接受了孙武的建议,遣使入蔡转达吴王伐楚的决心,与其结成反楚联盟。为了表示自己的诚心,吴王阖闾还和蔡昭侯联姻,将自己的妹妹嫁于蔡昭侯为妾。然后又派人以同样的方法说服唐国,使吴、唐、蔡结成三国攻楚联盟。吴、唐、蔡攻楚联盟的建立,一方面撤屏断援,孤立了楚国;另一方面也为吴军从楚的侧背做远距离战略迂回提供了有利条件。

 拉开战幕

楚昭王即位以后,楚国江河日下。内部奸人专权,忠良被害。外则兵祸连年,东困于吴。楚国的附属国相继叛离,各国诸侯也纷纷打楚的主意。

公元前 506 年秋天,楚国发兵嗣攻蔡国,为沈国雪耻。蔡国向晋国求救,但是晋国没有答应,蔡国的大臣建议蔡昭侯向吴国求救。蔡昭侯同意了,当即把自己的二儿子公子乾作为人质,前往吴国借兵。

蔡昭侯的二儿子公子乾见了吴王阖闾后说:"唐蔡两国满怀怨愤,愿为先驱。救助蔡国可以显扬吴国的声望,打败楚国可以获得丰厚的

财物。大王想要攻破郢都，这个机会可不能错过。"

吴王阖闾也打算借此机会大举伐楚，便去征询伍子胥、孙武的意见。吴王阖闾问道："当年寡人主张伐楚，两位一致认为时机还没有成熟，经过这五六年的准备，现在出兵，两位认为怎样？"

伍子胥回答道："楚将囊瓦贪婪无道，得罪了不少诸侯，唐、蔡两国国君对他疾恶如仇，现在他们来向我们求救，君王正好联合他们大举攻楚。"

孙武说："楚国之所以难以讨伐，就是因为属国太多，不容易直接攻入它的疆界。现在晋侯打了个招呼，十八国就聚集在一块儿，其中陈、许、顿、胡一直都听楚国的，这次也放弃了楚国而跟从晋国，可见人心怨楚，不只是唐、蔡两个国家，这正是楚国势单力孤的时候，现在正是进攻楚国的最佳时机。"

吴王阖闾听孙武也这样说，伐楚的劲头更足了，于是接受了蔡国的人质，答应出兵。

吴王阖闾十年的冬天，吴王阖闾亲自出马，拜孙武为将军，伍子胥、伯嚭为副将，胞弟夫概为先锋，公子山专督粮饷，征集全国兵力，并联合唐、蔡两个国家，总计数百辆战车，三万多兵马，数万随军民夫，号称十万大军，浩浩荡荡从吴国都城的阊门出发，兴师讨伐楚国。

孙武采取"攻其所必救"的战略方针，吴国大军从胥江入太湖，进胥溪，经芜湖，过长江北上，再经巢湖到州来，入淮水向西，进抵淮讷（今河南潢川西北地区）。这样的行军路线，是有意给楚军造成吴军要救蔡国的假象。

这时，孙武突然下达命令，全军舍舟登岸，放弃战船，改从陆路进攻，要人衔枚，马摘铃，昼夜兼程，向楚国东北边境急速前进。伍子胥问孙武："吴军习于水性，善于水战，为何改从陆路进军呢？"

孙武告诉他说："用兵作战，最贵神速。应当走别人料想不到的路，以便打它个措手不及。逆水行舟，速度迟缓，楚军必然乘机加强防备，那就很难破敌了。"伍子胥点头称是。

于是，吴军舍舟登陆，孙武从吴军中挑选了勇士五百人，善跑的士卒三千人，组成三千五百人的先锋队伍，沿淮水继续向西挺进。所有吴军战船，全部留在淮水转弯的空旷地方。

吴军急行军，先进蔡国，后入唐国，楚国令尹子常见吴兵声势浩大，赶紧撤除了对蔡都的包围，掉头就跑，回到郢都报告楚王。

蔡昭侯出城迎接吴王阖闾，流着眼泪诉说楚国君臣的罪恶。过了一会儿唐成公也到了，两人自愿作为左右军，跟随吴兵攻打楚国。

在唐、蔡两国的密切配合下，吴军迅速通过了楚国北部的大隧、直辕、冥厄三个险峻的关隘，直插楚国腹地，抵达汉水东岸。

吴军顺利抵达汉水东岸，完成了千里奔袭的任务。对下一步如何破楚军、入郢都，孙武与吴王阖闾、伍子胥等进行了认真策划，即所谓的"庙算"。

最后，君臣达成统一意见，制定了详细的破楚方案。具体方案是，先诱使楚军主力东渡汉水，然后吴军进行战略退却，诱惑楚军到柏举地区，进行全歼敌军主力的行动。也就是说，柏举将是这次攻楚的最主要阵地，如果能够成功，下一步攻破楚国国都郢，擒获楚昭王就轻而易举了。

获悉吴军主力突然出现在汉水以东，楚昭王大惊失色，马上召集大臣举行紧急军事会议，商议御敌之策。

当时有人主张任命公子结为将，有人认为令尹囊瓦合适，双方争论不休，没料到，这一绝密军情被吴国的间谍获知，吴军大营立即做出反应。

伍子胥在楚多年，深知这两个人的军事指挥能力，于是放出风声说："如果让公子结为将，我们就等着取他的人头；让令尹囊瓦率兵，我们只好退避三舍。"

楚国得知后，果然中计，拜贪婪无能的令尹囊瓦为将，而不用有勇有谋的公子结。子常统辖沈尹戍、部将史皇、武城黑等战将，指挥二十万大军，星夜赶赴前线。楚军刚刚在汉水南岸驻扎下来，哨探即

进攻楚国

来报告说，吴军已经在汉水以北驻扎。

孙武见楚军已经做了应战部署，不敢贸然渡水强攻，便略施小计，调动楚军。他特地卖了个破绽，下令全军在豫章地区安营扎寨，休整待命。

楚将令尹囊瓦原来断定，吴军是千里来袭，物资供应方面一定十分困难，最利速战速决，最忌是持久恋战，却没料到，吴军却按兵不动，跟自己隔河相峙。

囊瓦一时摸不清吴军的作战意图，不知吴军葫芦里卖的什么药，只得命令部队暂时扎营，处处设防，严加戒备。

正在囊瓦犹豫不决的时候，楚国左司马沈尹戍前来献策说："兵法上讲，进行千里远征，粮草一定缺乏，士兵一定吃不饱饭。现在吴国进行远征，本来应该速战速决，现在孙武按兵不动，正是犯了兵家的大忌啊！"

令尹囊瓦说："是啊！我也一直在迷惑呢！不知道吴军为什么采取这样的策略。难道孙武脑子有问题了吗？所以我才会按兵不动的。"

沈尹戍说："孙武的这一失策，乃是上天保佑我们大楚国啊！将军你在这里暂时拖住吴军，让他们不敢冒险渡河。末将愿意率领本部兵马，绕到吴军的大后方，征调方城以外的民众，烧毁他们的战船，然后我率领人马扼守大隧、直辕、冥陌这三道关口。等吴军疲惫不堪的时候，将军再迎头痛击，末将再从后面进行掩袭，让吴军首尾不能相顾。这样，吴军进退两难，插翅难飞，我军一定会大获全胜。"

两个人商量好以后，左司马沈尹戍立刻分兵行动。其实，孙武这是故意在显露自己的失误，他的主要目的就是引诱楚军中计，促使楚方分散兵力，造成军力对比上有利于己的变化，然后再趁机发起进攻。

孙武向来十分重视军事间谍活动。这次楚军的军事行动很快被孙武派出的间谍人员获知，迅速回报给了孙武。孙武与吴王阖闾、伍子胥等分析了问题的严重性。

如果楚军"迂回包抄、前后夹击"的图谋得逞，吴军的处境将十分危险。孙武与吴王阖闾、伍子胥最后商定，设法诱使敌人骄傲自大，引诱楚国主力出战。

这时，孙武下达命令，让一些士兵假装逃跑，制造吴军军粮不给的假象，同时派一些间谍，到楚军中散布吴军军心涣散的谣言。

楚军方面，在左司马沈尹戍领兵走后，楚军将领武城黑就立即拜见了楚军统帅令尹囊瓦，他说："吴军战车纯用木料做成，久经风雨。我军战车外面包着皮革，用胶固定，一遇到阴雨天，胶化筋脱容易损坏。相持不下，对我军不利，不如速战。"

武城黑刚走，囊瓦的部将史皇又悄悄来到帐中，他对囊瓦说："楚国人喜欢您的少，喜欢司马的多，要是司马领兵烧毁了吴军的战船，堵塞了汉东的道路，那打败吴军的第一功，可又是他的了。"

说着，史皇看了一眼囊瓦，感觉自己的话奏效了，就继续说："令尹官高名重，却屡次失利，现在又把头功让给司马，将来怎么立于百官之上？说不定司马还会代替您执政呢！不如按照武城黑将军的计策，渡江作战决一胜负。"

囊瓦听了二位部将的话，觉得有道理，正好这时有楚军的探子来报告说，吴军士兵忍受不住饥饿，正在纷纷逃跑。囊瓦听说了这种情况，非常高兴，于是不顾与左司马沈尹戍的约定，倚仗自己兵多势众，下令立即强渡汉水，在大小别山一带，连营数十里，摆出一副大战的架势。

哪知一招不慎，全盘皆输。楚军的错误行动，正是孙武梦寐以求的，吴军早就厉兵秣马，准备厮杀。所以孙武等楚军渡河刚到一半，立足未稳的时候，就先声夺人，击鼓进兵。吴方前有大军堵截，后有包抄的军队，正如陷于死地而后生，所以个个奋勇冲杀，无不以一当十。

楚军大队人马刚刚渡过了一半，所以被河水分成了两截，前方一乱，纷纷溃退，中间的楚军还正在全力渡河，不知道怎么回事，前方的人又回来了，所以在河水里挤成了一团，淹死踩死了无数。

楚国部将史皇一看军队在向后退，就大吼一声说："谁再向后撤，就地处决。"说着，他一连斩杀了几个后退的士兵。

其他楚军看到这种情况，只好继续前进。河里的楚军看到后面的楚军越来越多，无法后退，只好拼死前进。这时吴军却放弃了营寨，纷纷后退。就这样，楚军纷纷渡过汉水，登上了岸，终于在小别山列成阵势。

这时楚将史皇出兵挑战，孙武命先锋夫概迎敌。夫概挑了三百名勇士，手里都拿着硬木头做的大棒子，一见楚兵，就没头没脑一阵猛抡。

楚兵从来没见过这样的阵势，措手不及，被吴兵一通乱打，史皇大败而回。囊瓦说："你口口声声叫我渡江，好不容易渡了过来，现在才交战就让人家打成这样，你还有脸来见我？"

史皇说："作战不能斩杀敌将，进攻不能擒获敌王，算不上兵家大胜，现在吴王把营寨扎在大别山下，不如今夜出其不意，前去劫营，一定能立大功。"囊瓦又同意了。于是，他挑选了一万精兵，悄悄从小路赶到大别山后。

孙武听说夫概旗开得胜，众将都来祝贺，就对他们说："囊瓦见识浅薄，贪功侥幸，如今史皇小有挫折，没受多大损失，今夜必来偷袭大营，诸位不能不防备。"

于是，孙武命令吴军先锋夫概和专毅各自带领本部人马，埋伏在大别山的左右，听到号角一响，立刻出击。

唐成公和蔡昭侯分两路进行接应，伍子胥领兵五千人，抄出小别山，反劫囊瓦的营寨，大将伯嚭带兵接应。还有公子山保护吴王阖闾转移到汉阴山，为避免冲突，命令大寨虚设旌旗，只留几百名老弱残兵守卫。到了半夜，囊瓦果然带兵悄悄从山后杀出，见大寨里寂静无声，一点儿防备也没有，就命令士兵呼喊着杀入营寨。到里边一看，原来是座空营，囊瓦心感不悦，赶忙又带着兵往外杀。忽然听到号角齐鸣，专毅、夫概两队人马突然冲出来左右夹攻，囊瓦一边迎战一边往回跑，一万大军，折了多半。刚刚摆脱了专毅、夫概，囊瓦又听见一阵炮响，左有唐成公，右有蔡昭侯，两下截住，唐成公大叫："还我宝马，免你一死！"蔡昭侯大叫："还我裘佩，饶你一命！"

囊瓦又羞又恼，又急又怕。正在这时，只见武城黑领兵来到，大杀一阵，救出了囊瓦。又跑了有几里路，一伙守寨的士兵前来报告："营寨已被伍子胥攻破，史将军大败而逃，不知去向。"囊瓦吓得心惊胆战，领着败兵连夜跑到大别山西麓的柏举，即今湖北麻城以东地区，看看再也没有吴国的兵马，才敢住脚。过了老半天，史皇才领着残兵赶来，剩下的士兵渐渐聚集，于是又立了一座营寨。

囊瓦说："孙武用兵，果然灵活多变！不如弃寨撤军，请大王增派援兵后再战。"

史皇说："令尹亲率大兵抵抗吴军，倘若弃寨而归，吴兵一旦渡过汉水，长驱直入郢都，您怎么逃避罪责？不如全力一战，就是死在阵上，也给后代留个好名声！"

囊瓦正在犹豫不决，忽听有人报告："大王又派一队人马前来接应。"囊瓦出寨迎接，原来是楚国大将蓬射。

蓬射说："主公听说吴兵来势凶猛，担心您不能取胜，特派末将领兵一万，听候调遣。"接着问起两军交战的情况。

囊瓦从头到尾讲了一遍，脸都红了。蓬射说："要是听了沈司马的话，何至于如此。依我看，现在只有挖掘深沟，修筑工事，就地固守，千万不能再主动和吴军交战了，等司马来了以后，再合兵出击。"

囊瓦说："我因为兵力不足又去劫寨，才被吴兵反咬了一口。要是兵力相当两军对阵，我就不信楚军打不过吴军！如今将军刚到，乘着这股锐气，应该和敌人决一死战！"

蓬射不愿意，于是和囊瓦各自为营，名义上说是成犄角之势，实际上离着有好几公里。囊瓦自恃爵高位尊，没把蓬射看在眼里，蓬射鄙视囊瓦作战无能，也不听他指挥，两边各干各的，不肯一起商议战事。

生死决斗

楚军驻扎的柏举地区，正是孙武他们给楚军设计好的地方，孙武就是希望利用这个地方对楚军进行一次围歼。

柏举，位于今湖北麻城东北，因柏子山和源出龟峰山的举水而得名。柏举，靠近直辕，便于吴军实施后方补给，是一个进可攻、退可守的战略要地。吴军到达柏举后，立即摆兵布阵，设营筑垒，与强渡汉水而来的楚军形成对峙之势。

公元前 506 年冬天，一切作战准备已经就绪，双方军队都虎视眈眈，随时准备主动出击。十一月十九日，天色阴暗，沉闷的气氛笼罩着整个柏举。

吴王阖闾已经为战争做好了一切准备，可他一直在犹豫着，不知是否真的已经稳操胜券。吴王阖闾的弟弟夫概不知哥哥还在犹豫什么，多年一直强周练兵为的就是今朝，还犹豫什么呢？因此，他当即请求率兵出击。

夫概是吴王阖闾的同母兄弟，自幼聪明好学，勤奋刻苦，精通用兵之道，曾随其兄转战疆场，屡建功勋。吴王阖闾即位后，夫概虽贵为王室之胄，然而并不安于现状，常有觊觎王权之心，对此，吴王阖闾时有所虑。因此，当夫概请求主动出击时，吴王阖闾没有立即答应。夫概对吴王阖闾的犹豫不决深表不满，他说："统军作战，临机决策，

一代兵圣

孙

武

必须以国家的根本利益为重，做到进不求名，退不避罪。"

吴王阖闾明白夫概说的不是没有道理，只是他还要与孙武等人商量，然后再决定。心急如焚的夫概度日如年，是一时也不想再等了。半天之后，他便不顾一切地闯入吴王阖闾的帷帐中进行请战。吴王阖闾问孙武意见如何，孙武沉吟片刻，说："自我军退兵诱敌以来，楚军被拖得精疲力竭，已经极度衰弱，不堪一击，再加上楚令尹囊瓦贪得无厌，中饱私囊，多行不仁不义之事，把楚国的政治搅得乌烟瘴气，为政不怜民，治军不爱兵，早已丧失了民心。楚国上下离心离德之时，也正是我军发起进攻的最佳时机。"

吴王阖闾沉思良久，还在犹豫着。孙武继续说："只要我军抢先发起进攻，楚军必定乱了阵营，而后我军再大举掩杀，击败囊瓦军的主力，则是必胜无疑。"

吴王阖闾觉得孙武说得有理，便不再犹豫，采纳了他的建议命夫概出击。

夫概离开吴王阖闾的大帐时，孙武又叮嘱说："机不可失，时不再来。既然大王已经让你做了先锋，那么你就有权根据战情做出决定。古人云：'臣义而行，不待命。'战机稍纵即逝，时不我待，必须立即出击。"夫概欣然领命，立即亲自率领所属精兵猛将五千人，乘楚军尚未开饭之时，发起猛烈袭击。

当楚军一个个从睡梦中清醒，准备吃早饭时，只见吴军已经蜂拥而来，喊杀声震天。楚军猝不及防，营盘顿时混乱起来。孙武得知夫概已独自领兵率先出击，遂令自己严格训练的"多力"士五百人和"利践"特种快速步兵三千人为先锋，火速增援夫概军，增强突击能力。同时，他向吴王阖闾建议，先由自己率部众随后跟进，扩大战果；然后再由吴王阖闾指挥吴军主力随后策应。

此时的楚军，根本没有料到吴军会如此迅速，将无战心，士无斗志，防备十分松懈。当夫概的精兵铺天盖地地袭来时，楚军行不成列，战不成阵，一片混乱，只有招架之功，没有还手之力。当吴军激战正

进攻楚国

酣时，孙武所派来的强兵也及时赶来支援，突入敌阵，顿时楚军阵形大乱，四散奔逃，溃不成军。令尹囊瓦如惊弓之鸟，急令楚将递射控制部队，收拢残卒，与吴军死战，可已经无济于事了。经过激烈的战斗，吴军斩杀楚大夫史皇，活捉楚将透射。囊瓦见楚军大势已去，弃军而逃，投奔了郑国。

这一战，由于夫概的军队一下子击中了楚军的中枢神经，使整个楚军失去了战斗力，处于瘫痪状态。楚军大大受创，唯有残留的楚军依然在负隅顽抗，做最后的垂死挣扎，可是已经没有多大的用途了。还有其余一部分楚军群龙无首，为了保命纷纷夺路而逃。后来芜射之子苗延逐渐收拢残部，带着这支残军向郢城蜂拥逃去。一路上，溃逃的楚军如山倾水覆，蜂涌向西，追击的吴军以排山之势，紧随不舍。

为了摆脱吴军的追击，楚军马不停蹄，人不歇脚，狂奔了三百余里，来到清发水(今湖北安陆的涢水) 畔。清发水是长江的支流，由北向南在夏州汇入长江。水深流急的清发水，像一条巨龙横亘南北，挡住了楚军退逃的去路。这里人少地荒，一年四季都很难看到几艘小船，只有农民的小舟会在这里捕捞一些小鱼。这次大批楚军逃亡，人多船少，一时出现了你争我夺的局面，争相抢渡，互不相让，叫骂声、呼救声响彻沿岸，完全没有了往日的兄弟之谊。

孙武是不会让残留的楚军回国都养精蓄锐的，他指挥大军，一直尾随追到清水附近。看到溃败之兵竞相争渡的混乱场面，他十分高兴，命令将士乘胜追击，一举歼灭所有的敌人。

这时，夫概建议道："我听过这样一个故事，一只被围困的野兽，知道它面临着生死紧要关头，尚且还要做最后的拼死挣扎，更何况是万灵之长的人呢?"

孙武一经提醒，马上警觉，点头道："嗯，说得好！与其让对方奋不顾身地与我军血战，不如我们先放一部分溃军过河，然后再歼灭余下的敌人。这样，已经过河的军队不可能再返回来帮助没有过河的部队，余下部队力量有限，除了投降，别无他路。这符合兵法中'半

一代兵圣 孙武

渡而击'的精神。"

吴王阖闾认为此计甚妙。于是，孙武命令吴军放慢了速度，也让前方的将领观察楚军渡河的具体状况。当楚军残兵将近有一半渡过河时，孙武即下令全军出击。一时间，鼓号齐鸣，杀声震天，烟尘四起，吴军浩浩荡荡地从四面八方一齐向河岸边杀来，楚军前后不能相顾，被吴军一阵掠杀，死伤大半，楚军士兵的鲜血把清发水染得通红通红，一具具楚军将士尸体顺着河水漂流而去。河对岸的楚将苗延眼看着近在咫尺的楚兵却不能相救，气得咆哮不已。最后，他无可奈何地率领着已渡过河去的那些士兵，落荒而逃了。

这次战争的场面，正如孙武在《兵法》中提到的："其疾如风，其徐如林，侵掠如火，不动如山，难知如阴，动如雷震。"体现了他将兵法用于战争的高超艺术。

这次战争是孙武亲自领导的第一次大规模的战争，也把他的《兵法》的精髓发挥得淋漓尽致，比如，"兵者诡道""上兵伐谋""避实击虚""兵闻拙速""因敌制胜""制人而不制于人""示形动敌""造势任势"等，均在这场战争中得到了最大限度的运用，并获得了完全成功。

在清发水的围歼战中，有一部分楚军在苗延的领导之下，先期渡河，暂时摆脱了吴军的追击，如脱钩回游之鱼，继续向郢都急奔，一口气逃到了雍澨地区(今湖北京山西南地区)。

从小别至大别之战以来，囊瓦所部已转战千里，一路战事不断，人马已经疲惫到了极点，这里已经到了楚国都城边缘。苗延觉得已经到了家门口，可以放松一下了，一直紧绷的神经终于放松下来，料想吴军也不会贸然再深入楚地，于是，就命令溃军在此暂时歇息，开始埋锅造饭，稍事休息，静观其变。他还需要想一下：自己究竟是该在这里待命，还是撤至郢都，固守都城？

孙武毕竟是一个军事家，不会用常人的眼光来分析战局的。吴军虽然对这次战争做了充分的物质和思想上的准备，但毕竟辗转千里，战争不断，士兵和战马都已经非常疲劳了，确实如苗延所料的那样，

进攻楚国

吴军确实到了该休息的时候。孙武也这么认为，但他觉得楚军比吴军更加疲惫，吴军完全可以挟连胜之势，克服疲劳，继续作战，以争取全胜。于是，他下令继续追击。这一点是苗延所没有料到的。

孙武一直率领部队乘胜追击，死死咬住敌人不放，不给敌军喘息的机会。而且，在追击的同时，他总是给对方留有一线希望，让其不敢回头决战，只是一心一意地想着逃命。当孙武率军追至雍澨地区时，敌军已经扎营，正准备烧火做饭，放松了警惕。吴军将领见此情景，向孙武建议马上进攻，孙武摇了摇头说："再等一等，听我的命令行事。"

过了一会儿，楚营升起了炊烟，团团烟雾笼罩了整个山谷。这时，孙武命令道："利用烟雾悄悄接近敌军，但不许马上进攻，静候命令！"

吴军早已按捺不住心中的焦急，这时得到了命令，立即整装行动，准备再打一场漂漂亮亮的仗。待到吴军接近楚营时，烟雾已渐渐散去，一股香喷喷的米饭味轻轻地飘进了他们的鼻间。

吴军将领再一次向孙武请战："我们趁着烟消雾散能看清敌军，而且敌军正想吃饭，一举进攻楚军，歼灭他们，这是最好的时机。"

孙武压低了声音说："做事要沉着，不要操之过急，再等等看。"

又过了一会儿，楚营开饭的号角吹响了，士兵们一窝蜂地拥了上去。这时，孙武下达了"攻击"的命令。于是，早已跃跃欲试的吴军将士如出笼之虎，猛向楚营扑去，喊杀声惊天动地。这时的楚军如惊弓之鸟，不知所措，立即如鸟兽般一哄而散，弃食逃命。楚将苗延见楚军满山遍野抱头鼠窜，自知回天无力，最后，为了保全自己，长叹一声，带着随从逃往脾泄（今湖北江陵）去了。吴军饱餐楚军之食，如虎添翼，又见郢都翘首可望，于是精神振奋，士气倍增，决心再接再厉，拿下楚都郢城。

吴军自从入楚作战以来，攻城略地，连战皆捷，而现在已逼近汉水。渡过汉水，往前不到五十里就到了郢城，所有的吴国将领都沉浸在征服者的愉悦之中。然而，就在郢城唾手可得之时，楚国左司马沈尹戌所率方城以外楚军南下驰援郢都，把胜利在望的吴军又拖入了一场更残酷的决战之中。

原来，按照"既谋而行"的沈尹戌从方城调集楚军主力以后，轻装简行，昼夜兼程，按临行前与囊瓦制定的既定作战方针,率领楚军直扑淮油，准备捣毁吴军停泊在淮油的所有战船。当他抵达息邑（今河南息县西南）的时候，传来了囊瓦率军主动出击，渡过汉水的消息。沈尹戌得到消息后，连连顿足，气愤非常，知道楚军此番出击凶多吉少。他知道囊瓦绝不是孙武、伍子胥的对手，而郢都王室的警卫部队，兵力薄弱，战斗力不强，很难抵御吴军。为弥补囊瓦可能会造成的重大损失，沈尹戌决定放弃乘虚攻打淮油摧毁吴舰的作战计划，也不去增援囊瓦，而是率军以急行军速度南下，驰援郢城，要抢在吴军到达郢城之前回防此城，以确保首都安全。应该说，他的战略是正确的，可惜还是晚了一步，吴军已先期到达雍淮地区，并彻底击溃了囊瓦的主力，切断了沈尹戌部回守郢城的路径。然而，沈尹戌军的及时到来，确实也给吴军带来了不少的压力，迫使吴军不得不全力以赴迎击南下的沈尹戌军，一场生死决战已势所难免。

这一战，对于吴楚两国来说，都事关重大。对于楚国来说，连战连败，这是一场决定国家生死存亡的战争。而对于吴国而言，现已深入楚国纵深，远离本土，后援不继，一旦决战失利，道远难返，将困死楚地，也是一场决定生死存亡的战争。

具体的环境形势是这样的：吴军已陷入了"死地"，兴师千里，深入楚国腹地，付出伤亡代价也是不少，人马劳顿，后方补给短缺，而沈尹戌的援军已经将自己的生死置之度外，决定全力以赴为保卫国家而战斗。就地理环境来说，雍淮地区三面环水，北背清发水，西临汉水，南濒江、汉。在这种环境下，一旦失利，几乎无路可逃。这对于吴军来说是极为不利的。

这时，吴军内部对于决战的问题发生了分歧。曾长期追随吴王阖闾转战南北的吴国将军们认为，吴国为了楚国亡臣伍子胥的一己之私，兴师千里，实在是得不偿失，对国家有百害而无一利，力谏吴王阖闾班师回国，以解国家远征劳师之患。而吴王阖闾根本不可能接受他们的建议。攻打楚国，并不是为了单纯给伍子胥报仇。称霸中原是吴王阖闾一直的心愿，这次眼看就要西破强楚，绝对不可能半途而废。而且只有西破强楚，才能使南方的越国屈服，解除北上称霸的后顾之忧，并从战略上掌握争霸中原的主动权。目前郢都已举目在望，唾手可得，如果班师回国，吴王阖闾无论如何是接受不了的。

吴王阖闾的五位爱将确实是从国家大局考虑，可是根本就没有考虑到吴王阖闾的愿望和心理。他们为了强迫吴王阖闾接受他们的建议，于是就伏身斧钺之下，准备要"锁头"自绝以死谏吴王。对他们的做法，吴王阖闾不但没有感动，反而大发雷霆，怒发冲冠，大声训斥他们，说他们糊涂不知事理，胆敢扰乱军心，若再进谏将严惩不贷。

五位将军十分绝望，就一齐在吴王阖闾马前自尽而死。他们的举动大大出乎吴王阖闾所料。看着五位将军惨死在自己的眼前，吴王阖闾既吃惊，又心痛，也有些愤懑。而最让他担心的是，五位将军平时在军中也有一定的地位，这次一起自尽而死，担心这会引起内部哗变，动摇军心，后果不堪设想。于是，吴王阖闾紧急召集伍子胥和孙武商议对策。

孙武说："兵法'死地则战'，说的就是现在这种情况。如今我军兵临死地，战则可以死里求生；如果班师撤军，等于给敌以起死回生之机，置自己于被动挨打的局面。"

孙武的见解进一步坚定了吴王阖闾决战的信心，于是，吴王阖闾以其弟夫概为先锋，准备迎击楚军。伍子胥也随之说："他们五个以安全为念，没有强大国家、报复国耻的大愿。大王不足以为他们的死而难过，更不足以为此而忧虑。只要大王您善于激励士兵，就会消除将士们的悲观失望情绪。现在，我们还是多想想该怎么跟楚军打这场决定生死的战争吧。"

随后，吴王阖闾向全军将士做了战前动员。吴王阖闾慷慨激昂的话语，很快使吴军中悲观失望的情绪消失得无影无踪了，大家都信心百倍地投入了战斗。

战争初期，楚军进行得非常顺利，楚军在沈尹戍的带领下，兵分数路向吴军发起进攻。沈尹戍身先士卒，冲在最前面。楚军士兵见主将冲在前面，个个奋勇争先，向吴军凶狠地扑了过来。孙武指挥优势的吴军迅速将楚军包围起来，并向楚军发起猛烈的攻击。战场上刀对刀，枪对枪，你杀我一个，我砍你一个，双方士兵混在一起，已分不清敌我的阵线。楚军士兵一个个都杀红了眼，发出歇斯底里的嚎叫。冲在前面的左司马沈尹戍已身着数处创伤，鲜血止不住地流了出来，但他仍然大声吼叫着往前冲杀。楚军士兵见主将负伤仍然拼命往前冲，就一齐围拢过来。交战双方你争我夺，浴血相搏，互有伤亡，战斗异常惨烈。

这时，吴国的军队已经渐渐支持不住了，败下阵来。但是楚军也使出了全力，无法继续扩大战果，只好就此收兵，没再发动更大更猛烈的攻势。楚军的喘息为吴军提供了反败为胜的机会，孙武充分抓住这个绝大的好机会，重新调整部署，弥补漏洞，又发动反攻……双方就这样你来我往，连续打了三场恶仗。

三次苦斗之后，沈尹戍拼死力战，多处负伤，血越流越多，但终因吴强楚弱，力量悬殊，沈尹戍自知自己再也打不动了，败局已定。他以前曾经在吴王阖闾手下任过职，后来投奔到楚国，唯恐被吴王阖闾生擒过去会遭受耻辱，所以决定以身殉国。可是，现在沈尹戍连动一动的力气都没有，何谈自尽？他对着身边的亲兵说道："哪位勇士可以让我的头颅不被吴王阖闾拿去，请站出来！"

所有的士兵都静悄悄的，没有一个人知道将要发生什么事情。片刻之后，终于有一位士兵吴句卑站了出来，只见他满脸是灰，但能够看出他眼里散发出锐利的光，高声回答说："小人位卑职贱，不知能否堪此重任。"

这时，已经失血过多的沈尹戍勉强挤出一丝欣慰的微笑，有气无力，断断续续地说道："你是真正的勇士。不但杀敌勇猛，还忠诚无比。像这样忠勇之士，当初我竟然没能发现你，提拔你，这是我的过错。现在我打不动了，也活不成了，就把此事托付给你了，你一定要完成它。"说完之后，沈尹戌闭上了双眼，静静等着生命中最后一刻的来临。

吴句卑毕恭毕敬地脱掉自己的上衣，慢慢地铺在地上，眼含着热泪，闭上眼睛，咬紧牙关，举起手里的大刀，猛力向沈尹戌脖子上砍去，沈尹戌的脑袋被砍了下来。随后，吴句卑把沈尹戌的尸体隐藏好，包好沈尹戌的头，逃离了战场。

沈尹戌一死，楚军群龙无首，溃不成军，不能组织有效的进攻，遂各自逃命。吴军抓住机会，乘势掩杀，大获全胜。

龟缩在郢城中的楚昭王看到吴军以神速直向郢城扑来，急切地盼望囊瓦等人率军回来守城。正好在此时，吴句卑突破重围，只身入郢，向楚昭王详报了前方战况及兵败缘由，而且将沈尹戌头颅取出。当楚昭王看到沈尹戌的头颅时吓得脸色苍白，双腿颤动，语无伦次，命人马上将那恐怖的头颅带出去。同时，他也非常明白沈尹戌才是自己真正的忠臣，是为楚国而献出生命的人。

但是，楚国的命运早已大势已去。楚昭王立即召集诸大夫商量拒敌之策。这时，大夫子西建议说："吴军深入我境，粮饷不继，难以持久。为今之计，应组织城中丁壮，尽散宫中粟帛，激励将士，利用郢城、麦城、纪南城三城互为犄角的有利形势，固守待援。然后派人向诸侯乞师救楚。"

在这种生死危急的关头，楚昭王已经六神无主，魂不守舍，只能按照子西的建议，固守城池。首先，让大将斗巢统兵五千，助守麦城，以防敌人从北路攻入；命大将宋木统兵五千，助守纪南城，以阻敌从西路进攻；大夫子西等引一万精兵，固守郢城。

吴军自从柏举决战取得胜利后，又在雍澨大败沈尹戌军，全歼楚军主力，士气高昂，斗志旺盛，越战越勇。眼看着郢都即将成为口中之食，吴王阖闾越来越兴奋。于是，他迫不及待地召集诸将，商量攻城之事。

孙武自从柏举决战之后一直在思索一个问题，即采取什么样的方法攻城。在冷兵器时代，城防坚固，攻城器械简单，攻城往往劳师费时，早被孙武视为"下策"。而伍子胥从小在郢都长大，对城内设防了如指掌，预感到攻打郢都将是一场恶仗。

于是，伍子胥说："楚军虽败，但郢都设防坚固，且三城互为掎角，易守难攻，不可轻敌。我们最好是趁其不备，出其不意，以迅雷不及掩耳之势，兵分三路：一路攻麦城，一路攻纪南城，一路直捣郢城，造成敌人顾此失彼，使三城失去联系。如果先攻下麦城和纪南城，郢城就会不攻自破。"

孙武也非常赞同伍子胥的计策，建议吴王阖闾派伍子胥同公子山率精兵一万，在蔡国军队的配合下攻打麦城；而自己同夫概率精兵一万，在唐国军队的配合下，攻打纪南城；由吴王阖闾和伯嚭率领主力进攻郢都。

孙武与夫概所要攻下的纪南城，是三关中最难的一关。纪南城地势低下，北有漳水，西有赤湖，湖水直通纪南城，明显属于易守难攻型的。当孙武和夫概率军来到纪南城下时，只是投入少量兵力佯攻纪南城，连续三鼓，便鸣金收兵，撤退到赤湖以北驻扎。同时，下令部队分班作业，昼夜不停，加高赤湖湖堤，引漳水入湖。

夫概不明白孙武为何不投入全部兵力，强攻纪南城，而是佯装攻城。孙武知道夫概心中的疑问，就说："上兵伐谋，其次伐交，其次伐兵，其下攻城。攻城之法为不得已。今敌据守坚城，如果强打硬拼，士兵损伤惨重，城却攻不下来，这是用兵的灾难。兵法云：'以水佐攻者明，以火佐攻者强。'纪南城地势低下，赤湖水直通城内，现在我借漳水之力，借赤湖之道，以水佐攻，不正是明智之举吗？"

夫概明白了孙武的真正用意后，不禁为孙武的深谋远虑深深折服，于是督率部队全力开凿河道。不久之后，一道宽三丈、深一丈有余的

进 攻 楚 国

引水河道掘成。

公元前 506 年十一月二十六日清晨，天蒙蒙亮，浓厚的雾气依然笼罩着整个纪南城，凛冽的西北风卷着满天的风沙无情地掠过纪南城的每一个角落，守城的士兵就如戈壁滩的白杨一般，蜷缩在一起，穿着厚重的衣服，站在风中，也有几个龟缩在城垣下以避风寒。当整个纪南城依然沉浸在睡梦中，孙武一行人早已经做好了打一场漂亮仗的准备。

就在这时，孙武令吴军决堤放水，只见水借风力，风乘水势，汹涌的漳水沿河道涌入赤湖，使赤湖的水位迅速暴涨，纪南城顷刻变成一座水城。守将宋木，刚开始还以为只是河道涨水，不以为然。后来才知道是吴军以水攻城，便方寸大乱，欲退守郢城。孙武指挥吴军砍竹造筏，乘筏攻城。楚军不敢应战，各自逃生。孙武、夫概轻而易举就拿下了纪南城，取得了全面胜利。

伍子胥进攻麦城的部队也很快获得了胜利。他采取了先诱敌出城的方法，然后一举歼灭敌军。他的做法是：先将部队兵分两路，令士兵每人准备一布袋土和一捆柴草，在麦城东西堆土筑城，须臾而就。

镇守在麦城的楚军不知这是吴军的计谋，率守城楚军先取东城，企图乘吴军立足未稳，将其消灭。斗巢率军出城，直奔东城，只见城上旌旗蔽日，铎声不绝，吴军依托临时构筑的城防工事，顽强据守，使斗巢军从日出攻到日暮，均未奏效。就在斗巢连攻东城之机，西城蔡昭侯按照伍子胥之计，率蔡国的军队轻取麦城，在城墙之上遍插蔡军旗帜。

这时，楚军攻东城不下，将士逐渐懈怠思归，于是，就下令撤军回城。当他们返回麦城时，只见城墙上都是蔡军旗帜，才知道中了敌人的调虎离山之计，正想要向郢城退逃，后面又有伍子胥率东城吴军掩杀而来。楚军腹背受敌，进退两难，顿时队形大乱，无心再战。麦城内的蔡军也及时杀出城来，与吴军前后夹击楚军，结果全歼楚军。

麦城、纪南城轻易失守，楚昭王大惊失色，兵无斗志，人心动荡，整个郢都风声鹤唳，一片混乱。楚昭王看到大势已去，觉得唯有走为上策，就在吴军入郢城之前，仓促派大夫铖尹固率领郢城之中仅有的一点守备力量上阵去抵御吴军的进攻，以使自己逃出险境。

铖尹固深知吴军强大，也明白凭借自己的微薄力量根本不可能取得胜利，唯一的办法就是斗智，也许可以侥幸胜利。他针对守军畏敌怯战的情况，为进一步整饬军纪，提高楚军抗敌的勇气，准备以"火象"助阵破敌。于是，铖尹固征集一批大象，在大象的尾巴上绑上茅草，浇上油，准备对付攻城的吴军。当吴军兵临城下，正欲攻城时，突然城内鼓声齐鸣，喊声震耳，只见城门开处，一群尾巴起火的大象直冲吴军而来。这群大象虽未经战阵，但当其尾巴起火，鼓声、呐喊声大作时，弄不清发生了什么事，望见城门洞开，遂蜂拥而出。出城后的大象，火烧屁股，负痛向人群横冲直撞。吴军对楚军这一手确实没有防备，看见这么多大象疯狂般地冲了过来，都惊慌失措，不知道该如何对付。顿时吴军阵形大乱，从大象铁蹄下幸免于难的士兵，四散逃命，吴军进攻的锋势暂时受到了遏制。

楚昭王一路惶惶如丧家之犬，急急如漏网之鱼，不分昼夜狂奔不停。突然跑得太急，一不小心，丢掉了一只鞋。楚昭王立即转身往回跑了三十步去捡那只鞋。手下人急得不得了，觉得连性命都不能保了，又为何爱惜一只鞋？

楚昭王何尝不心急呢，但看到手下人着急的眼神，故作镇定地说："我可不愿意在被迫离开都城的时候还穿着两只鞋，等以后复仇回到郢都却只穿一只鞋！"大家被楚昭王的幽默和固执弄得哭笑不得，只能连连称赞楚昭王圣明。

君臣又一路向西徒步趟过睢水（今湖北枝江东北沮水），到了长江边，才想办法找到船只，乘船渡过了长江。最后，他们到达了古云梦泽中，才停下来休息。君臣已经累了一天了，大家也都身心疲累，本以为这里已经安全了。于是就放松了警惕，预想好好休息休息，养精蓄锐。可是祸不单行，当天夜里，他们就遭到了盗匪的袭击。

进攻楚国

一名强盗穷凶极恶，凶狠残暴，不断用戈敲击楚昭王。楚昭王吓得脸色发紫，手直哆嗦，正欲求饶，这时，他的贴身随从王孙立刻扑了上去，用自己的背挡住戈，用双手护住楚昭王，楚昭王才幸免一死，而王孙的肩膀却被刺穿了。受了这次惊吓，楚昭王不敢再往西逃了，原来打算逃到楚国故都丹阳一带去，这回决定改变方向，往东北方向的郧逃去……

当郢城的守军得知楚昭王出逃的消息后，群龙无首，人心四散。当日，孙武与伍子胥率领吴军主力进占郢城。吴国从公元前506年九月扬帆出征，至同年十一月二十八日攻占郢都，历时两个多月的破楚之战，终于以郢都的最后沦陷而告结束。

吴国西进攻破强楚的战争是春秋时期规模最大、时间最长的一次战争，也是史书记载中孙武亲自指挥并参加的唯一战争。孙武率三万精兵，以少胜多，经过两个多月的数次战争，打败二十万楚军，获得了全面胜利。吴国的这次胜利不仅仅是吴国政治、经济实力的一个证明，更在当时的战略上起到了"北威齐晋，南服越人"的效果，为吴王阖闾称霸天下创造了条件。

破楚入郢

柏举决战，楚军主力丧失殆尽，完全失去了护卫郢都的能力。吴军乘胜追击，楚军节节败退。令尹囊瓦已逃，其他将领死的死，伤的伤，楚军顿失所依，根本无法抵挡吴军势如破竹的凌厉攻势，一败涂地，逃到清发水（今湖北安陆）一带，才稍事休息。楚军一面在这里准备船只以求渡河，一面勉强布阵预备抵挡吴军的进攻。

孙武等人率领三国联军跟踪追击，也来到了清发水附近。见楚军已有所防备，并在准备渡河，吴王阖闾便想下令立即进攻，将楚军全部歼灭。这时夫概提出了不同意见，他认为，被围困的野兔，逼急了还要拼死挣扎一番，何况这些陷入绝境的手持武器的人呢？如果联军现在立即进攻，楚军中的每一个人都会感到不免一死，他们就会齐心协力拼死一战。不如我军暂时不攻，使他们设法渡河逃跑。一旦楚军开始渡河撤退，联军立即开始进攻，到那时，楚军中已经渡河的士兵就会拼命地奔逃，正在渡河的人则急于赶快抢渡过河脱离险境，而后边的士兵必定孤立无援。所以我军应"半渡而击之"。孙武等人肯定了夫概的说法，于是暂停攻击。

楚军果然中计，开始有计划地渡河退却。当楚军渡过约三分之一人马时，吴军却发起了猛烈进攻。联军士兵像潮水一样向清发水岸边扑来，同楚军展开了激烈的拼杀。诚如夫概所料，楚军人人争相夺船逃命，吴军趋势击杀，一举渡过清发水，继续追击楚军逃跑的残部。

楚国援军全军覆灭，使楚国完全丧失了利用汉水天险继续阻滞联军、重新集结兵力的可能性。吴军所到之处，势犹破竹，大军渡过了汉水天险，开始挺进郢都。此时，郢都已完全暴露在吴军强大的攻势面前。由于楚军两大主力的先后被歼，楚边境的军队远水救不了近火，吴军很快攻至郢都城下。楚昭王见大势去矣，仓皇携胞妹和几个近臣惶惶然如丧家之犬，避难随国。

公元前506年十一月二十八日，吴王阖闾、孙武、伍子胥率领军攻陷郢都。

孙武等人率军千里转战，直下三关，进逼汉水，柏举决战，大获全胜，穷追猛攻，终破楚入郢。这是春秋历史上规模最大、时间最长

进攻楚国

的一次战争，所以历史学家范文澜先生在他的《中国通史简编》中称其为"东周时期的第一大战争"。

吴王阖闾、孙武、伍子胥等人统率吴军浩浩荡荡开进楚都郢城，楚国君臣狼狈逃离。楚昭王先是逃到郧城，后又逃到随城，等待时机卷土重来，逐敌复国。

进入郢都后，吴王阖闾、孙武、伍子胥等人各有不同的心态。吴王阖闾经过多年的努力，励精图治，终于实现了自己的愿望，打败了强楚，他称霸中原的野心也更加张狂，更加明显地显露出来。对于伍子胥来说，自己背井离乡，四处逃亡，历尽了人间的沧桑，尝遍了不

东营孙武祠景点

幸的苦酒，家仇如山，身恨似海，让人日夜衔思，怒火填膺，唯求手刃仇人，报仇雪恨。但这一切都成为过去，因为自己终究以胜利者的身份踏上这片洒满泪血的土地，真让人百感交集，万般慨然。而对孙武来说，这次战争，是他的兵法的实战运用，并且成功了，他感到由衷高兴。但他看到尸横遍地的情景，也深切体会到了战争的残酷，心中难免又有几分不快。

进入郢都后，每个人心里都有自己的算盘，只有孙武还保持着清醒的头脑，继续用自己的方式做事。他没有立即追赶逃亡的楚昭王及其重臣，而是赶紧派人去开坝放水，不能让百姓总是受水淹之苦。接着他为众将记功，出榜安民，盘仓查库，安置降兵，赈济灾民。之后，他还派专人守候王官，把宫中所有的人员都集中到后宫，不让任何人随意出入，一方面担心楚军将士对他们不利，另一方面也担心这些人会有楚军的嫡系，对吴王阖闾造成伤害。

一代兵圣 孙 武

放水的兵丁仍乘木排、竹筏到赤湖，将四周用沙袋堆砌的坝挖开几个缺口，先让赤湖里的水从四处往外淌，淌到其他河流淘塘里去，然后注入漳江，再把那条新挖的河道堵塞，赤湖里的水就只出不进了。经过孙武的努力，不到三天，天气晴好，大水全部退去，田园、村庄、河流、道路、树木又恢复了原来的面貌。

当一切都安排妥当，人民的生活开始进入正常化，孙武也渐渐得到民心时，吴王阖闾就急召孙武，与其商议进兵随城，活捉楚昭王的事情。吴王阖闾犹豫了半天，说了许多关心、感谢孙武的话，又问了问城中百姓的情况，之后才说："寡人欲亲自率兵，攻打随城，令楚王无喘息之机，免生后患，先生意下如何？"

孙武早就明白吴王阖闾的意思，沉思了片刻，诚心地劝道："随城地处险阻，蛮族众多，如果大王带兵前去，不幸误闯蛮邦，蛮族必定会群起而袭吴。这蛮荒之区，实在不是大王亲征之地呀。"

吴王阖闾听了孙武的话，知道孙武不支持自己继续追赶楚昭王，难免心中有一丝不快，但又不甘心就这样放跑了自己的老冤家，十分忧虑地说："如果这一次放走楚王，日后他一定会寻机复仇的。"

孙武并不同意吴王阖闾的意见，但也不反驳他，而是把话题转移到另外一个吴王阖闾关心的话题上，他说："要想做一个明君，与其穷追已经逃跑的国君，不如向随民施仁政，收复民心归吴，才是上策。"

这种做法对于吴王阖闾来说是一种两全之策，这样做不但可以达到自己的目的，而且也能够收服民众，得到民心。这种一石二鸟的计策一下子引起了阖闾兴趣。他眼里顿时放出了奇异的光芒，满脸笑容地示意孙武继续说下去。

"依臣之见，先派遣密探，到随城制造舆论，广为宣传，一来为大王在随城布恩施惠，宣扬大王德行；二来安抚当地百姓，使其民心归向主公。等时机成熟后，诏令悬赏，生擒楚王……"孙武不紧不慢地说出了自己的计谋。

进攻楚国

吴王阖闾听到孙武的计策之后，高兴地竖起大拇指，连忙称赞道："妙，实在是妙！"

于是，孙武派亲信前往随城。他们一个个都是孙武专门训练出来的，具有一定的军事才能，能够分辨事情的真伪，机灵聪明，忠心耿耿。潜入随城官邸没有多久，就都身居要职。在自己的官位上，他们一方面施恩于民，不断宣扬吴王阖闾德政，以收反间效果，使人民怀疑楚昭王；另一方面开始熟悉随城宫中一些复杂的人际关系，偷偷地打听楚的下落。不久之后，随城内除了一些忠贞老臣、乡野顽儒以外，年轻无识者多为密探的甜言蜜语所感，纷纷倾向吴国。

这时，孙武的亲信看到时机已经成熟，就秘密传下告示：生擒楚王者，重赏黄金百两，吴王亲封高官。"告示"刚一传出，就有大批随城青年跃跃欲试，报名要活捉楚昭王。城内一片沸腾，沸沸扬扬，说什么的都有。有的人喊着："活捉楚王，投奔吴王，要什么就有什么！"也有的说："提了楚王，可以享尽人间荣华富贵。"有唱有和，议论纷纷，那些忠贞不贰的老臣赶紧悄悄把这些情况透露给楚王，并奏请楚王移往三百里外的深山避难。楚昭王听众劝告，躲到深山里去了。

这时，吴王阖闾接受了孙武的意见，不打算进攻随城，命令吴军到校军场驻扎。吴王阖闾一行人前往楚宫。到了楚宫门前，众人下马，欢声雷动，鼓乐震天，前呼后拥，来到楚王大殿之上。文武上前贺喜，然后侍立两旁。吴王阖闾命在龙案两旁设下了两个座位，一个是主将孙武的，一个是副将伍子胥的，以此来表示对二人的敬重。因为吴王阖闾觉得他之所以有今天，不能忽略了他们的功劳，他们二人就如吴王的左膀右臂。待所有的事情完毕之后，吴王阖闾吩咐人准备酒宴，大摆筵席，庆贺入郢的胜利。

吴王阖闾心情激动，兴奋异常，兴高采烈地坐在宝座上，环顾这座高雅雄伟的殿堂，心旷神怡。醉于心则溢于表，他用肥胖的双手用力地拍了拍座椅的扶手，大声地说："从今天起，这座富丽堂皇的宝殿就是我的了，楚王的这把交椅，从现在开始，就由我来稳坐安享了。"

这时满朝文武为了迎合吴王阖闾的情绪，都陪着吴王阖闾开心大笑。只有一个人心如刀割，眼泪扑簌簌地落在胸前，滴在衣服上，他就是伍子胥。

俗话说：人不伤心不落泪。伍子胥再一次回到了这个充满悲痛、哀伤的都城，触景伤情，当年父兄和全家三百余口被害的往事就如昨天一样，历历在目。父亲伍奢正是在这座殿堂上诤谏楚平王而被关进监牢；兄长伍尚被骗进郢都，连宫门都没能进，就被关进死牢，与父亲监押一处，后来父子被双双杀死。自己被逼单身逃走之后，楚平王竟然残忍地把全家上下、男男女女、老老少少全都杀戮。想起这悲哀的一幕幕，伍子胥怎会高兴呢？

吴王阖闾正开心地应对着朝中的大臣，突然发现伍子胥沉默不语，面露痛苦之色。于是，吴王阖闾就大声地说："我们要笑，就笑个够，尽情地笑；伍子胥哭，让他哭个够吧，他不能不哭。"

同是天涯沦落人，伍子胥与伯嚭有着相同的遭遇。伯嚭也想起以前逃亡的遭遇，不由得泪如雨下。这时，吴王阖闾大声说："伍将军请收泪，尊府大仇，孤家并未忘却。明日孤便命人将楚王的宗庙拆毁。"因为他还记得，当年伍子胥曾托人带口信给楚平王：胆敢杀害伍家的人，将来必毁其宗庙。

伍子胥听到这里，非常感激吴王阖闾仍然记得自己当初的誓言，不由得感激流泪，急忙跪地说："多谢主公！"

孙武一直坐在旁边沉默不语，听到吴王阖闾这句话后，不得不开口："主公不可拆毁楚国宗庙，因为拆除楚之宗庙便意味着灭楚。依臣之见，还是存楚为宜……"

"为什么？"孙武还没有说完，就被阖闾气愤地打断了，"我得到伍子胥这样的人才，又得到了大帅的帮助，劳师袭远，领兵伐楚，经五战而入郢都，难道徒劳往返，把郢都再让给那弃城而逃的懦夫吗？"

孙武急忙解释道："大王息怒，臣并非此意。凡兴师讨伐，胜败存亡，全在'仁义'二字，义师出征方能获胜。楚平王纳媳逐子，任用奸佞，内戮忠良，外胁诸侯，百姓怨声载道，天下人心不服，所以我军伐楚才有今日之胜。而今楚都已破，主公若毁其宗庙，永霸其地，民心必怨，民怨则我难以久立；不如保其宗庙存楚，立故太子半建之子公子胜为楚国新君。公子胜先受伍将军生死与共之恩，后受吴国多年养育之情，为感激主公恩德，自当年年进贡，臣服于吴，而楚民也能心悦诚服，列国诸侯必将佩服大王仁义过人。这样一来，主公名实俱全矣。"

对孙武的说法，座中老臣一致认为说得对。大家历尽艰辛，不辞辛苦，九死一生，目的就是建功立业，让吴王阖闾扬名天下。而孙武的建议不仅让吴王阖闾破楚有名，破楚而不灭楚，也会让他更加名震天下。只有吴王阖闾怒发冲冠，愤怒地呵斥道："元帅何出此言！寡人历尽辛苦，今日幸得攻破楚都，哪能得而复弃？理当就此灭楚，然后乘灭楚之威横扫中原，以成霸业。不要说寡人当日曾答应过要为伍将军报全家遭害之大仇，即使不为伍将军报仇，楚国宗庙也非毁不可！这不是军务，由寡人做主，元帅不必过问。"

吴王阖闾这一番话，已把自己的称霸野心表现得很明白了：攻破楚国并不是他最终的愿望，而只是他占领中原、成为霸主的一个跳板。孙武已经没有什么话可说了，只能默默地回到座位上。但他心里却如有无数根银针在扎，心在滴血，隐隐作痛。

此后被胜利冲昏了头脑的吴王阖闾，根本听不进去孙武的忠言，整日沉浸在与妃嫔们戏嬉淫乐中，不理军务，还放纵各级将士抢掠奸淫，肆意妄为。那些将领们也认为已经占领了楚国，一切都应该听从自己的。于是，目无法纪，凶狠残暴，抢掠珍宝，霸占民产，欺负百姓，给楚国人民带来了很大的伤害，遭到了楚国人民的极大愤恨。

吴王阖闾为实现自己对于伍子胥的诺言，在盛宴过后的第二天，就派人去拆毁楚王宗庙。这时，伍子胥备了香烛到父兄的墓上去哭祭了一番，告慰父兄亡灵和众多冤魂屈鬼。因为十六年来伍子胥逃亡在外，伍奢父子的墓，既无亲人祭扫，又未经修葺，只剩下两堆荒冢，若不是有些百姓偷偷来墓上加土，恐怕早已荡为平地了。

看到这些凄凉的坟墓，荒凉的景象，那种令人耻辱的日子就如一幕话剧浮现在伍子胥的脑子中。那种悲痛的心情，那种痛苦的画面，不由得使伍子胥更加伤情，他禁不住放声大哭。

虽然伍子胥已经拆毁楚王宗庙，出了一口冤气，然而楚平王与费无极已死，楚昭王逃之夭夭，报国仇家仇的宿愿竟未得偿。想起往日的深仇大恨，他就心如刀割。可是如今，死的死了，溜的溜了，究竟该怎么办？就这样结束吗？这样就算报了自己的似海深仇吗？

伍子胥一遍又一遍地问自己，一遍又一遍地思索着。最后，伍子胥终于想出了一个很残忍、但却能了却自己心愿的主意。这天，伍子胥急匆匆地来求见吴王阖闾，要求其恩准他掘楚平王坟墓，曝其尸首，亲手割下他的头颅为父兄报仇。

吴王阖闾本来就对楚国国君没有好感，而伍子胥跟随自己出生入死打天下，推荐贤才，领兵伐楚，可谓功不可没，这么一点小小的要求没有理由不答应他。于是，吴王阖闾非常痛快地答应了他的要求。

孙武听说伍子胥要将楚平王掘墓毁尸，急忙前去劝说他打消这个残暴不仁的念头。但伍子胥早已被仇恨冲昏了头脑，哪肯听劝。孙武见劝说无效，只好叹了一口气，静观事态发展。

当天下午，伍子胥带了几个随从，急不可待地赶往西龙山寻找楚平王的陵墓。西龙山是一个风景秀丽的地方，也是历代楚王陵墓的所在地。一层层、一排排、一座座高大宏伟的陵墓，庄严肃穆，仿佛是一个个城镇似的。这里的每座墓前都有高大的墓碑，上面详细地记载着死者的生平。伍子胥碑碑审视，座座查看，唯独没见楚平王的墓。无奈之下，伍子胥向附近的百姓打听，最后才得知楚平王的墓很多，东西南北四门外都有，都在离城十里处，墓砌得又高又大，如山丘一般。

伍子胥又迫不及待地赶去逐个挖开墓穴，让他非常吃惊的是，这些墓穴都是假的。墓穴装饰豪华，可是里面的棺椁里全是空的，不要说尸首，连一件衣物也没有。伍子胥率人从东门找到南门，又从西门找到北门，一连挖了十几座，座座如此。

看来楚平王还是一个有先见之明的人，他深知自己的仇人太多，唯恐在自己死后，会有仇人掘其墓、毁其尸，所以整个建墓工程都是秘密进行的，不仅郢都的百姓无人知晓，连朝中的文武、宫中的内侍也全不清楚。一连忙了几天，伍子胥终不死心，到宫中去问一些老年的太监、宫女。有两个太监告诉他，只听说楚平王的墓在东门外的蓼台湖，具体在湖的什么位置，却不清楚，因为当时谁也不曾到过。

伍子胥听了，喜出望外，随即带领随从出东门，赶往蓼台湖畔。这里确实是一个非常美丽的地方，放眼望去，只见湖水茫茫，碧波荡漾，清澈见底。可是四周湖岸，只有草丛和树木，连个土堆的影子也没有，怎么才能找到坟墓呢？但伍子胥没有这么容易放弃，接连找了三天，却丝毫没有结果。无奈之下，伍子胥令书记员拟就布告，抄录了很多份，贴满大街小巷。大体内容就是："本将欲寻楚平王陵墓，有知其情者，请尽数通报，必有重赏；有知而不报者，杀其全家。倘三天内无人告知楚平王陵墓，本将必血洗郢都。"

伍子胥这种近似疯狂的悬赏报仇方法，遭到了郢都百姓的谩骂，也激起了他们的怨恨，可是人在屋檐下，不得不低头，有什么怨恨和意见只能默默地承受，根本得不到解决。自从伍子胥的"告示"贴出去之后，整个郢都传得沸沸扬扬，可是三天时间一晃而过，却没有只字消息。伍子胥气得肝胆俱裂，欲血洗郢都城的时候，突然有一位叫邹积德的白发老翁来拜见他。伍子胥见老人八十有余，满脸皱纹，头发斑白，佝偻脊背，踽踽独行，不像是有恶意之人，就明白他肯定知道楚王的坟墓。

"将军这么急切地寻找找楚平王陵墓，不知将军找到如何？找不到又如何？"老翁虽然年老体弱，可是声音爽朗，底气十足。

"若寻到，掘其墓，曝其尸，斩其首；若寻不到，军令已出，绝不能更改，将血洗郢都！"伍子胥回答得坚定、凶狠，根本就没有商量的余地。

老翁本来还想再劝伍子胥几句，可是伍子胥及时拦住了老翁的话，急切地问："老者是否知道楚平王陵墓?"

老翁看到伍子胥这么急切，又这么凶狠，本想隐瞒下去，可是眼看着三天期限已到，若伍子胥说到做到，殃及城中无辜百姓，那就太惨了。

想到这里，老人跪地，抱拳拱手，片刻之后，他痛苦地说："我告诉你楚平王陵墓的真实处所，但你必须满足我的条件。"

孙武故里

伍子胥这时已经被仇恨蒙蔽了双跟，只要能够找到楚平王陵墓，即使付出任何代价也能够答应。白发老人要求："必须将沿湖十里的百姓搬迁走，我才敢明示，否则，哪怕将我凌迟碎尸，也必定守口如瓶！"

伍子胥知道当今世上知道楚平王陵墓的人寥寥无几，这个白发老人很可能是唯一的一个。伍子胥思索再三就答应了白发老人的要求。经过三天的搬迁，湖边十里内的百姓全都迁走。

原来，这蓼台湖从北向南成葫芦状，北大，南小，中间一个咽喉般的卡腰。在白发老人的指点下，伍子胥先派兵囊沙将卡腰的地方堵塞，使其分成南北两湖，彼此不相通连，然后将南端掘开，将南湖里的水放干，真正的楚平王陵墓便出现了。不过这一湖之水放出来，周围十里就被水淹了，怪不得老人要求把周围十里的人迁走。

伍子胥命兵丁先把墓顶上的淤泥杂物铲掉，然后便在白发老人指点下掘墓。把墓顶掀掉之后，看见下边有个四四方方的大房间，房间正中有一口大大的黑漆棺材，棺材放在石座上。楚平王真正的尸体并没有在这口黑漆棺材里，而是在石座底下。

伍子胥命人将空棺抬到一边，石座移开后，大家都来撬下面的一块大石板，这块石板就是墓道的一扇大门。掀开石板之后，露出一个方方正正的洞口，踏着石阶下去，里边黑洞洞的，什么也看不见。伍子胥命人点起了火把，白发老人在前引路，伍子胥带领众人跟随在后，走了不远，前边横七竖八，到处都是尸骨，从身上没有完全腐烂的衣饰，辨得清官女、内侍、兵丁、工匠及普通百姓。大家在尸骨的空隙中前进，步入了一座地下宫殿。进宫门，到前殿，穿过中殿，奔后殿，在火光照耀下，只见正中放着一口硕大的楠木棺材。打开棺盖，奇香扑鼻，棺内的楚平王衣冠楚楚，肌肤白嫩，面色红润，仿佛正在安睡一般。

伍子胥终于目睹了这个杀害自己父兄及一家三百多口的仇人的面容，不由得眉竖目突，怒火腾腾，正欲取下昏君的首级以祭父兄的在天之灵。但是他觉得这样依然不够解恨，于是就从右肋下抽出九节钢鞭，随着一声"昏君，找打"，钢鞭暴雨似的落到了楚平王的尸身上，随着雨点般的鞭子飞舞，霎时尸肉横飞，惨不忍睹，连鞭三百余下，直到将楚平王的衣服打乱了，皮肉打飞了，连骨头也打碎了，才住手。他喘息片刻，正想抽七星宝剑割楚平王的头，却见楚平王的头依然完好无损，双目紧闭，很悠闲自在的样子。

怒火又冲上心头，伍子胥嘴里不住地骂道："昏君，你徒有双目，忠奸不分，贤愚不辨，好歹不识，听信谗言，现在我要毁了你的双目。"说罢，伍子胥伸出手，挖了楚平王的两颗眼珠。然后，才掣出佩剑，割下昏君的首级到父兄的墓上去祭祀。

跟随伍子胥的侍从被他凶恶的行径惊呆了，面面相觑，噤若寒蝉。

而这时，伍子胥仿佛卸下了一副重担，只感到浑身轻松，喘了一口舒畅的气。当伍子胥找寻白发老人时，老人已经投湖自尽了。

伍子胥惊扰百姓、掘墓鞭尸之举，在孙武的心灵上造成了很大的震撼，他开始怀疑这场战争的意义。他当初的心愿是用自己的才能帮助吴王实现富国强兵、称雄天下的心愿，但是，这场战争除了带来暴行和让某些人报偿私人恩怨外，对两国人民又有什么好处呢？

此后，孙武对兵法的探索，更多地不是思考战胜的方法，而是思考战争的意义。

 安全撤军

再说楚昭王，在家破人亡、妻离子散、都城沦陷的情况之下，他逃到了郧城（今湖北陆安，古郧国的国都）。楚昭王一直想去的就是古郧国北部的随国，因为随国是楚国北部的泗上小侯，长期以来臣服于楚，与楚国有着政治上的依附关系。郧公斗辛为了实现楚昭王的愿望，亲自护送昭王逃奔随国。

到了随国之后，楚昭王受到了随君的热情相待。栖身随国的楚昭王，虽然过得轻松自在，也备受随国人民的尊敬和爱戴，可是他依然不能忘记失国之痛，立即召令溃散各地的楚军陆续向随国集结，以图东山再起。当吴国得知楚昭王逃奔随国的消息后，立即遣使执节赶到随国，请求随君把楚昭王交由吴国处置。在这种情况下，随君仍顶住

211

压力，继续保护楚昭王。楚昭王感谢随君不弃之恩，遂与随君歃血为盟，建立共同御辱的抗吴联盟。

后来，吴王阖闾用孙武之计，悬赏通缉楚昭王。这时候，楚昭王明白，随国毕竟只是一个小国，靠随国保护，不仅救不了自己，还会连累随君，必须寻求大国的支持才行。于是，他一面躲进深山避难，一面派大夫申包胥去秦国求援。

秦国与楚国有着血亲关系，自从楚平王娶秦哀公的妹妹为妻后，秦哀公便成为楚昭王的舅舅。

楚国大夫申包胥带着楚昭王的命令，星夜兼程，风雨无阻，赶赴秦国。申包胥到雍都拜见秦哀公，详尽诉说吴军在楚国的暴戾行为："吴军贪如一头永远吃不饱的大肥猪，其心肠之狠毒、手段之惨烈无异于林中之蛇蝎。吴国觊觎北方，早已想吞食诸侯列国，目前先灭了楚国，日后必然与秦国为敌。现在昭王是您的外甥，您若不救援，还有谁救援呢？"

秦国当时虽然也是一个西方强国，但与中原大国相比，实力并不出众。秦哀公担心贸然行动，不但救不了楚国，反而会惹祸上身，就说："秦国僻处西方贫瘠之地，兵微将寡，自保尚有不足，怎么能救楚国呢？"于是起身命人送客。

申包胥眼见秦哀公并没有援助楚国的意思，立即跪倒在地，拦住秦哀公的去路，哀求道："大王若能帮助楚王复国，楚国愿意世世代代敬奉秦国。"

秦哀公既同情楚昭王的遭遇，也欣赏申包胥的忠心，可是要跟强大的吴国开战，他确实没有获胜的把握。于是，他推辞说："此事事关重大，请先生先回馆舍休息，待与朝臣议论后再做定夺。"

申包胥再次含泪顿首，满脸愁容地说："如今寡君避难在外，荒居异域，衣食不安，小臣怎么敢回馆舍安心休息呢？"

但要让秦哀公瞬间就答应楚国的要求，也是不可能的。秦哀公没有表示什么，沉默着离开了宫殿大厅。申包胥仍不死心，就跪在秦国的大殿上，倚墙而哭，其声凄惨，不绝于耳。他不吃不喝，一连哭了七个昼夜，哭得秦国的文臣武将无不为之心酸，纷纷劝秦哀公出兵帮助楚周。秦哀公也心软了，终于答应派战车五百乘去帮助楚王复国。当时秦国约有兵车二三千乘，一次性派出五百乘，这个面子给得真不小。按照战车的步兵配置，在春秋前期为每乘三十人，到后期扩展到每乘七十五人，按此计算，援楚秦兵约四万人。

公元前505年六月，秦国四万大军在将军子蒲、子虎的率领下，东出武关，向楚地进发。不几天就到达了稷地（楚地，今河南桐柏境内），与那里残存的楚军会师，结成秦楚联军。这时，吴国官兵的暴虐行径，越来越引起楚国人民的不满和愤恨，他们纷纷拿起武器，不断地进行反抗。溃散于各地的楚军，也纷纷聚集起来，支持楚昭王复国雪耻的大业。

话说秦军的支援给楚昭王增加了很大的信心，楚军的士气也大增，争相赴战。与之相反，吴国将士迷恋于醉生梦死的享乐，早就丧失了过去那种英勇善战的斗志。楚军的士气与吴军形成了鲜明的对比。楚军与秦军会师于稷地后，先后在沂（今河南正阳境内）、军祥（今湖北随州西南）、公婿（今湖北襄樊东）等地区战胜了夫概领导的吴军。

在沂的战斗中，夫概遇到攻击时，还以为对方只是楚军的散兵游勇，未予重视。后来发现有秦军参战，方知形势不妙，军心开始动摇。加上楚军依仗秦军为后盾，士气高昂，一改昔日与吴交战一触即溃的状况，个个奋力争先，人人拼死相战，夫概部力不能敌，溃败而走。

沂地小胜后，楚、秦联军士气更加高涨，越战越勇，再次在军祥等地与伯嚭率领的吴军交手。当楚军、吴军都投入激烈的战斗中时，秦军再从中间穿插攻击，把吴军分割成几段，形势对吴军非常不利。正在万分危急之时，幸亏伍子胥的援军及时赶到，在其奋力支援下，伯嚭才得以突围而逃，然而其兵力已损失过半。

连连失利的吴军，才弄清这次失败的真正原因。《孙子兵法》说：知己知彼，百战不殆。吴军这次就犯了不知彼的错误。孙武对此是早有预见的，所以他劝吴王阖闾恢复楚国，不要侵扰楚国百姓，可惜吴王阖闾不听。到了吴军连战连败的时候，吴王阖闾还未意识到这不是军事问题，而是吴军无道造成的恶果。他自以为吴国军队天下无敌，决心一鼓作气打败秦楚联军，急令吴军主力北上抵御。可是为时已晚，多行不义的吴军，此时已经陷入了楚国人民奋起反抗的汪洋大海。楚国的百姓，深受吴军烧杀抢掠之苦，听说秦国发兵救楚，深受鼓舞，纷纷拿起武器，"各致其死"，奋臂而斗。这些土生土长的楚民百姓，斩木为兵，凭借熟悉的地形，神出鬼没，到处袭扰吴军，致使客居异国的吴军到处碰壁挨打，军队士气低落，人人都想回到自己的国家。

七月，楚将司马子期和秦将子蒲会兵北上，消灭了吴国的盟友唐国，解除了复郢之战的后顾之忧。这时，吴国的内部发生了变乱，人心大乱，士气颓废，战局对于吴军越来越不利。

夫概因沂地失败遭到吴王阖闾严厉批评后，怀恨在心，而且他早有篡位之心。是年九月，他擅自带领自己的队伍潜回吴国自立为王。这时，越王允常得知吴王阖闾亲率大军，深入楚国腹地，乘吴国内"空虚"的时候，派兵在越、吴边境骚扰。幸亏孙武早有远谋，没有放松国内的守卫戒备，越王的目的虽然没有得逞，但越王的举动却给吴王阖闾一个教训，让他不能在高枕无忧地在楚国生活，更不能用心来应对秦楚联军的战争了。

这时，面对夫概的叛乱、越国的骚扰，还有秦楚联军的紧逼，吴王阖闾的统治摇摇欲坠，急召孙武、伍子胥、伯嚭商量从楚国退兵的策略。孙武对这一切已经洞若观火，非常清楚吴王阖闾此时的心理，于是就建议说："此举将为楚国军民所笑，可以利用已故楚平王太子建的儿子胜，他现在吴国，请他出来主持楚国朝政，这样安全退师就名正言顺。"

吴王阖闾已经不知所措，力求保全，而且伍子胥也完全同意孙武的意见。立即派人回吴国礼请故太子之子胜回楚。没有多久，吴王阖闾带领部分精兵锐卒先期回国，把前方军务交由孙武、伍子胥处理。

回国后，他先处理了国内的纷乱，平息了夫概的叛军，稳固了民心，而夫概却逃往楚国，被楚昭王封为堂谿氏，过着安定和平的生活。

吴王阖闾狼狈返回吴国后，孙武和伍子胥留下来继续抵抗楚、秦联军的进攻。孙武指挥吴军在雍澨地区击败了楚军，暂时保住了郢城的防御。但是由于吴军占据郢城以来放荡不羁，军队战斗力极其低下，未能挡住秦军主力强大的攻势，被迫退守麇邑(楚邑，大约在今汉水以东)。孙武根据敌我情况，决心凭借汉水，背水列阵以抵御楚、秦联军的进攻。

楚军由于在清发水一战被吴军"半渡而击"的惨状仍然记忆犹新，为了避免再次遭到上次的惨状，楚将司马子期建议对依托汉水防御的吴军实施火攻。吴军本来已经人心涣散，士气低下，现在又被联军的大火一烧，顷刻乱作一团，楚、秦联军乘吴军混乱之机，渡过汉水，奋力推进，再败吴军。接着，楚、秦联军乘胜追击，在公婿又给吴军以重创。

吴军在屡次受挫的情况之下，已经身心疲惫，无心战斗。伍子胥看到惨败的吴军，愁眉不展，就与孙武商量对策。孙武对于吴军的节节败退也忧心忡忡，那么多用兵之策，这次却找不到一条可以战胜联军的策略。伍子胥对正在沉思的孙武说："我军虽然连战不利，但主力并未受到大的损失，只要退守郢城，仍可一战。"

而孙武并不这么认为，他清楚地知道现在的吴军已经不是进入郢城之前的吴军了。虽然表面上没有明显的区别，可军队的内部纪律涣散以及奢侈之风的滋蔓，严重损伤了部队的战斗力，目前已不是楚、秦联军的对手，若不及早撤军，将会陷入空前的被动。于是，孙武说："你说得有道理。我们帮助吴王实现了伐楚的愿望，而你掘墓鞭尸，家仇已报，心愿已足，现在应及时退兵。若继续留在此地，只能惨败而归。"

伍子胥非常明白孙武的话，也知道其中的利害关系。于是，就协助指挥部队撤离郢城，还师吴都。秦、楚联军见吴军撤退，及时收复

进攻楚国

215

郢城。对于楚军来说，都城失而复得，楚国也确实元气大伤，百姓受苦，一时很难再恢复到兴旺发达的局面。对于吴国来说，郢都的得而复失，确实是一大遗憾。秦哀公见吴军退师回国，楚国已经解危，也就命令援军撤回秦国。

楚昭王返回郢都，从事恢复重建工作。但这一战后，楚国从此日渐衰微，再也没有恢复到昔日的鼎盛局面。

第七章

隐居山林

时势造英雄，战争育将才。一场又一场的战争，一次又一次智慧的较量，扑朔迷离的战争背后，究竟谁才是最终的胜利者？暂时的胜利就如同一面『魔镜』，显示出人的本性，贪婪、妒忌、仇恨、利欲。没有正义之心的胜利，只会犹如昙花一现，留下美丽的瞬间，给后人留下深深的思考。

 **阖闾之死**

　　尽管吴王阖闾因为"后院起火"、秦国出兵等原因而被迫退师,但其他诸侯国的国君都明白,吴王阖闾是一个精干的国君,而且他身边还有孙武、伍子胥这些精兵良将,凭借吴国的综合国力,很有可能东山再起,继续争霸中原。

　　为了解除日后受到吴国的威胁,不少国家认为应该先下手为强,对吴国进行打击。

　　阖闾十年(公元前505年),东夷乘吴军退师、立足未稳的有利战机,突然入侵吴国,危及新都。孙武接到吴王阖闾的命令后,立即紧急从西郊调兵东征,用数倍于敌的优势兵力,以众击寡,很快获得胜利。

　　楚昭王重新收复郢都以后,没有以前的高傲气焰,而是吸取了过去失败的惨痛教训,勤于朝政,招募贤士,广纳忠谏,整顿军队,习练兵卒,修复关隘,坚兵同守,同力军力迅速得到恢复。楚昭王于公元前505年和公元前504年先后灭了唐、蔡两国。

　　吴王阖闾看到楚国根本没有把自己放在眼里,而直接攻打自己的附属国,气愤非常,扬言要给楚国一点点颜色。于是,吴王阖闾派水师在番(今江西潘阳),派陆师在繁扬(今河南新蔡)一带击败楚军,让楚军知道吴军虽然从楚国被迫退师,但仍然有很强的实力。吴王阖闾的这次战争确实引起了楚国的警惕,他们也不敢轻易对吴国动用干戈，甚至害怕吴军熟悉楚国都城的地理环境，而把都城由郢向北迁至都（今湖北宜城），以避吴军的锋芒。

此外，楚军虽然收回都城，但损伤严重，很难恢复到战前的水平。而吴国虽然失去了郢都，但并没有影响综合国力。而吴王阖闾也没有放弃称霸天下的野心。现在能够对吴国称霸中原造成威胁的国家只有齐（今山东境内）、晋（山西中部）两国了。因为晋国是吴国的盟友，不能立即翻脸，干戈相迎，所以齐国是主要对手。因此，吴王阖闾决定先拿齐国开刀，派孙武为大将军，领兵讨齐，吴王阖闾也亲自督战。

春秋初期，齐国是第一霸主，幅员辽阔，有山有海，凭借鱼、盐之利，国力还很强。但到齐景公时，由于倒行逆施，卿大夫争权，国势渐衰。孙武也正是在这种恶劣的政治背景下才离开齐国的。当齐景公得知吴国"伐齐"的消息时，惊恐不已，自己根本没有能力来抵抗吴国的侵略，如果双方用战争来解决问题，齐国肯定是口中之肉。无奈之下，碍于吴国的强大压力，齐景公不得不忍痛将自己的爱女嫁给吴王阖闾的儿子以求和。

当齐景公将爱女送出齐都临淄时，不由得伤感落泪，但又无可奈何。当大臣们劝说齐景公改变主意时，齐景公叹了口气，说："寡人闻之，不能令则莫若从。且夫吴若蜂虿，然不弃毒于别人则不静，余恐弃毒于我也。"意思也就是说，不能发号施令则不如听命服从，像吴国这样的蜂虿，如果我们不让他得到一点好处，那么，它达不到蜇人目的决不会罢休，它们会故意挑起事端，来加害齐国。

吴王阖闾见齐景公送女儿来吴完婚，那么，两国从此就是亲戚了，暂时停止了伐齐的军事行动。

阖闾十九年（公元前496年），吴王阖闾得知越王允常去世，年轻的勾践继位，认为绝对是一个征服越国的最好机会。他立即召集孙武、伍子胥、伯嚭研究进攻越国的决策。伍子胥非常严肃地说："越国国君刚刚立位，国内不稳，不应进攻，不然我们会失去作为大国的信义。"

孙武也非常同意伍子胥的建议，也从另外一个方面劝阻说："大王应该吸取我军攻楚被困的教训，今日越国必定有所准备，此时不宜出兵。"吴王阖闾觉得伍子胥和孙武一直是支持自己南下的，为什么这么好的机会却反对自己呢？他现在已经下定决心要进攻越国了。于是，吴王阖闾命令孙武留在吴国，他亲自率军攻打越国。

不几日，趾高气扬的吴王阖闾统率吴军三万，从吴都蛇门出发南进攻越。《吴越春秋》中提到："欲东并大越，越在东南，故立蛇门以制敌国。"可见，蛇门是吴王阖闾新都东南方向的一座城门，而越国刚好是在吴国的南偏东方向，按照古代阴阳学说，对应的动物刚好是蛇，所以从另一个方面看，蛇门是为制服越国而设立的。

阖闾城遗址

年仅二十四岁的越王勾践年轻气盛，对吴国的进攻非常气愤，得知吴军来犯，也不甘示弱，选拔勇士一千人，手执长兵器组成的队伍，在谋臣文种、范蠡的护卫下，亲率大军抵御，两军相遇于双方的边界地区携李（今浙江嘉兴一带）展开激战。

战斗开始，越王勾践先发制人，选拔奋勇死士，组成两支敢死队，率先向吴军军阵发起冲击。然而吴军训练有素，阵势严整。之后，他企图以少数奋勇之士，由勇将畴无余、胥犴指挥，手持长枪大戟，出其不意，由两翼冲击吴军阵形，可吴军坚强抵御，坚固如初，用强弓劲弩射击，打退了越军的进攻。连续几次冲击吴阵，但其阵却坚如铁壁，无隙可击。越军只好撤退回营，吴军也未乘机追击。

越王勾践见初战失利，并不气馁。他觉得强攻不能奏效，应该变换战术。越王勾践左思右想，愁眉不展，不知该用什么方法来抵抗吴

隐居山林

国的侵略。最后，他终于想出了一个完美的计划。他将军中犯了军法的"死徒"排队成三行，列于阵前，让他们到吴军阵前集体自杀。这些罪犯排着整齐的队列来到吴军阵前，分成三列，各持利剑，然后把剑放在脖子上朝吴军军阵高呼："今日吴、越两国交兵，臣奸旗鼓，不敢自逃刑戮，只有在两军阵前自刎以谢罪。"言毕，他们果然以剑刎颈，顿时，所有的士兵都倒在血泊之中，那种浩气仍然盘旋在上空，气势颇为悲壮。吴军将士看着这一幕，不禁目瞪口呆，等他们从惊恐中清醒过来时，全军骚动。

越王勾践乘敌混乱，指挥越军敢死队，改持大盾短刀，蜂拥而出，呼啸四起，直冲吴军阵前，然后再让其主力奋力掩杀。毫无心理准备的吴军突然遭到侵袭，军心大乱，面对潮水般涌来的越军，一时手足无措，视军令于不顾，各自逃窜，这时，越将灵姑浮冲入吴阵，见到帅旗下的吴王阖闾就奋力刺杀，击伤了吴王阖闾的右脚，脚趾断裂。吴王阖闾负伤，使吴军上下惊恐，已无心再战，遂奋力保护吴王阖闾撤退至陉（吴地）。

之后，久经沙场的吴王阖闾由于随从的保护秘密返回吴国。回国后的吴王阖闾，顾不得自己的伤势，急召太子夫差和孙武、伍子胥前来军帐，先嘱咐夫差日后一定要报仇雪恨、破灭越国，然后悔恨自己没有听从孙武的建议，随后嘱咐孙武、伍予胥、伯嚭等一定要齐心协力辅佐新君完成霸业。片刻之后，吴王阖闾由于伤势严重，就撒手人寰，弃世而去。

 吴越争锋

太子夫差在吴王阖闾去世后，开始主持朝政。当吴国惨败于越国之后，国内一片混乱，为了稳定民心，夫差暂时不宣布大丧。待到所有的吴军已经回国，加强防御以后，夫差才继承了王位，向天下宣布阖闾死亡的讣告。

公元前495年，年轻有为的吴王夫差，谨记先王遗训，决定打败越国、雪耻复仇。自从他继位以后，对孙武、伍子胥、伯嚭等前朝重臣，非常尊重。按照他的想法，恨不得立即起大军，灭掉越国。但孙武等人不同意，他们认为，应该先训练士卒、充实仓库，做好战争准备后再出兵。吴王夫差听从了他们的意见，暂时放下了报仇雪恨之心。《东周列国志》中记载："练水兵于太湖，立射棚于灵岩山以训射，俟三年丧毕，便为报仇之举。"可见，吴王夫差同意孙武和伍子胥等齐心协力充实仓廪、训练士卒的意见。此后三年，吴军努力改进武器装备，加强训练士卒，认真备战，灭越报仇。

越王勾践在胜利之后，异常高傲，目中无人，当他听说吴王夫差准备报仇正在积极备战，等待三年居丧结束，就将领兵伐越时，越王勾践愤怒之极，藐视夫差不知天高地厚。《国语·越语》评述越王勾践是"未盈而溢，未盛而骄，不劳而矜其功"。为了教训吴王夫差，让他知道越国的厉害，越王勾践完全不顾及吴越双方力量的悬殊，执意先

发制人，亲自率领越军主力，包括全部水师，于夫差二年（公元前494年）浩浩荡荡地由南太湖水面向吴国境内的夫椒（今苏州吴中区西山）进军。这里是吴国发展水师的训练基地，又是吴国的西南方向的战略前哨阵地。越王勾践想抓住有利时机，集中主力，来个突击，消灭吴军水师，给吴国以致命的打击。

吴王夫差比他的父亲更加具有雄心壮志，更加懂得珍惜人才，也更会收拢民心。在富国强民的同时，他还在越国安插了自己的亲信，这样可以随时得知越国的情况，为自己以后攻打越国打下良好的基础。当勾践的军队刚刚起程从吴越边界出发时，吴王夫差已经得到了越王勾践行动的确切消息。

吴王夫差知道了越军的军事行动之后，急得如热锅上的蚂蚁，一时不知该怎么面对。他觉得对越国出击时机尚早，可越国竟然出动攻打吴国，究竟该怎么办？吴王夫差犹豫着，急忙和孙武、伍子胥、伯嚭等重臣紧急商议对策。

伍子胥沉默了片刻，认真地分析说："勾践年轻气盛，有勇无谋，傲气十足，这次攻吴，是想乘我国丧之机，突然袭击，破坏我前哨防御设施，消灭我水师力量，使吴国受到重大的创伤，为此必须认真对待。"

孙武非常同意伍子胥的分析，高兴地说："与其我们准备充足了再战越国，不如就借此机会，将计就计。"

听到孙武这么说，吴王夫差和伍子胥都知道孙武有了应付的对策，于是，都把目光投向了他。

孙武又说："越军的主要兵力估计二万人左右，远道而来，处在客军地位，完全不了解我吴国太湖水域的地理情况，我军可采取诱敌深入，一部分一部分地消灭他们。当务之急是加强迎战前的准备，特别是夜战火攻的物资器材。另外要发挥姑苏台的监察哨作用，观察注视越军的动向。"

听了孙武的话，大家都表示同意。于是，一切都按照孙武的计划行事。孙武、伍子胥等聚集在姑苏台上，对越军的入侵活动知道得一清二楚。当清楚地看到太湖吴越分界处的水面上出现大量黑点时，姑苏台上的兵卒立即报告给吴王夫差。吴王夫差听到兵卒的汇报，想调集大批精兵抵御越军。可是，孙武认为，应该先派出其中一小部分水师迎击，边战边退，诱敌深入到西山岛西北湖面。平日这里是吴军水师训练地，航道熟悉。越军误以为吴军真的没有戒备，遇到了袭击，必然乘"胜"进击。一旦越军进入伏击圈，就可以取而全歼了。

吴王夫差、伍子胥都觉得孙武的诱敌深入的计策很好，于是，立即调集了千名精锐士兵，与敌军在西山岛西北湖面进行游戏似的战争。当战争刚刚拉开帷幕时，吴王夫差、孙武、伍子胥在姑苏台看到越军已无后续船只，全部被围困在湖中，一切都按照计划进行。当吴王夫差、孙武、伍子胥觉得时机已经成熟，越军已经如"瓮中之鳖"，立即命令吴军乘各种类型战船，以数倍于敌的精兵强将全部出动，兵分三路：一路布置在南太湖水面，阻击越军的后援船队，截断越军退路；一路迎战入侵越军，白天旌旗招展，金鼓齐鸣，对被围越军，有把握获胜时就战斗，消灭一条船就是削弱敌人一份力量；还有一路则是白天偃旗息鼓，隐蔽休息，待到黄昏天黑时出动，配合围歼越军主力。

就这样，白天是假装攻打，实行战略包围，在局部范围内形成我众敌寡的战略优势，到了晚上，吴军高举火把，手执吴钩，猛攻越军两翼，用火把和金鼓指挥战斗，包围圈越缩越小，断绝救援，孤立中军。

到了晚上，当吴军开始攻击时，越军由于没有受过夜战的训练，又不熟悉航道和地形，根本就不知道哪里有暗礁、浅滩，军心惊恐，缩头缩尾，一片混乱。在水与泥中挣扎着，越军丢盔弃甲，狼狈不堪，最后大部分越军都被俘虏了。

孙武没有惩罚越国的俘虏，也没有难为他们，而是让他们美食一顿，然后他们愿意回家的回家，愿意留在吴军的留在吴军。大部分俘虏被孙武的做法所感动，而且觉得如果回家肯定也会遭到越王勾践的虐待，还不如待在吴军中为吴军效力。孙武按照他们的特长，将他们分编到吴军水师中，和吴军官兵共同生活、共同战斗。孙武还命令士卒收集越军的战船、旌旗、盔甲和兵器等装备，然后让吴国的军人伪装成越军水师，在太湖水面上游弋往来。越军看到，误认为是自己人，纷纷靠拢过来，待到两船相近，短兵相接之时，越军还没有战斗的心理准备，就当了俘虏，个别顽抗的还被杀死。

连续几个昼夜的战斗已经使越军疲乏不堪，兵力越来越弱，而吴军却恰恰相反，越战越强。吴王夫差、孙武、伍子胥等人在姑苏台上，看到越王勾践率领水师的残军败将，仓皇溃退，立即挥师紧随其后，直至浙水（今钱塘江）附近。勾践回天无力，逃向越都会稽。

越王勾践眼看着都城就要沦陷，心中在滴血，可眼下重要的是要保住自己。他非常明白，留得青山在，不怕没柴烧。于是，为了保全自己，他只好放弃了浙江平原，带着五千名甲士，进入会稽山中的一座名叫"固城"的小城堡，凭着山势险峻，负隅固守。外有吴军重兵围困，内已断水绝粮，越国已处于行将覆灭的险境。

越国的国土一点点失去，越王勾践开始后悔自己没有听从范蠡等重臣的劝导，可悔恨为时已晚。眼下重要的是该如何保住"青山"。他不甘心自己就这么失败，于是立即召集范蠡等人商议挽危对策。

范蠡将目前的形势为越王勾践做了具体的分析，然后又详细地讲述了其中的利害关系。最后，他提出了"忍辱求和"的建议。越王勾践细细地考虑了范蠡的分析和建议，觉得他说得非常有道理，就接受了范蠡的建议。

于是，越王勾践就派大夫文种到吴军大营向吴王夫差面陈"降服求和"的诚意，并表示：越国宝物尽吴王享有，军队唯吴王是命，勾践自己及王后愿为奴婢，作为人质到吴国，侍奉夫差，以表示臣服……

起初吴王夫差不同意越国求和，因为他非常明白越国在他称霸中原中的作用。可是，当大夫文种几次三番花言巧语之后，吴王夫差的心思开始慢慢地动摇了。这时，大夫文种又开始用重金和美女来贿赂伯嚭。伯嚭没有孙武、伍子胥坚定，被文种的"诚心"打动。于是，开始从中斡旋。吴王夫差马上就要答应文种的求和请求。

这时，伍子胥提醒吴王夫差："大王，您忘记越王杀父之仇了吗？"

孙武也极力相劝："若答应越国讲和，将来肯定是吴王称霸道路上最危险的一颗棋子，后患无穷！"

吴王夫差想了想伍子胥和孙武的话，无不在理，可又想一想，现在越国已无力回天，国力大损，人心涣散，赦免越王勾践，保留越国称号也无所谓，在诸侯列国中还可体现我夫差仁义天下的形象。

于是，吴王夫差就同意了文种求和的请求，同意保存越国社稷。

公元前494年的这一战，史称夫椒大战，是吴国南服越人、报仇雪恨的决定性战役。这一战，以吴军全胜，越国惨败而告终。至此，吴王夫差的称霸野心更加膨胀，他开始把目光转向中原国家。

黄池会盟

吴王阖闾在攻打越国的战斗中负伤而死。于是，称霸天下的任务就落在了他的儿子夫差的肩上。夫差从小就跟从阖闾南征北战，东讨西伐，经历了众多的场面。而且，他比他的父亲更加有野心。

为了替父报仇，吴王夫差即位后，一直都在强兵富国。经过努力，他终于打败了越国，现在可以向霸主地位靠拢了。他认为，自己称霸的敌人仍是齐国和晋国。所以，他在打败越国后，在孙武和伍子胥的协助下，用了整整十年时间做伐齐、伐晋的战前准备。在这十年中，吴王夫差办了三件大事：征服鲁国（今山东南部，以今曲阜为国都），迫使背齐面吴的鲁国与吴国订立城下之盟；制服陈国（今河南淮阳，辖地相当于今河南东部和安徽一部分），关闭了楚国可能挺进中原、侧翼攻击吴军的门户；开凿邗沟（今江苏扬州邗县往北直达淮河的水道），开通由江入淮的舟师运输水道。

这时，吴王夫差感觉吴国的综合国力完全可以争霸中原，讨伐齐、晋两国的时机也已经成熟，出兵的日子指日可待。夫差十二年（公元前484年）春天，吴军舟师连同由越王勾践派出的三千名援军，在吴王夫差的亲自率领下，浩浩荡荡从吴都附近的太湖出发。为什么这一次吴王夫差不派孙武或伍子胥为主将，而要亲自率军呢？这主要是因为孙、伍二人反对出兵。其中原因将在后面交代。

吴王夫差率军越大江，经邗沟，抵淮水，再溯淮西上，然后转入泗水北进，与已被迫会盟的鲁国军队会合，组成联军。这时，联军的队伍已经非常强大，士兵斗志高昂，将领更是精神抖擞。联军顺着汶水（今山东大汶河，源出莱芜北）而上，到了五月，攻下博地（今山东泰安南），该月二十五日，到达赢地（今山东莱芜西北）。

然后，联军继续北上，到了淄水上游的艾陵（今山东莱芜东北）时，与齐军相遇。五月二十七日，双方军队在艾陵摆下战阵，展开激战。战争中，由于双方力量相差悬殊，联军大胜齐军，而且俘虏齐国五位将军，缴获八百辆战车，斩首三千级，取得了伐齐的决定性胜利。

胜利战胜齐国并不是吴王夫差的真正目的，与齐国结盟才是他的最终目的。当吴王夫差提出与齐国订立盟约时，虽然齐简公（齐景公死后的新君主）千万个不愿意，可为了齐国百姓的安宁，为了齐国的和平，在吴王夫差的强大压力下，不得不与吴国订立城下之盟。

与齐国订立盟约之后，吴王夫差称霸中原的对手就只有晋国了。自公元前526年晋昭公死后，四十多年来，晋国的大权已经落在了卿大夫手中，国君已经徒有虚名，根本没有实权。公元前 482 年，晋国内部的矛盾不断激化，对于吴国来说真是天赐良机。

这年夏天，吴王夫差又命孙武为大将军，伍子胥、伯嚭为副将，亲自率领着数万精兵，踏上了伐晋的征程。吴军仍然从吴都附近的太湖出发，到达宋、卫、郑、晋四国交界处的黄池（今河南封丘）与周王室的单平公、鲁哀公会盟，夫差决意要在会盟中以强大的军队为后盾与晋国争夺霸主地位。

为了威慑晋定公，给他一点压力，让他体会到吴国的强大。在一天黄昏时分，孙武下令做好战斗准备，让全军饱餐一顿，喂好马。到了晚上，没有月光，星星也躲进了厚厚的云层中，漆黑一片。可是，这并没有影响吴军作战的心态，当黑夜笼罩了整个山谷时，孙武命人灭灶火，马衔枚，全军穿戴铠甲，拿起兵器，执“文犀长盾”和“扁诸之剑”，排成三个方阵。只见中军方阵将士都身穿白衣，披素色铠甲，饰白羽，树白色旌旗，“望之若荼”，夫差亲掌钺枚，车载白旗，立在方阵当中；左军方阵将士全是红色，“望之如火”；右军方阵将士全是黑色，“望之如墨”。三军将士，列好战阵，天刚破晓，夫差亲操鼓袍，擂动战鼓，一时间四下钟鼓钲铎纷纷响应，浩浩荡荡地向晋军驻地潜行。

第二天凌晨，天微微亮，夜里的雾气还没有完全消失，吴军已经到了离晋军驻地只有一里路的地方。夫差把已经分好的三个方阵组织好，摆好阵法，随时准备向晋军进攻。随着夫差一声令下，顿时，杀声震天，喊声遍野。晋军没有想到吴、鲁联军兵临驻地，大惊失色，紧闭寨门，不敢出击。

晋国国君晋定公闻讯后，大惊失色，神情慌张，乱了分寸，一时也找不到合适的应付办法，而且，他还不明白吴军进攻他的原因和目的。情急之下，晋定公当即派一名大夫到吴军阵前探问吴王。

吴王夫差对晋大夫说：“现在周室衰弱困穷，诸侯中已无人履行向王室纳贡的义务。我是奉周天子的命令，历尽艰辛来此与贵国国君会盟，霸主由晋君还是由我充任，决定于今日！"

碍于吴军的压力，晋定公也没有反抗。为了百姓的安宁，从大局出发，他只好在黄池与吴王夫差、鲁哀公举行会盟仪式，把霸主地位拱手让了出来。

当联军从晋国退兵之后，吴王夫差便派大夫向周天子（周敬王）报告霸业之功。周天子名义上表扬了吴王夫差，并且赐给吴国一批上等的弓弩和其他礼物。

黄池会盟是吴王夫差霸业的巅峰，也是吴国由盛极而衰竭的转折点。就在这时，越王勾践乘吴国国内空虚，调集重兵兵分两路，对吴国发动了进攻。

 **隐退江湖**

吴军在夫椒之战中大破越师，使越王勾践不得不屈膝俯首称臣。这件事情对于吴王夫差来说，应该是他最仁义、最大度的一次，可对于历史来说，却是改变其命运，改变历史的一个"杰作"。

"满招损、谦受益"，吴王夫差没有摆脱这个规律。对越国战争的完全胜利，越王勾践的臣服，这些都成为他骄傲的理由，也成为他忘乎所以、称霸欲望更加膨胀的理由。欲望的膨胀和目中无人的骄傲，使吴王夫差从此走上了急于求成、穷兵黩武的歧路，为自己最后的败亡埋下了种子。

孙武、伍子胥认为，虽然越王勾践已经投降称臣，可是越国依然拥有很强的实力，埋藏着许多隐患。与其让它以后威胁吴王的霸业，不如趁越国已被彻底打败，乘势灭掉它，不能养虎为患。孙武和伍子胥都清楚地看到，越王勾践并不是简单的人物，他忍辱负重，委曲求全，聪明机智，有勇有谋；他的左右股肱范蠡、文种更是不容易对付的敌手，范蠡足智多谋，有胆有识，具有一定的军事谋略，而文种更是具有战略的眼光，对军事战术也很在行。眼下越国虽暂时受挫，但是只要其一息尚存，就有可能死灰复燃、卷土重来，所以不可姑息养奸。

另外，孙武、伍子胥之所以建议吴王灭越国还有一个原因，就是确保他日吴国北进时没有后顾之忧。避免出现两线作战的被动局面，从战略角度考虑，灭越也是当务之急。

北上中原，与齐、晋争霸，是吴国历代国君梦寐以求的夙愿，吴王夫差为了实现这一祖辈的夙愿，急不可待地要实施战略目标的转移，重兵向北推进，同齐、晋争一日之长。其实，吴王夫差的主张并不是没有道理的，吴国要称霸天下，必须北进中原，压倒齐、晋等国，号令诸侯列国。虽然这一切都是将要发生的事情，也是肯定要发生的事情，可是在时机还没有成熟之前，就不是一件好事，很可能为日后的灾难留下隐患。

根据当时的形势，并不是吴国北进中原，压倒齐、晋等国的最佳时机，而应该等待时机成熟后再开始行动，那么一切就会顺其自然。吴王夫差应该按照孙武、伍子胥的提议，先要灭越国，然后耐心等待，休养生息，发展实力，扩充军备，伺机而动。

吴王夫差又一次重复了父亲的道路，他认为在自己称霸中原的道路上已经没有敌人，自己的愿望马上就可以实现了，所以就不曾听从孙武、伍子胥的建议，也不把其他国家的臣服放在心上。这时，吴王夫差在战略方针问题上与孙武、伍子胥等人的潜在分歧迅速表面化、尖锐化了。这主要表现在对越国前途处理的事情上。

隐居山林

吴王夫差根本就听不进去孙武、伍子胥的建议，而是一味地固执己见。再加上文种对于伯嚭进行了贿赂，有伯嚭经常在耳边"吹风"，被利欲冲昏了头脑的吴王夫差根本不会听从孙武、伍子胥的建议的。因此，刚愎自用的吴王夫差一意孤行，坚持"释越而攻齐"，并把这一意志强加在孙武、伍子胥等人的身上。

从公元前494年至前484年，吴王夫差完全忽略了越王勾践的存在，把所有的精力都集中在争霸中原准备工作上，开渠凿道、充实兵力、富国强兵、消除异己。孙武、伍子胥一直都没有放松对于越王勾践的监视，而且一步步地感觉到越王勾践的野心。孙武、伍子胥多次向吴王夫差揭露越王勾践的野心，但都被吴王夫差以"无中生事"的名声给抵挡过去。早在越王勾践来吴宫廷服苦役之时，孙武、伍子胥就一再奉劝夫差乘机除之，但为愚蠢昏庸的吴王夫差所拒绝，使得越王勾践顺利脱身，谋求东山再起。

孙武、伍子胥越来越感到吴王夫差没有什么希望了，吴王夫差已经被私心完全蒙蔽了双眼，根本听不进去任何劝阻。后来，越王勾践被释放回国后，越国的实力已经渐渐恢复到战争前的状态，对吴国的威胁也越来越严重。这一切，伍子胥看在眼里，急在心里。迫于无奈，他再一次与孙武向吴王夫差诤谏，当他们还没有把早就准备充分的理由说完时，吴王夫差已经非常不耐烦，而且还对他们渐渐有了意见，开始疏远他们二人。

伍子胥看到越王勾践的计谋眼看就要得逞，吴国社稷危在旦夕，自己的处境日趋不利，而自己却无能为力，心急如焚。伍子胥已经老了，他把一切都献给了吴国，生死早已置之度外，可自己的家人还需要一个安定的环境来生活。伍子胥可以不顾自己的安危，但不能置家人的安危不顾。于是，伍子胥乘出使齐国的机会，将自己的儿子托付给齐国的鲍氏抚养，希望在走投无路之际有一个投奔的处所。

当吴王夫差伐齐获胜、逼晋成功，并通过黄池会盟奠定霸主地位而得胜归国后，听说伍子胥将其子送于齐国的事情，对此非常不满。

伯嚭善于阿谀奉承，见风使舵，他不以国家利益、人民幸福为本，而是根据吴王夫差的脾气、性格，一味地讨好，因而得到了吴王夫差的极度信任，被吴王夫差升任为太宰。其实，伯嚭已经被文种用金银珠宝和美女给收拢了，成为越王勾践的忠实走狗。当他也得知伍子胥送子入齐之事后，知道这是一个除掉伍子胥这个政敌的大好机会，绝对不能放过。

于是，伯嚭在吴王夫差的耳边说伍子胥的不是，这无异于火上浇油。吴王夫差怒火攻心，竟然不顾伍子胥跟随他多年，出生入死、赴汤蹈火的功劳，赐伍子胥以属镂之剑，令他自尽。

当伍子胥手捧属镂之剑时，一点也不感觉到意外，也不觉得委屈，因为他已经对吴国没有什么希望了。回想他一生的坎坷经历，展望吴国黯淡未来，不禁悲从中来，涕泪滂沱，沉痛地对自己的下属说："我死之后，一定要在我的墓上种植梓树，使其可做棺木以葬吴国；再挖出我的眼睛，将它悬于吴国东门之上，让我看见越寇灭亡吴国这一幕吧！"

说完之后，伍子胥毫不犹豫地拿起利剑自刎。然后，他静静地看着鲜血从他的喉头迸流出来，慢慢地浸湿了他的衣裳。伍子胥倒在地上，气绝身亡。他眼睛睁着，似乎要看到吴国灭亡的那一天。

伍子胥的死震惊了整个吴军的军营，所有的将领、士兵都为伍子胥的死而感到难过。然而当吴王夫差得知伍子胥死前的遗言时，更是火冒三丈，怒发冲冠，干脆一不做二不休，立即命人取来伍子胥的尸身，将其盛放在皮囊中，然后抛进滔滔的江水中，以解心头之恨。

孙武对伍子胥的遭遇深感悲痛，他一直想帮助伍子胥洗脱罪名，可吴王夫差早已把孙武当成伍子胥的同党，根本听不进去孙武的进谏，反而更增添了对他的戒心。

伍子胥之死和吴王夫差的不信任，使孙武更加心灰意冷。他对吴国彻底失望了，开始思索自己的去路了。

孙武从阖闾三年受命为将后，先后参加了谋攻楚国、齐国、晋国、越国四国的军事行动，为两代吴王图强争霸立下了赫赫战功。前后大约三十多年，自己也由一个二十多岁的青年成为一个五十多岁的老头。可以说，孙武把他的一生都献给了吴国。

他热爱自己的事业，喜欢军事兵法，希望看着吴国一天天强大，把自己的《兵法》十三篇发挥到淋漓尽致。可让他怎么也没有想到的是，自己辛辛苦苦帮助君王打下的江山，竟然没有强盛多久，就走向了反面。他能看见吴国日后崩溃的结局，却无能为力，只能眼看着它一步步走向死亡。

孙武最看重的不是荣华富贵，不是丰厚的待遇，更不是高官荣誉，而是他的兵法。他爱兵法，喜欢兵法，把兵法看作自己的生命。当他取得一定的成绩后，在实践中把自己《兵法》中提出的一些军事韬略、战略计谋加以验证，又有了许多新的体会。他希望抽出时间来继续丰富《兵法》十三篇，以便为后代留下一份珍贵的遗产。孙武心中不由得滋长起了退隐归野的念头。

明代文学家冯梦龙在《东周列国志》中，对孙武的隐退写了下面这段话："阖闾论破楚之功，以孙武为首。孙武不愿居官，固请还山。王使伍子胥留之。武私谓员曰：'子知天道乎？暑往则寒来，春还则秋至。王恃其强盛，四境无虞，骄乐必生。夫功成不退，将有后患。吾非徒自全，并欲全子。'员不谓然，武遂飘然而去。赠以金帛数车，俱沿路散于百姓之贫者，后不知其所终。"

从中可以看出，孙武对吴王穷兵黩武的行为是看不惯的。为了自己的私欲，为所为欲，不管百姓的死活，这是孙武最讨厌的，所以，孙武在最紧要的关头退隐也是合情合理的。

自伐楚胜利以后，吴王被胜利冲昏了头脑，生活堕落，官员腐败，轻信谗言，亲小人，远贤臣，几件小事奠定了孙武隐退的基础：

首先是吴王"大筑官室，民疲士苦"。起先吴王阖闾，在认为霸业在握时，就忘记了百姓的痛苦，只图自己享乐，不顾百姓死活，征调人力，大筑宫室。《吴越春秋》一书中这样记述：（阖闾）自治官室，立榭台于安里，华池于平昌，南城官在长乐，阖闾出入游卧，秋冬治于城中，春夏治于城外，走犬长洲（苏城西北有一地叫走狗圹，相传为阖闾田猎之地）。通过这些记载，完全可以想象后期阖闾生活的奢侈腐化。还有吴王夫差，也犯有同父亲一样的错误。《太平广记》记述："吴王夫差筑姑苏台，三年乃成。周环诘屈，横亘五里，崇饰土木，殚耗人力，宫妓千人。又别立青宵馆，为长夜饮，造千石酒盅，又作大池，池中造青龙舟，陈妓乐，日与西施为水嬉。又于宫中作灵馆、馆娃阁，铜铺玉槛。官之栏楯，皆珠玉饰之。"通过这一记载，可以看出夫差奢侈的程度，远远超过了父亲。孙武看到自己的两朝君王都是这样，总是逃不过骄傲自大、奢侈享乐的心理，心中就开始忧患，为自己，为国家，也为人民。

其次就是重用谗臣，错杀忠良。孙武所跟随的两个吴王，在重用他以及伍子胥的同时，也重用了伯嚭。这个人善于阿谀奉承，喜欢拨弄是非，心眼极小，记恨如仇，贪得无厌。他凭借花言巧语，与孙武、伍子胥同时得到吴王阖闾的信任。但他的地位一直不如伍子胥和孙武，于是就开始挑拨三人之间的关系。到了吴王夫差时，伯嚭凭借阿谀奉承的本领，独获信任，最后导致伍子胥被赐死。这给孙武太大的打击，也再一次坚定了他归隐山林的决心。

一场惊天动地的吴楚战争，一场象征和平的吴齐婚姻，确实让孙武对自己的追求有了一些怀疑。他认为，无论是军事奇才，还是兵法战略，都会跟战争结缘，而战争却是百姓痛苦的根源。同样是治理国家，孔子的主张就比孙武的兵法更加和谐，更加温和。以前孙武总是以为孔子的和平共存是不切实际的理想主义，等到经历了这些之后，他才真正明白这些简单的和平共存中蕴藏着许多深刻的道理，要想让国家富强昌盛、生活和谐、民乐国安，单单凭他研究的那些兵法是远远不够的。这时，孙武也发现自己确实有必要认真地研究研究该怎样把自己的兵法更好地运用到治理国家、富国强兵上面，让它发挥积极的作用。

孙武发现，孔子的思想不仅仅是表面的理想化，每一句、每一个

隐居山林

字后面都蕴藏着深刻的道理，只要肯好好学习，认真研究，就一定能够发现许多道理，懂得许多从来不会发现的治国方略。

而当时吴国的情况，跟孔子提倡的仁爱主张正好相反。由于吴王夫差贪图霸业，加上生活奢侈，所以加重了对百姓的压榨和掠夺，造成国内民不聊生、民怨四起。这足以说明，军事上的胜利不能带来国泰民安的结果。怎样才能达到这种理想结果呢，孙武认为自己有必要加以研究。

之后，孙武对所有事情几乎都没有兴趣，也不过问，而是一心研究孔子的思想，也在研究自己，试图把孔子的思想与自己的兵法相结合，让这些军事智谋更好地治理国家，不再产生血雨腥风，不再造成四处哀歌、民怨沸腾。

根据史册的记载，孙武退隐的原因还有一个，那就是对故乡、对亲人的思念。落叶总要归根，孙武也有这个情结。

孙武已经不问世事接近半年时间，整天除了研究孔子的思想和自己的兵法韬略之外，唯一可以让其牵挂的就是故乡的亲人。有一天，孙武正在太湖垂钓，这时，只见从远处传来了隐约的马蹄声，接着一匹快马飞一般向孙武垂钓的地方驰来。片刻工夫，只见快马已经到了孙武的面前，滚鞍下马，竟是家臣阎刚自齐而来。

孙武看到老家的亲人，就如见到父母一般，激动万分，泪流满面，两人紧紧地拥抱在一起。这时，阎刚从怀中拿出了孙武父亲的家书，信中主要陈述了父子久别缠绵之忧，以及病危中的母亲思念儿子心碎欲裂之情。看完之后，孙武不由得清泪纵横，哽咽抽泣。孙武一直都有隐退的想法，可是一直没有名正言顺的理由来告知吴王夫差，这次意外接到家书，给他正是退隐一个正当的理由。

一切都安排好之后，孙武来到大殿，向吴王夫差请辞。他先将家书给吴王夫差过目，然后诚心地说："自从我跟随吴王以来，承蒙垂爱，而今吴国威势已定，国内人才济济，我之去留，无关紧要。今日又有家父来书，言慈母病危，所以奏请大王准臣回乡探望，薄尽人子之孝。"

孙武说完，垂泪不止。吴王夫差见孙武言辞恳切，理由充分，也没有拒绝的理由。但是一个跟随自己出生入死、征战沙场地老元帅就这样回乡，他仍然感到不舍，于是就说："元帅佐我，功盖群臣，本打算赐卿厚禄，安享太平之世。元帅既然思母心切，为人子者，当母亲病危弥留之际，不能守在身边，实在是不孝。寡人虽不愿元帅离去，但不能因私爱而陷元帅于不孝。望元帅还乡后，一如既往地效忠吴国。"

孙武去意已决，无论吴王夫差说什么对他来说已经毫无意义。吴王夫差本赠予孙武一些金银珠宝，可都被孙武沿途分给贫苦的百姓，因为孙武觉得这些都是身外之物。

孙武独自一人，牵着一匹跟随自己许久的马，径直出宫门，然后跨上马，双脚蹬镫，挥鞭策马，急驰而去。

孙武归隐后的最后去向，由于史上并无明载，已成为一个永远难以化解之谜。一般人的推测是，孙武归隐山林以后，整日与吴地的青山碧水相伴，同家人在一起悠闲自在，享尽天伦之乐。次子孙明、三子孙敌都已成人，孙武既是父亲，又是老师，悉心传授孩子们军事理论和谋略思想。

在尽享幽静环境、休闲的日子里，孙武取出从前写的《兵法》十三篇简册，让两个孩子和他一起系统地进行修改和完善。孙武首次晋见吴王阖闾时呈献的《兵法》十三篇，是在全面总结前人关于战争经验的基础上，结合自己的考察体会写成的。其内容侧重于迎合吴王"西破强楚、争霸诸侯"的强烈愿望，针对楚、越、齐、晋等周边邻国的情况，提出战而能胜的战略战术思想。

孙武经过长达十几年跟随吴王阖闾、夫差和好友伍子胥征战南北实践检验，其基本理论是正确的，但也有些内容需要做进一步修改和发展。孙武根据自己长期从事军事战争的实践经验，以及吴国终被越国灭亡的教训，对原来的《兵法》十三篇进行了增补和修改，使这部兵书更加完善，逐渐成为兵学思想的宝库、兵家理论的经之作。

隐居山林

孙武生前把《兵法》十三篇悉心传授给了两个儿子。其中次子孙明最聪明伶俐，领悟力最强，所以深得孙武喜爱。孙明在兵学方面的造诣最深，其后立有战功，被越王勾践封赐世袭富春采地。孙明的后裔孙膑，成为战国时期杰出的军事家，著有《孙膑兵法》传世。

孙武的归宿或许也可能是另外一种情况，即他因怀念故土而辗转返回齐国隐居。因为孙武的后人孙膑就出生在齐国，所以这种可能性也是存在的。

无论是什么样的结果，都只是一种推测，这些后话对于我们后人来说也没有什么重要的意义，更没必要刨根问底。重要的是，一代兵圣否定了他所从事的战争，其中原因，对于后人来说更有启示意义。

勾践灭吴

古人云：创业易，守业难。孙武运用军事才能，为吴王打败了强楚，征服了越国，稳定了霸主地位。可是，自从吴王夫差答应了越王勾践的求和，就注定了吴国在历史上终究只是昙花一现，却不能长久保持霸主的地位。

越国一天天强大，越王勾践的野心也一天天膨胀。可吴王夫差已经被眼前的胜利迷惑双眼，根本看不到隐藏在背后的危险，只是贪图享乐，过着荒淫无度的奢侈生活。

越王勾践手下有一位英才——范蠡。此人忠贞不二，有勇有谋，有胆有识，确实是一个难得的良才。他处处效法孙武，以孙武为师，深得《兵法》十三篇的奥妙。

勾践画像

范蠡最后运用了孙武《兵法》中的"诡道"，一计就轻而易举地将吴国打败。公元前494年，越王勾践在夫椒地区被吴王夫差击败后，只剩下五千人被围于会稽。无奈之下，范蠡生出一计，那就是让越王勾践低声下气地尊称吴王夫差为"天王"，把珍宝玉器、最美的舞女歌女送给吴王夫差，越王勾践自身也为吴王夫差牵马赶车做奴仆，以极端屈辱的条件求和，甚至让自己的妻子做吴王夫差的小老婆。这种方法看似耻辱，却充分运用了《兵法》中的"敌人贪利，就用小利引诱他"和"敌人慎行，就要使之骄横"等计策。

越王勾践并不是一个平凡的君王，他运用范蠡的计谋，果然取得了吴王夫差的信任，最终被释放回国。此后，他对范蠡更是言听计从。他致力于发展越国的生产，以增强国力。他还远离奢侈，每天睡在草铺上，吃粗茶淡饭。草铺的上方吊一个猪苦胆，越王勾践每天都要尝一尝。苦胆是苦的，尝到苦涩以后，才不忘受屈辱被奴役的苦处，以激励自己发愤图强，东山再起，灭吴报仇。

在越王勾践俯首称臣的十年中，范蠡用金银珠宝和美女收买吴国太宰伯嚭作为内奸，让其千方百计挑拨吴王夫差与伍子胥的关系。伯嚭完全为金钱美女所俘虏，成了越王灭吴雪耻的工具。吴王夫差原来极信任伍子胥，可是在伯嚭巧舌如簧的挑拨下，这种信任就荡然无存了。

比如，公元前484年，吴王夫差又要兴兵伐齐，伍子胥不同意，就劝吴王夫差说："拿疾病打比方，齐、鲁不过是疥癣，而越国才是心腹之患！勾践正在麻痹我们和收买人心，他不死，必定是吴国的祸患。"

吴王夫差认为，自己已经是中原最强大的国家，霸主地位已稳如磐石，只要攻下齐国，那么自己就可以高枕无忧了。吴王夫差与伍子胥的观点发生了分歧。吴王夫差要出征，伍子胥却不愿意陪同。吴王夫差要伍子胥出使齐国，伍子胥也不乐意。两人谈不拢，只能不欢而散。

伯嚭看到吴王夫差闷闷不乐，于是就火上浇油，挑拨说："伍子胥这个人太刚愎自用了，他只是想以大王的失败而显示自己的才能。现在大王率领全国人马要远征了，他却装病不行。还违抗您的命令，不肯出使齐国，真是不把大王放在眼中。"

吴王夫差虽然不赞成伍子胥的看法，可也知道伯嚭对伍子胥有意见，毕竟他不是瞎子。伯嚭察言观色，又挑拨道："我听说，伍相国派他的儿子代他出使，到齐国后偷偷摸摸跟齐国大夫鲍牧勾勾搭搭……"

伯嚭这句话，直接点中了要害。吴王夫差怒发冲冠，眼睛里的怒气几乎要冒了出来，恨恨地说："我早就怀疑他了，没有想到竟然是真的!"于是，他赐给伍子胥属镂剑，令其自尽。

吴国君臣的相互倾轧，就是范蠡运用计谋的结果。这正是《兵法》十三篇中所说的"离间计"。

在越王勾践向吴王夫差求和成功后，范蠡还窃用了《兵法》十三篇中所说"敌人休整良好，就要使之疲劳"这一计谋。

范蠡进言越王勾践，让他发展生产，安抚百姓。越王勾践完全照办。而且越王勾践还懂得民心的重要性，知道人才的重要。他礼贤下士，施展怀柔政策。如丧事哀事，他便去慰问伤者或死者家属，抚养幼儿；他还经常微服私访，访贫问苦，解除民间纠纷；庆贺有喜事的人家，送往迎来，铲除对百姓不利的弊端；等等。同时，对生育采取优惠政策，如百姓生一个儿子，奖励一只狗；养一个女儿，奖励一头猪。他还减免苛捐杂税，十年之内不征农业税，实行藏粮于民的政策，老百姓家家户户都有三年的余粮。总之，越国十年休养，十年生息，以逸待劳。

而对于吴国，则尽量使之劳民伤财，丧其元气，缩小两国之间在政治、经济上的差距。范蠡亲自出马，铤而走险，利用吴王夫差一心称霸中原的野心，刺激他速成的愿望。吴王夫差发兵伐齐、征鲁，使吴国丧失大批有生力量。

越王勾践十年卧薪尝胆，并不是非常有耐心的，时常想灭掉吴国，好几次，时机尚未成熟，他便迫不及待地想出兵吴国。从公元前486年到公元前478年，越王勾践五次征求范蠡意见，问是否可以出师伐吴，结果都被范蠡以各种理由劝回。越王勾践知道范蠡比自己考虑更全面细致，就继续耐心等待。

公元前484年，吴王夫差又一次兴兵伐齐。吴王夫差征用了吴国大量的兵力，国内一时空虚，防备松懈。越王勾践认为攻打吴国的时机已经成熟，于是就想对吴国发难。然而，范蠡说："吴王夫差虽然杀害了伍子胥，但元气还没有丧失，不可轻举妄动。"并让越王勾践率领臣下向吴王夫差表"忠心"，愿为吴王夫差当先锋。吴王夫差大喜，误以为越王勾践完全降服于他，再无后顾之忧。

像这样的事情还有好几次：公元前482年，吴王夫差称霸的野心日趋明显，而且迫在眉睫，完全不顾兵家大忌，忘记了吴王僚失国的教训，亲率主力攻齐。这时，越王勾践认为又是一次攻打吴国的最佳时机。这次，范蠡没有劝其再等，而是同意越王勾践出兵。于是，勾践率五千子弟兵攻吴。吴国国内空虚，人心混乱，越王勾践的出兵更是出其不意，打得吴军猝不及防。这一战，越军一举大败吴师，俘虏了吴国太子，吴国从此一蹶不振。

越王勾践轻而易举地攻下吴都、俘虏吴太子之时，吴王夫差正在黄池与诸侯会盟。当他得到越王勾践攻打吴国都城的消息后，火冒三丈，立即班师回国，一日之内向越王勾践挑战五次。刚取得初次胜利

隐居山林

的越王勾践准备应战，这时，范蠡进谏说："夫差这回挑战，正值盛怒，兵强卒锐，大王暂时等待。"越王勾践听从劝告，对吴王夫差的挑战置之不理。

又过了几年，由于吴王夫差穷兵黩武，吴国国力日衰，这时候，范蠡认为伐吴的时机已经完全成熟，就建议越王勾践对吴国发动总攻。公元前475年，越吴大战正式爆发，越军节节获胜。吴军屡战屡败，军心溃散，士气颓废，已经失去了抵抗力。吴王夫差想起伍子胥当年的劝告，真是后悔不及。无奈之下，只得委屈向越王勾践求和。越王勾践思索半天，不知如何是好。如果不答应，自己又不忍心这么看着吴国灭亡，况且以前吴王也答应了他的求和；如果答应，他又担心吴王夫差会和自己一样，卧薪尝胆，蓄谋东山再起。正在越王勾践犹豫之际，范蠡进言说坚决不能答应吴王的求和。

在征得越王勾践的同意之后，范蠡亲自代替越王勾践应付使者，不让吴国使臣再见越王勾践，同时命令军队加紧进攻。最后，越军一鼓作气拿下了姑苏台，俘获了吴王夫差，逼他自杀。从此，吴国在历史上消失了，只留下了越王勾践十年卧薪尝胆的美名。

吴王阖闾用孙武及《孙子兵法》，使一个弱小的吴国变成了一个强大的吴国。然而，在孙武离开吴国八年之后，强大的吴国又被范蠡运用《孙子兵法》灭亡了。历史的循环，就是这样具有戏剧性。

归隐后的孙武有可能活到眼见吴国灭亡的这一天。公元前473年，越军占领吴国都城，吴王夫差走投无路，自刎而死，一个曾经一度欣欣向荣的强国就此彻底灭亡了。如果归隐后的孙武果真看到这样的局面发生，其心情必然是痛苦不堪的，因为吴国毕竟是他曾经向往、投奔，并为之长期辛苦经营、施展才能的地方。

这种打击，对一个垂暮的老人来说，其沉重的程度可想而知。

很有可能的是，孙武痛惜自己争战多年强大起来的吴国就这样败亡了，追恨自己的壮志未酬，因而心情郁闷、愁绪绵绵，以至于时隔不久便撒手人寰，赍志而殁了。

值得特别一提的是，孙武在临终前的最后一段日子里，尽管思想苦恼，精神上备受煎熬，可是却依然始终没有放弃对战争规律的执着探索和理论总结，以求为后人们提供有益的启示。

这在他的兵法著作中有明显的反映。《孙子兵法·作战将》说："夫顿兵挫锐，屈力殚货，则诸侯乘其弊而起，虽有智者，不能善其后矣。"

《孙子兵法》中这些话，显然是孙武对吴王夫差放松对世仇越国的警惕，举兵北上，争当盟主，导致越国乘隙进攻，亡国破军历史悲剧的深刻总结。

由此可见，伟人的生命是有限的，伟人的精神却是不死的，它超越时空，永放光彩！有的人死了，但依然活着。孙武正是如此。

隐居山林